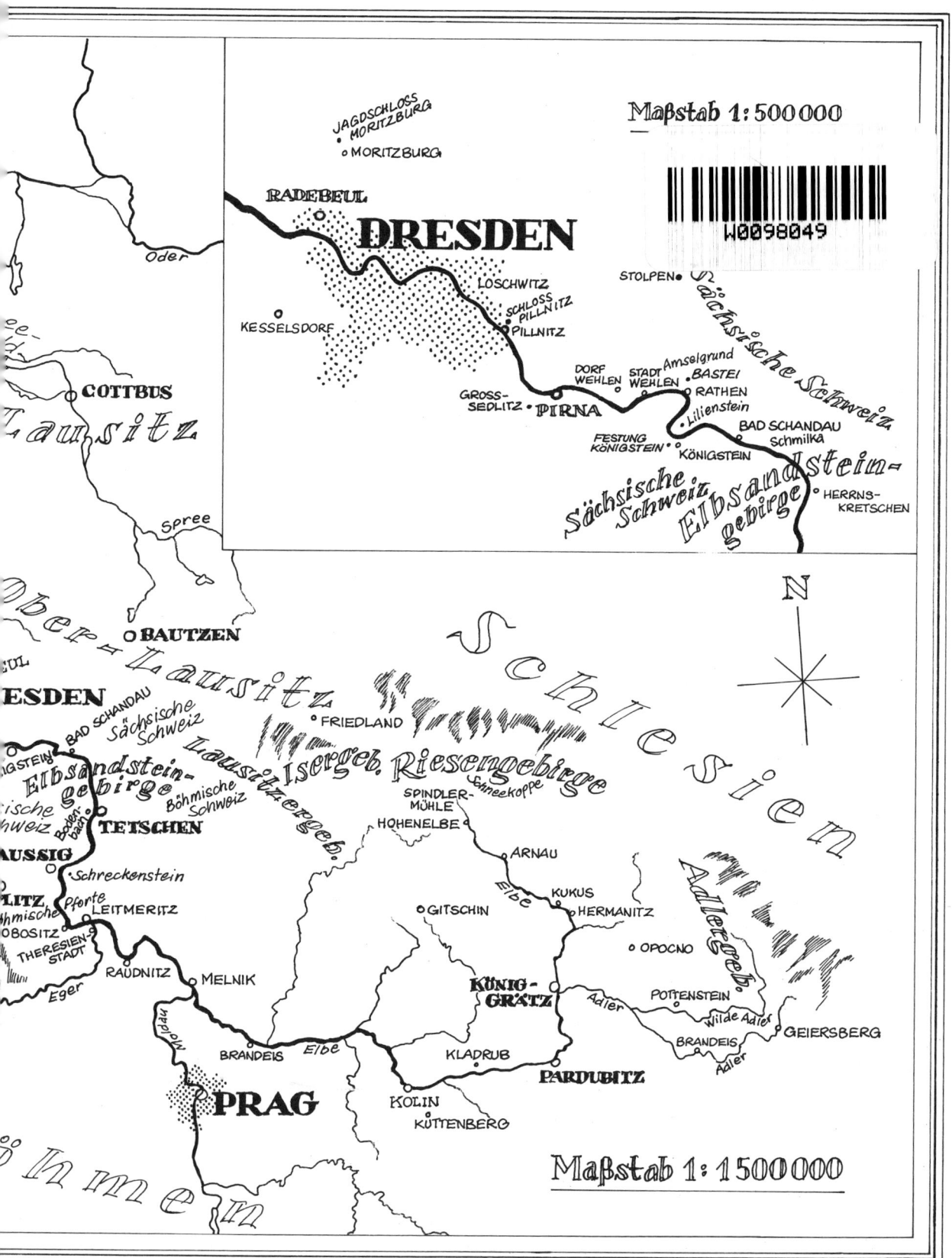

Barbara Bartos-Höppner
ELBSAGA
Ein Fluß erzählt Geschichte

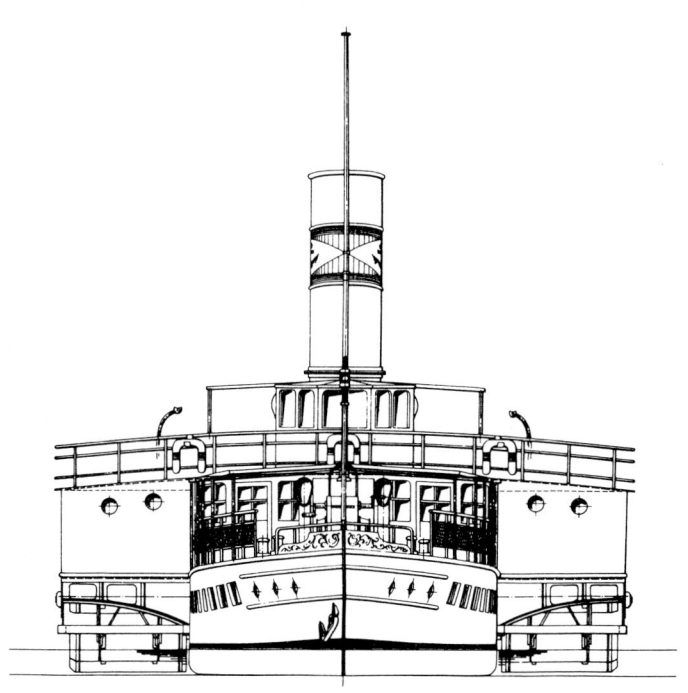

VERLAG FRIEDRICH OETINGER · HAMBURG

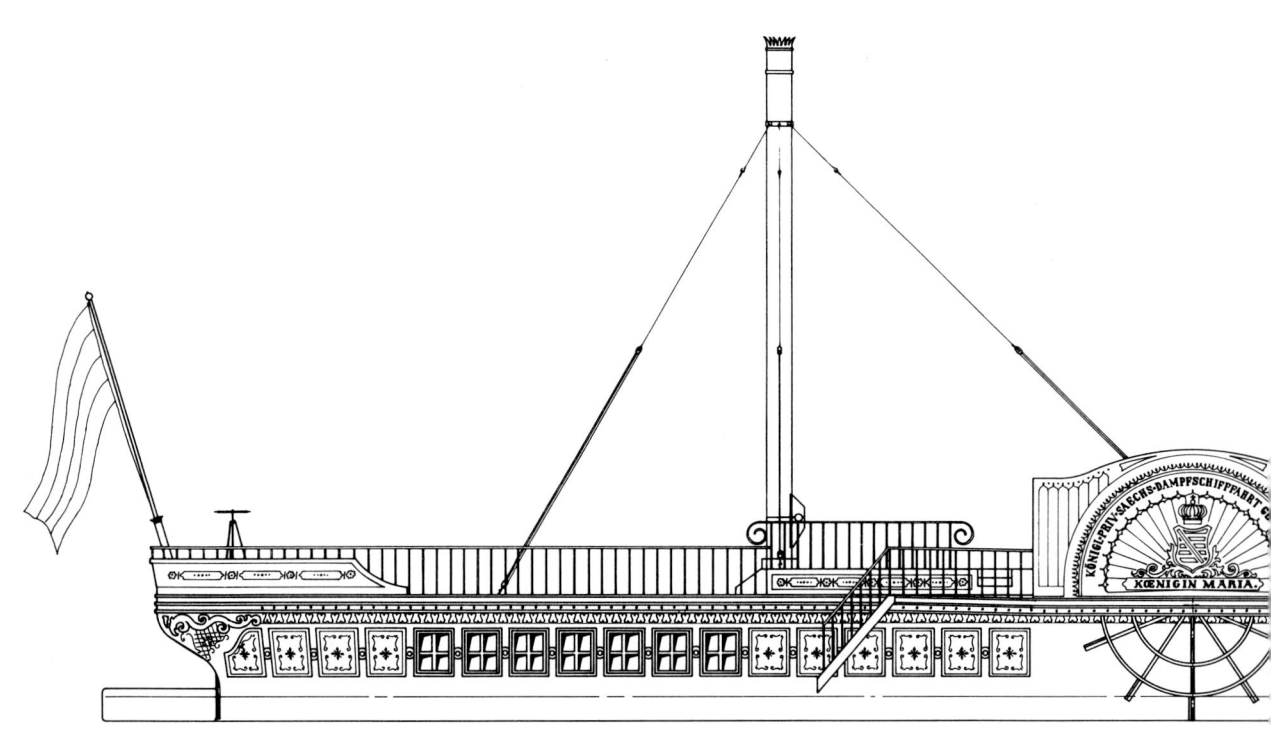

Inhalt

9 Von den Riesenbergen ins Böhmische Paradies

79 Von der Sächsischen Schweiz in die Altmark

183 Vom Wendland bis zur Alten Liebe

252 Benutzte Literatur

252 Im Buchhandel derzeit erhältliche Reiseführer, Handbücher und ähnliche Literatur zum Buchthema (in Auswahl)

253 Personenregister

254 Ortsregister

255 Quellennachweis

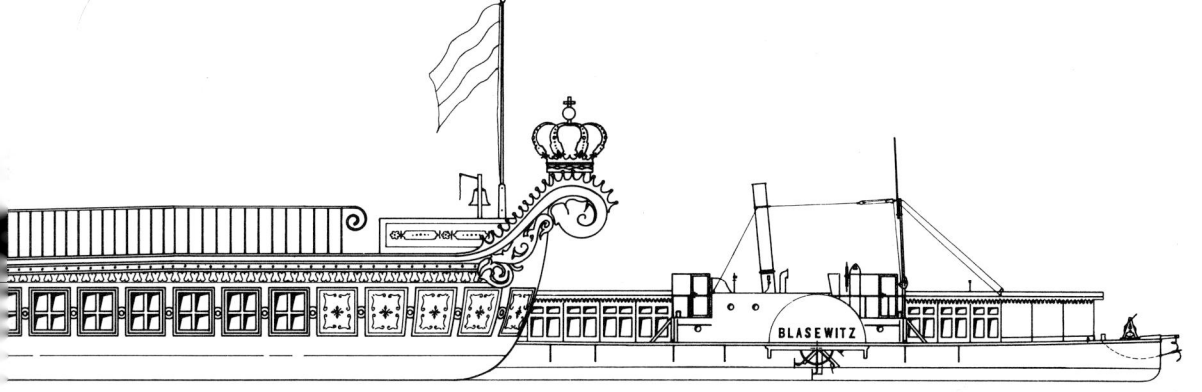

Winter im Hamburger Hafen zu Beginn des 19. Jahrhunderts.

Die Elbe trägt Eis in voller Breite. Die weißen Schollen drängen dicht an dicht aus dem Hafentrichter heraus. Solange Flut war, haben sie sich in den Kanälen getürmt und aneinandergerieben, sie sind von den großen Pötten und Barkassen, Schleppern und Kuttern an die Kais gedrückt worden, höher und höher, je mehr Wasser von der Nordsee in die Elbe eingedrungen ist. Jetzt aber ist Ebbe, und mit dem ablaufenden Wasser gehen die Eisschollen auf die Reise. Hinaus aus der Enge, schneller und schneller. Die Möwen lassen sich auf ihnen nieder und kreischen.

Einen solchen Winter gibt es selten. Er muß schon sehr streng sein, wenn die Elbe Schollen davontragen soll. In diesem Jahr hat zu allem Überfluß der Nordwestwind fünf Tage lang geblasen, genau stromaufwärts, und es hätte noch eine Weile so gehen können mit diesem Gedränge von Ufer zu Ufer. Das ist dann auch für die Leute, die hüben und drüben wohnen, sehenswert.

Wer nur Mühe davon hat, die Männer, die auf der Elbe und im Hafen arbeiten, denken allerdings etwas anders darüber. Die brummen mehr als einmal *scheun Schiet* in ihren Rollkragenpullover, wenn sie über die vereisten Stege der Anlegestelle glitschen.

In früheren Zeiten muß das anders gewesen sein. Bevor die Eisbrecher fuhren und die Fahrrinne reguliert war, warteten die Leute, die an der unteren Elbe wohnten, in jedem Jahr auf das »böhmische Eis«. Nicht nur in Hamburg, vor allem elbaufwärts, in Geesthacht und Boitzenburg und noch ein Stück weiter die Elbe hinauf bis um Tangermünde herum, denn das böhmische Eis war gefürchtet.

Die Deichhauptleute sind damals Tag und Nacht nicht aus Kleidern und Stiefeln herausgekommen, wenn der Eisgang einsetzte. Zusammen mit den Bauern, Fischern und den Tagelöhnern mußten sie das Eis unter den Brücken hindurchstoßen, damit es die Brückenpfeiler nicht zerquetschte oder durch einen Stau das umliegende Land von dem eisigen Wasser überschwemmt wurde.

Das Eis kommt! Das böhmische Eis kommt! Diese Nachricht ging wie ein Lauffeuer von einem Elbort zum anderen. Und das böhmische Eis kam damals fast in jedem Jahr, denn die Winter sind in den vorhergehenden drei Jahrhunderten offensichtlich viel härter gewesen als heutzutage, wenn man sich auf die Berichte in den alten Büchern verlassen darf.

Gewiß haben sich die Leute ihre Gedanken gemacht, wo denn dieses böhmische Eis herkäme, und selbst dem einfachsten Menschen ist klar gewesen, daß dieses Böhmen an der Elbe liegen mußte, irgendwo im Süden, Südosten.

Die Lehrer sagten es den Kindern in der Schule, und die studierten Herren, vor allem die Pastoren, die wußten es auch. Und von denen war mancher in Wittenberg gewesen oder in Leipzig, womöglich sogar in Prag. Hin und wieder behauptete auch ein anderer, er sei in

Böhmen gewesen. Als Handwerksbursche zum Beispiel, denn es war üblich und kommt jetzt wieder in Mode, sich nach der Lehre in der Welt umzusehen. Warum also nicht elbaufwärts wandern, mit Knotenstock und Krempenhut, den Mantelsack über der Schulter, durch Mecklenburg, Brandenburg und Sachsen schließlich ins Böhmische hinein.

So kam es, daß zur Winterszeit, wenn der Sturm von der Nordsee her blies, in den Häusern unter den grauen Reetdächern von Böhmen die Rede war, von dem Land, aus dem die Elbe das Eis schickte.

Wer hätte im Sommer daran denken sollen, wenn die Fischer ihre Netze auswarfen und die Treidler ihre Kähne bergwärts zogen. Nein, im Sommer war die Elbe hamburgisch oder preußisch oder sächsisch. Nur im Winter wurde sie für ein paar Tage böhmisch. Und da das Reisen zu allen Zeiten seine Beschwernisse hat, bis auf den heutigen Tag, wenn auch andere als früher, soll erzählt werden, was einmal war und was heute ist, was sich an diesem Fluß zugetragen hat, diesseits und jenseits seiner Ufer, und was davon bedeutungsvoll war und ist für die Menschen, damals und heute.

So führt dieser Bericht zuerst zur Elbquelle, wo alles beginnt, zu den hochgelegenen Ebenen im Riesengebirge, auf dessen böhmische Seite unterhalb der Schneegruben, in die Nähe der Veilchenspitze – hinauf zu den Elbwiesen.

Längs der Elbe begegnete man vielen fremden Menschen.
Oben: *Böhmische Trachten*.
Unten: *Holsteinische Trachten*.

Von den Riesenbergen ins Böhmische Paradies

Auf den Hochmooren des Riesengebirges entspringt die Elbe, in der ČSSR Labe genannt.

Die Elbwiesen sind langgestreckte Ebenen, einsam, unwirtlich, kalt. Sie sind mit Hochmooren zu vergleichen, auf denen niemand vom Weg abkommen sollte. Es sind geheimnisvolle Flächen, über denen der Nebel zu Hause ist und Schnee und Kälte sich länger halten als an den sonnengewärmten Berghängen und in den Tälern. Es sind weite Flächen, über die stets der Wind geht, ein eigenartig singender, flüsternder Wind, der mehr als einen einsamen Wanderer begleitet und ihm den Kopf verdreht hat.

Wie vom leibhaftigen Bösen geschickt ist dieser Wind über den Elbwiesen, und nur so ist es zu erklären, daß die Elbquelle auf alten Karten als vielschwänziger Teufel dargestellt worden ist und daß sich zu der Zeit, als diese alten Karten angefertigt worden sind, kein Mensch ohne Zwang in das Gebiet der Elbquellen begeben hat. Es sei denn in der Hoffnung, den Bösen dort oben mit einem blutigen Opfer gnädig zu stimmen. Die alten Chroniken berichten nämlich, daß in jedem Jahr böhmische Bauern sich zu den Elbwiesen aufgemacht und Hähne als Opfer dargebracht haben.

Es ist nicht nur ein einzelnes Rinnsal, das auf den Elbwiesen aus der Erde hervorquillt und in den Elbbrunnen rinnt. Von Eilfquellen berichten die alten Bücher, was so viel wie elf Quellen heißt, und sie leiten den Namen Elbe davon ab. Andere sagen, es wären nur sieben Quellen, die der Elbbrunnen zusammenfaßt, aus dem bis zum heutigen Tag das Elbwasser in Krüge geschöpft und gegen ein kleines Entgelt ausgeschenkt wird. Es muß vielen Menschen etwas bedeuten, ein Glas Elbwasser dort zu trinken, wo der Fluß seinen Anfang hat. Vielleicht aus Neugier, wie das Quellwasser eines solch großen Stromes schmeckt, vielleicht auch nur, um den Durst zu löschen. Vielleicht ist aber damit auch die zauberische Vorstellung verbunden, dort oben, wo seit uralter Zeit Tag für Tag die unberührten Quellen aus dem Gestein des Riesengebirges hervortreten, vom Wasser des Lebens zu trinken.

Im Jahre 1684 ist den Quellen alles Unheimliche genommen und der Teufel ausgetrieben worden. In diesem Jahr war nämlich *bei schlimmem Wetter und nichtsnutzigen Wegen* der Bischof von Königgrätz unterwegs zu den Elbquellen, um durch eine heilige Messe den Bösen zu bannen und die Elbe zum Wasser des Lebens zu machen. Und da es der Bischof persönlich war, vermutlich zum Wasser des ewigen Lebens. Es muß ein farbiger Zug gewesen sein, der sich gemessenen Schrittes bergan bewegte. Er wurde von einem hochbeladenen Kamel angeführt, einem Tier, wie es bis zu diesem Tag noch kein Gebirgler gesehen hatte und dessen Anblick den Leuten nicht nur im Vorüberziehen genügte. Also schloß sich dem bischöflichen Zug immer mehr Volk an, denn hinter dem vorangetragenen Kreuz und unter geistlichem Schutz würde der Aufenthalt auf den Elbwiesen ohne Gefahr sein.

Beim Elbbrunnen angekommen, wurde eine kleine Kapelle aufgestellt, die eigens für diese heilige Handlung gezimmert worden war. Dazu kam der Altartisch mit dem Gekreuzigten und zwei Leuchtern zu beiden Seiten. Während nun der Bischof die Meßgewänder anlegte, versuchten seine Helfer die Kerzen anzubrennen, aber es schien, als wollte sich der Teufel nicht so schnell geschlagen geben. Immer wieder fuhr der Wind johlend unter das Kapellendach und drückte die Kerzenflammen nieder. Davon unbeirrt begann der Bischof den Gottesdienst. Im festen Glauben nahm das Volk daran teil und sah mit großen Augen zu, wie er den Weihrauchkessel über dem Elbbrunnen furchtlos auf und nieder schwang.

Und während die Leute noch dem geweihten Rauch nachsahen, der vom Nebel bedrängt wurde, veränderte sich plötzlich das Wetter. Der Dunst teilte sich, ein Stück blauer Himmel wurde sichtbar, und in breiter Bahn fiel die Sonne auf die Elbwiesen.

Die Leute hielten den Atem an, und selbst der Bischof konnte nicht anders, als seinen Blick zu diesem Licht zu erheben. War ein deutlicheres Zeichen von Gottes Allmacht als dieses möglich? Nein, der Teufel hatte ausgespielt. Und so schritt denn der Bischof von Königgrätz, den Weihrauchkessel schwenkend, von Elbquelle zu Elbquelle, und bei jedem Schritt wich der Nebel weiter zurück, und als er sie alle gesegnet hatte, lag das Riesengebirge im strahlenden Sonnenschein da.

Der Bischof hat es später ein Mirakel genannt, ein Wunder. Wer sich aber im Gebirge auskennt, der weiß, wie schnell sich das Wetter dort ändern kann. Sicher ist jedoch, daß er ein kluger Mann war, und genug Zeugen hatte er auch, und deshalb ist es nicht verwunderlich, daß besondere Festtage und Feiern von nun an beim Elbbrunnen begangen wurden.

Bis auf den heutigen Tag ist gültig, was Ludwig Richter, der gemütvolle Maler des Biedermeier, notiert hat, als er die Elbwiese sah: *Eine Natur hier, als vernehme man noch Schöpfungsworte von jener großen Woche.* Muß erwähnt werden, daß er die Woche gemeint hat, in der Gott Himmel und Erde und das Menschenpaar erschuf?

Erstaunlich ist, wie schnell die Elbe an Wasser zunimmt und ein Gebirgsbach wird. Aber nicht nur das. Nach einem halbstündigen Weg bergabwärts bringt sie es bereits zu einem stattlichen, vielbewunderten Wasserfall.

Es kann freilich nicht verschwiegen werden, daß ein gewisser Trick dabei ist. Vor dem felsigen Abgrund, über den sich die Elbe kopfüber hinabstürzt, haben die Gebirgler eine Schleuse gebaut, die das Elbwasser staut, und die, hochgezogen, erst den atemberaubenden, tosenden, stäubenden Sturz ermöglicht: den Elbfall eben. Und wie das so ist, sobald Menschen eine Sache in die Hand nehmen: Der Schlagbaum wird erst hochgezogen, wenn man eine Eintrittskarte gekauft hat. Und diese wiederum gibt es in der Elbfallbaude, in der man sich, nach stundenlangem Weg herauf aus dem Tal, zuerst einmal stärkt.

Die Elbfallbaude also. Baude – tschechisch *bouda* – ist das eingedeutschte Wort für Hütte, Schutzhütte, Obdach vor Wetter und Wind. Das stimmt und reicht doch weder hin noch her. In meiner Erinnerung ist jede Baude des Riesengebirges gleichbedeutend mit Deckenbalken,

Der Elbfall gehört zu den touristischen Sehenswürdigkeiten. Damit der Fall recht zur Geltung kam, wurde das Wasser oberhalb angestaut. Mit der Besichtigung war der Besuch der Elbbaude verbunden.

blankgescheuerten Tischplatten, umlaufenden Bänken, Kachelofenwärme und Behaglichkeit. Nirgendwo sonst, das weiß ich, haben die verschiedensten Menschen der unterschiedlichsten Auffassungen und Nationalitäten so schnell zueinander gefunden wie in der Behaglichkeit einer Riesengebirgsbaude. Aber das nur nebenbei, obwohl es gerade in diesem Augenblick angebracht ist, daran zu denken, in dem es gilt, die junge Elbe durch Böhmen zu begleiten. Böhmen ist eine Region in Mitteleuropa, in der sich immer wieder unterschiedliche Meinungen Luft gemacht haben. Nicht immer zum Wohle Böhmens und der Länder ringsum.

Unterhalb des Elbfalles, berichtet die Chronik, hatten sich in früheren Zeiten Bergleute aus dem Harz angesiedelt. Damals galt es als sicher, daß im Gestein des Riesengebirges Silber, Gold und andere kostbare Erze zu finden wären. Die

Walenbücher berichteten darüber, die Bücher der Welschen, der Schatzsucher, der *Venediger,* wie sie genannt wurden. Diese Leute, die sich auf eine ganz besondere Kunst des Glasmachens verstanden, hatten mit Hilfe ihrer zauberischen Spiegelgläser die Fundorte unterhalb des Riesengebirgskammes ausfindig gemacht und in ihren geheimen Aufzeichnungen die Plätze und Wege dorthin beschrieben.

Freilich war so ein Walenbüchlein nur für viel Geld zu haben. Aber wer reich werden will, ist ja nicht nur bereit, den letzten Pfennig dafür herzugeben, sondern, wenn es sein muß, die ewige Seligkeit zu verpfänden.

Und wer wäre auf solche Verheißungen hin nicht dazu bereit gewesen: *Mehr in dem Wiesengrund wirst du finden ein klein Flößlein, von dem Abend gegen den Sonnenaufgang (hin) und in demselben wirst du finden Perlen als die Erbsen (groß). Aber auf der anderen Seite, unter der schwarzen Tanne, ist viel Gold verborgen, und es ist so viel Gold, daß zwei oder drei Königreiche damit zu bezahlen wären.*

Wo die Elbe in Bögen und Windungen das Tal unter dem Riesengebirge erreicht und mit ihrem Wasser die erste Mühle betreibt, liegt inmitten einiger Gehöfte Sankt Peter. Später wurde Sankt Peter ein Teil des bekannten Ortes Spindlermühle.

So sieht heute der Elbfall im Winter auf einem modernen Foto von oben aus.

Der erste Mahlmüller war, wie berichtet wird, ein gewisser Spindler, und bei ihm klopften eines Tages die ersten Bergknappen aus dem Harz an. Sie baten um Unterkunft, wohnten bei ihm und in den anderen Bauernhäusern, bis sie ihre eigenen Hütten errichtet hatten und im Berg zu graben anfingen.

Mit diesen Bergleuten zog viel fremde Kunde in die einsamen Bergtäler, und wenn es im Winter Stein und Bein fror und die notdürftigen Hütten den Harzern kaum Schutz vor der Kälte boten, dann trieb es sie wieder für einige Zeit zu den festen Bauernhäusern, wo beim Vieh im Stall, auf Heu und Stroh, die eisige Kälte keinen Zutritt hatte. Auch war in den Häusern für eine Milchsuppe und ein Stück Brot gesorgt. Und so kamen sich die Fremden und die Gebirgler näher. Die Harzer Knappen erzählten den Leuten von daheim, und als die irdischen Geschichten aufgezehrt waren, kamen die unterirdischen dran, was bei Leuten naheliegt, die ihr Tagewerk unter der Erde verrichten.

Von Geistern war die Rede, die als blaue Flammen durch Gänge und Stollen huschen, von polternden Gnomen, die Bergleuten Furcht und Schrecken einjagen sollen und die geschickt waren von einem Dämon, der über das ganze unterirdische Reich herrschte. Noch niemandem hatte sich dieser Geist gezeigt, aber jeder, der im Berg grub, mußte darauf gefaßt sein, daß er eines Tages vor ihm stehen und ihn mit seiner Keule zerschmettern würde.

Daß die Gebirgler an den Winterabenden solchen Reden wie gebannt zuhörten und sich nicht mehr vor die Türe trauten, wenn der Wind vom Gebirgskamm herunterrollte, als ob er Haus und Hof fortreißen wollte, war gewiß. Und so ist es auch sicher, daß es die Harzer Bergknappen gewesen sind, mit denen eine Sage ins Riesengebirge einzog, aus der sich die Phantasie der Gebirgler im Laufe der Jahre ihren eigenen Berggeist geschaffen hat.

Er war ein Kraftgenie, launisch und unberechenbar, unbescheiden, stolz und eitel, aber er war ein Freund der Armen und be-

Rübezahl in einer Zeichnung von Ludwig Richter.

strafte die Reichen für ihre Geldgier und Härte. Viele waren ihm schon begegnet, denn er konnte menschliche Gestalt annehmen und seelengut sein. Er konnte auch wie ein Riese aus dem Nebel auftauchen und fuchsteufelsböse werden. Er war nie ohne seinen struppigen Bart und seine gewaltige Keule zu sehen. Und ob er gefürchtet wurde oder herbeigesehnt, er war der Herr des Gebirges: Rübezahl.

Jene Stelle aber, wo sich das Wasser des Elbfalls fünfzig Meter in die Tiefe stürzt und in einem schäumenden Becken fängt, jene Stelle meidet Rübezahl, denn sie ist seine schwache Stelle. In diesem schäumenden, sprühenden Becken hat einstmals ein wunderschönes Mädchen gebadet, ein irdisches, eine Fürstentochter, und Rübezahl hat sie gesehen, und sie ist seine große Liebe geworden. Was hat er nicht alles getan, um ihr Herz zu gewinnen. Sein ganzes Reich mit allen Kostbarkeiten, Edelsteinen, Gold und Silber hat er ihr zu Füßen gelegt, aber er war und blieb ein Geist. So ist es eine unglückliche Liebe geworden, und was das Schlimmste ist, er hat sich von ihr übertölpeln lassen. Er hat auf einem Feld die Rüben gezählt und gezählt und gezählt, und er hat sich verzählt und verzählt, und inzwischen war seine Liebste auf und davon. Ihm aber ist der Spott geblieben, die Einsamkeit und der Name Rübezahl. Die Liebe hat er für immer verloren. Daraus mag es sich ergeben, daß er so unterschiedlich gelaunt ist, wenn er mit Menschen zusammentrifft, einmal so und dann wieder so.

In jenen Gebirgstälern, in denen die junge Elbe unbekümmert durch die Wiesen schäumt, war es vor nicht allzu langer Zeit üblich, daß sich um die Weihnachtszeit ein paar Leute aufmachten, um von Dorf zu Dorf zu ziehen und in den Häusern das Geschehen von Bethlehem nachzuspielen. Es gehörten dazu Maria und Josef, das Kindlein und die Heiligen Drei Könige, die Krippe und der Stern. Es waren in jedem Jahr dieselben Leute, die das Spiel aufführten, arme Schlucker, die sich in der gebefreudigen Zeit ein paar mildtätige Gaben erhofften. Manchmal führte sie ihr Weg sogar bis hinüber auf die andere Seite des Gebirges, wenn es der Schnee einigermaßen zuließ.

So kamen nun in diesem Jahr, in dem sich das Ereignis zugetragen hat, Maria, Josef, das Kindlein und die Heiligen Drei Könige in einen Schneesturm, von dem sie meinten, er würde ihnen allen das Licht ausblasen. Er würde sie niederdrücken und zuwehen, und arm, wie sie waren, würde sie niemand vermissen. Erst bei der Schneeschmelze würde man sie finden.

So drängten Maria und Josef immer enger aneinander, um dem vierjährigen Otfriedel Schutz zu geben, der die Rolle des Kindleins zu spielen hatte und der seine kleinen Beine kaum noch vorwärtsbrachte auf dem Weg, den der Sturm immer tiefer verwehte. Daran konnten auch die Heiligen Drei Könige nichts ändern, obwohl sie mit Krippe und Stern dem heiligen Paar vorangingen. Sie wußten alle nicht mehr, ob sie auf dem richtigen Weg

waren. Sie hofften auf nichts sonst als auf ein hell erleuchtetes Fenster, auf ein Haus, in dem sie aufgenommen und zum Bleiben aufgefordert würden. Allein dieser Gedanke ließ sie weitergehen und den eisigen Wind ertragen, der ihnen die Schneekristalle wie Nadeln in die Gesichter warf.

Sankt Peter war ihr Ziel gewesen, dort sollten sich in den Häusern allerhand fremde Leute einquartiert haben, Stadtleute, denen es um den Spaß ging, mit einem Hörnerschlitten über die vereisten

Wege talwärts zu fahren. Leute, die daheim selbstverständlich eine warme Stube hatten und freiwillig in die Kälte der winterlichen Berge kamen. Dorthin also wollten die Dreikönigsspieler, weil sie sich lockersitzendes Geld versprachen. Wenn nur dieser Schneesturm nicht gewesen wäre.

Plötzlich aber sahen sie wahrhaftig Licht. Erst eins, dann zwei, ein drittes. Es mußte ein Haus sein, in dem die Fensterläden nicht geschlossen worden waren, ein Wirtshaus. Auf einmal war Hoffnung, Zuversicht, Leben. Dorthin, dort war das Ziel.

Es war ein Wirtshaus. Ein bärtiger, riesenhafter Wirt kam ihnen entgegen. Er half ihnen aus Mänteln und Umhängen, er fragte nicht, woher sie kämen, wohin sie wollten. Er zeigte auf die Eckbank, nahm das Kindlein, das vierjährige Otfriedel, rieb ihm behutsam Arme und Beine, setzte es auf die Ofenbank, drückte ihm ein Stück Rosinenkuchen in die Hand, holte ein Glas warme Milch und sagte: »Zuerst ist das Kind dran, wie es sich gehört.«

Dann brachte er den anderen eine warme Biersuppe, die ihnen wie ein Lebenswecker durch die Adern rann, dann brachte er Brot und Wurst und sagte: »Jetzt langt zu.«

Und als ihn die Leute ansahen, als ob sie sagen wollten: »Das können wir nicht bezahlen«, nickte er nur und sagte: »Eßt, bis ihr satt seid.« Und das taten sie.

Auf einmal kamen Gäste in die Wirtsstube, es wurden mehr und immer mehr, und die Leute wollten das Dreikönigsspiel sehen. Das ließen sich die Spieler nicht zweimal sagen. So müde sie waren, sie klappten die Krippe auseinander und spielten das wunderbare ewige Spiel von der Geburt des heiligen Kindes, das in einem armseligen Stall das Licht der Welt erblickte.

Das war der Augenblick, in dem Maria zu dem Wirt hinübersah, der jetzt hinter dem Schanktisch stand. Eine Sekunde lang lächelten sie einander zu, ohne sich dessen bewußt zu werden, denn schon ging das Spiel weiter.

Die Heiligen Drei Könige kamen herein, und das muß gesagt werden, so wie an diesem Abend hatten ihre Kronen noch niemals gefunkelt, ihre Mäntel noch nie geglänzt. Die Leute in der Wirtsstube waren gerührt von dem Spiel und besonders von dem kleinen Otfriedel, das in der Krippe lag und wirklich schlief. Es hatte zur Folge, daß sie mit dem Geld nicht geizten.

Als die Gäste in den Schlafsaal gegangen waren, sagte der riesige, bärtige Wirt: »Wenn es nicht zuviel verlangt ist, dann spielt das Ganze noch einmal für mich allein, es hat mir so gut gefallen.« Und sie spielten es. Doch jetzt war alles in ein seltsames Licht getaucht. Das mochte an der Ölfunzel liegen, die nur noch allein auf dem Schanktisch brannte.

Als das Spiel diesmal zu Ende war, kam der Wirt hinter dem Schanktisch hervor und drückte jedem Spieler einen Groschen in die Hand, und für das Kindlein legte er der Mutter einen Taler hin. Danach konnten sie auf den Heuboden gehen. Nach einer Weile, in der Maria und Josef still nebeneinander lagen, sagte Maria: »Wie heut haben wir es noch nie angetroffen; Essen und Geld und ein warmes Lager.«

»Das ist wahr«, antwortete Josef, »aber ich bin zu müde, ich kann nicht darüber nachdenken, warum es so ist.«

Am nächsten Morgen hatte ihnen der Wirt einen Krug Milch hingestellt und für jeden eine Schnitte vom runden Brot. Außerdem war ein Hütejunge bereit, der ihnen den Weg bis zur nächsten Baude zeigen sollte.

Der Schneesturm war zur Ruhe gekommen, die Sonne guckte hinter einem Wolkenvorhang heraus. Und als sie so hintereinander hergingen, drehte sich einer der Heiligen Drei Könige, der Kaspar, herum und sagte: »Wenn wir das nicht alle zusammen erlebt hätten, dann käme ich auf den Gedanken, wir wären beim Rübezahl eingekehrt.«

»Ach was«, sagte Josef, »es war doch alles, wie es sein muß, die Tische, die Bänke, die anderen Gäste – nein, mit Rübezahl hat das nichts zu tun.«

»Und wenn doch?«

»Na gut, dann war es eben der Rübezahl.«

Sie gingen weiter.

Nicht lange darauf sagte ein anderer der Heiligen Drei Könige, der Balthasar: »Kommt mir doch nicht mit Rübezahl! Einen Berggeist«, er spuckte aus, »den gibt es gar nicht. Das bilden sich die Leute ein, die ihren Verstand nicht beisammen haben.«

Sie gingen weiter. Aber auf einmal war der Hütejunge nicht mehr da, der sie geführt hatte.

Als sie im nächsten Dorf einkehrten und ihr Dreikönigsspiel anboten, wurden sie auch hier aufgenommen. Wieder saßen die Leute da und warteten darauf, daß Maria und Josef anklopften und ihr Streitgespräch mit dem Wirt führten, die Krippe aufstellten, das Otfriedel als Jesuskind hineingelegt wurde und die Heiligen Drei Könige kamen.

Danach aber, als der Wirt fragte, ob sie denn auch Geld hätten, um das Nachtlager und das Essen zu bezahlen, holten sie die Groschen hervor, für die sie am vorangegangenen Abend gespielt hatten.

Auf einmal aber sahen sie, daß es Dukaten waren, Golddukaten. Sie konnten es nicht begreifen, sie rieben darauf herum und hielten sie gegen das Licht, und dann dämmerte ihnen, wer sie am Abend vorher aus dem Schneesturm gerettet und aufgenommen hatte. Es war wirklich der Rübezahl selber gewesen. Nur für einen der Heiligen Drei Könige, den Balthasar, der an den Rübezahl nicht geglaubt hatte, war der Groschen ein Groschen geblieben.

So hörten sich die Geschichten an, die sich die Leute dort erzählten, wo die Elbe zum erstenmal nach einem Fluß aussah, besonders zu Zeiten der Schneeschmelze, wenn sie das Wasser der Gebirgsbäche aufnahm, bei Spindlermühle.

Die erste Elbbrücke, eher noch ein Steg, befand sich kurz unterhalb von Spindlermühle beim Dorf Friedrichsthal. Sie war selbstverständlich aus Holz, genügte jedoch lange Zeit für Mensch und Tier.

Šplindlerův Mlýn, wie der Ort auf tschechisch heißt, gilt bis auf den heutigen Tag als der schönste Ort des böhmischen Riesengebirges, im Sommer ebenso wie im Winter. Und es könnte sein, daß in einem Schuppen oder einer Remise noch ein alter Hörnerschlitten steht, mit dem eine Art Wintersport betrieben wurde, bevor es in Mode kam, Ski zu fahren. Mit einem solchen großen Hörnerschlitten ging es von Spindlermühle in atemberaubender Fahrt talwärts bis nach Hohenelbe.

Hohenelbe war durch viele Jahrhunderte der erste wirtschaftlich bedeutende Ort an der jungen Elbe. Christoph von Gendorf, königlich-böhmischer Rat und Berghauptmann, hat den Ort begründet, als er den Reichtum an Erzen erkannte, der in den Bergen zu finden war. Gendorf hat damit nicht nur den verstreuten Bergleuten ein richtiges Zuhause geschaffen, sondern zugleich auch den Tiroler Holzknechten, die er anwerben ließ, zu Holzfällerarbeiten für Stollen und Schmelzöfen an Ort und Stelle, um den Bergleuten die Arbeit zu erleichtern. Die Tiroler Holzknechte brachten ihre großen Hörnerschlitten mit, ohne zu ahnen, welche Erleichterung diese Schlitten für die Gebirgler bedeuteten. Daß sie schließlich auch noch zu einer Fremdenattraktion gerieten, ist purer Zufall, wie so vieles. Aber es muß schon ein Erlebnis gewesen sein, in einem solchen Schlitten zu sitzen, vor den zwei Pferde gespannt waren, die ihn bergan zogen, einer Baude, einem Wirtshaus entgegen. Ein Knecht ging lenkend zwischen den Pferden her. Die Schlitteninsassen kehrten ihm den Rücken zu und genossen den Blick ins Tal, auf verschneite Wälder, Abhänge und Häuser.

Nachdem sich alle aufgewärmt hatten bei Glühwein oder Kaffee, wurde der Schlitten wieder bestiegen. Aber jetzt gab es keine Pferde mehr davor, jetzt war es allein die Geschicklichkeit des Lenkers, der sich alle anvertrauen mußten. Wie gefahrvoll eine solche Abfahrt ins Tal gewesen ist, haben die Schlittenfahrer meistens nicht gewußt.

Mit Christoph von Gendorf wurde die Stadt Hohenelbe zum Tor des Riesengebirges. Seine Tätigkeit machte aus ihr einen Umschlagplatz für Eisen, Kupfer, Silber, Schwefelkies, Arsen und Uran, und Hohenelbe wurde wohlhabend dabei.

Für reiche Kaufmannsstädte aber zeigte sich stets der Adel interessiert – und die Kirche. Es gab zwei Wege, eine solch steuerträchtige Pfründe in seinen Besitz zu bringen: über den Glauben und über die Politik, und es gibt Zeiten, wo das eine vom anderen nicht zu trennen ist.

In einer solchen Zeit gehörte Hohenelbe mit seinem imposanten Burgschloß dem Herzog und General Albrecht von Wallenstein. Der Feldherr hatte sich in dem langen, dreißig Jahre dauernden Krieg um den Kaiser und Österreich und um den Glauben mehr als verdient gemacht. Obwohl er zeitweise in Ungnade gefallen war, konnte der Kaiser in Wien nicht auf ihn verzichten, und so gehörte zu Wallensteins vielen böhmischen Besitzungen auch Hohenelbe, bis zu seinem gewaltsamen Tod.

Nach ihm zogen andere Herren in das Burgschloß ein, und auch das Geld floß im Laufe der Zeit aus anderen Quellen. Allzu üppig waren die Erzvorkommen im Riesengebirge nicht gewesen, wie sich herausstellte. So wurde aus Hohenelbe eine Leineweberstadt. Dem baumeisterlichen Sinn der Kaufleute dieser Zeit sind die schönen Laubenhäuser zu danken, charakteristisch für das wohlhabende Bürgertum in den Städten entlang des Gebirges. Viele dieser Laubenhäuser aus Holz oder Stein haben den Krieg überdauert. Viele sind erst danach verfallen, als ihre Bewohner, die Sudetendeutschen, das Land verlassen mußten. Inzwischen sind die meisten der Laubenhäuser wieder aufgebaut worden, auch in Hohenelbe, und so ist ein Stück deutsches Bürgertum in einem anderen Land wieder anzuschauen.

Die Elbe fließt weiter südwärts. Es ist, als gäbe es für sie keinen anderen Weg als den nach Süden, Kukus entgegen, Kuks, wie es auf tschechisch heißt. Wobei es an der Zeit ist zu sagen, daß die Elbe, solange sie durch Böhmen fließt, Labe heißt. Kukus verdankt seine Berühmtheit einem genialen Sonderling.

Hier, wo der Elbenstrom das Kukus-Ufer netzet . . ., ließ Franz Anton Reichsgraf Sporck ein Heilbad errichten, und diese Anlage konnte es an architektonischer Schönheit mit Karlsbad aufnehmen. Und das hieß etwas, denn Karlsbad war schon damals in ganz Europa berühmt.

Das Geld dazu hatte Graf Sporck von seinem Vater geerbt, einem Bauernsohn aus Westfalen, aus Westerloh, unweit von Paderborn. Johann Sporck war, wie es üblich war vor runden vierhundert Jah-

Das Augustinerkloster aus dem 18. Jahrhundert gehörte zu den bedeutendsten Bauwerken von Hohenelbe.

ren bei den nicht erbberechtigten Bauernsöhnen, ein Soldat geworden und ist es auch ein Leben lang geblieben. Da er nun das Glück hatte, immer auf der richtigen Seite zu kämpfen, und die Kriege noch etwas abwarfen für die Sieger, wurde er nicht nur vom Kaiser in den Reichsgrafenstand erhoben, er wurde auch mit landwirtschaftlichem Besitz beschenkt und von daher ein vermögender Mann.

Dieser General aus dem Bauernstand muß aber auch ein Draufgänger gewesen sein. Nicht nur im Dreißigjährigen Krieg, sondern vor allem, als sich die Österreicher der Türken zu erwehren hatten.

Seinem militärischen Andenken hat Rainer Maria Rilke in seiner Dichtung *Der Cornet* zu literarischem Ruhm verholfen: *Endlich vor Sporck. Neben seinem Schimmel ragt der Graf. Sein langes Haar hat den Glanz des Eisens. Der von Langenau hat nicht gefragt. Er erkennt den General, schwingt sich vom Roß und verneigt sich in einer Wolke Staub. Er bringt ein Schreiben mit, das ihn empfehlen soll beim Grafen. Der aber befiehlt: »Lies mir den Wisch.« Und seine Lippen haben sich nicht bewegt. Er braucht sie nicht dazu; sind zum Fluchen gerade gut genug. Was darüber hinaus ist, redet die Rechte. Punktum. Und man sieht es ihr an. Der junge Herr ist längst zu Ende. Er weiß nicht mehr, wo er steht. Der Sporck ist vor Allem. Sogar der Himmel ist fort. Da sagt Sporck, der große General: »Cornet.« Und das ist viel.*

Sporcks Sohn Franz Anton hatte die Statur seines Vaters nicht und dazu eine schwächliche Gesundheit, der das eigene Heilbad zugute kam. Die kühnen Gedanken, die sich bei seinem Vater auf Feind und Schlachtfeld konzentrierten, richteten sich bei ihm auf die Kunst. So entstand auf dem rechten Elbufer der geistliche Teil des Kukus-Bades mit der Kirche und den Spitälern. Auf dem linken Elbufer entstand der weltliche Teil mit Schloß, Badehaus und Park, Gästehäusern, Theatern und allen Lustbarkeiten, die zu dieser Zeit des lebensfrohen, üppigen Barock gehörten. Das alles aber in einem Ausmaß, das an Versailles denken läßt, auch heute noch, nachdem dreihundertfünfzig Jahre darüber hingegangen sind und Krieg und Frieden und unruhige Zeiten ihren Zehnten gefordert haben. In vierzig Kilometer Luftlinie von Kukus entfernt liegt die Stadt Gitschin, Jičín, wie es auf tschechisch heißt. An Gitschin kommt niemand vorbei, der etwas wissen will von dem Land, durch das die junge Elbe fließt.

Gitschin: Residenz eines Mannes, der zu jener Handvoll Menschen gehört, die europäische Geschichte gemacht haben, mitteleuropäische und deutsche Geschichte. Deren Politik zerstört und zerschlagen hat mit dem Ziel, ein besseres Heiliges Römisches Reich Deutscher Nation zu schaffen. Wobei jeder die eigene Macht nicht aus den Augen ließ, der eine auf protestantischer, der andere auf katholischer Seite. Das war es, was Deutschland *damals* gespalten hat.

Die Marktplätze auch kleiner Orte waren immer sehr geräumig, Zentrum der ganzen Umgebung. Hier ein Beispiel aus Arnau.

In Gitschin also saß Albrecht Eusebius Wenzel von Wallenstein, einer der Mächtigsten seiner Zeit. Auf dem Gut Hermanitz oder, wie es im Böhmischen hieß, auf der Herrschaft Heřmanic, nicht weit von der Stadt Arnau an der Elbe, war er 1583 geboren worden. Mit dreizehn Jahren wurde er Waise und wuchs unter deutsch-protestantischem Einfluß auf. Zehn Jahre später trat er zum katholischen Glauben über. Es ist nirgendwo vermerkt, ob es aus Überzeugung geschehen ist. Sein hellwacher Kopf mag sich mehr davon versprochen haben, auf der Seite der alten, mächtigen Kirche zu stehen als auf seiten der neuen Männer. Macht, Größe und Reichtum waren die Triebfedern seines Handelns, Skrupel kannte er nicht. Seit Jahren stand er in militärischen Diensten, und als 1618 der Glaubenskrieg anfing, war er durch eigenes und angeheiratetes Vermögen in der Lage, dem Kaiser eine Truppe zur Verfügung zu stellen, die er selbst ausgerüstet hatte und selbst bezahlte.

Die Huld des Kaisers war ihm sicher und wurde ihm um so sicherer, je mehr der Kaiser sich Geld von ihm lieh. Und er lieh sich viel. Krieg führen kostet Geld, und der Krieg zog sich hin – er sollte dreißig Jahre dauern.

Wallenstein erwarb nach damaligen Verhältnissen ungeheuren Landbesitz. Es waren nicht weniger als sechsundsechzig

Herrschaften, die Davongejagten gehört hatten, Andersgläubigen. Unter ihnen war auch die Stadt Gitschin. Und Gitschin machte er zu seiner Residenz, zu einer königlichen.

Dem Kaiser in Wien wurde davon berichtet – viel Feind, viel Ehr oder umgekehrt –, und Ferdinand II. dachte darüber nach. Um die eigene Schuldenlast loszuwerden und die militärischen Verdienste seines Generals zu würdigen, hatte der Kaiser ihn zum Herzog von Mecklenburg gemacht und ihm dazu das schlesische Fürstentum Sagan verliehen. Er hatte auch stillschweigend dem Wunsch entsprochen, Wallenstein zum Herzog von Friedland zu erheben. Als er jedoch immer größeren Einfluß auf die europäische Politik nahm, ging es dem Kaiser zu weit. Er entließ ihn, und Wallenstein zog sich unverstanden und beleidigt nach Gitschin zurück.

Wallenstein, Feldherr aus Böhmen.

Der Herzog von Friedland lebt klösterlich in Gitschin, stand in den Flugschriften damals, im Jahre 1630, und den Schreibern glaubt man ja bis zum heutigen Tag fast jedes Wort. Dann aber gibt es noch die Historiker. Zu den unbestechlichsten darf Friedrich von Schiller gezählt werden. In seiner *Geschichte des Dreißigjährigen Krieges* schrieb er:

Der Pomp eines Königs umgab ihn in dieser Einsamkeit und schien dem Urteilsspruch seiner Erniedrigung Hohn zu sprechen ... Kavaliere aus den edelsten Häusern wetteiferten um die Ehre, ihn zu bedienen, und man sah kaiserliche Kammerherren den goldenen Schlüssel zurückgeben, um bei Wallenstein eben dieses Amt zu bekleiden. Er hielt sechzig Pagen, die von den trefflichsten Meistern unterrichtet wurden; sein Vorzimmer wurde stets durch fünfzig Trabanten bewacht ... Reiste er über Land, so wurden ihm Geräte und Gefolge auf hundert sechs- und vierspännigen Wagen nachgefahren; in sechzig Karossen mit fünfzig Handpferden folgte ihm sein Hof ...

Es geht noch eine Weile so weiter bei Schiller. Um aber die Sache zu Ende zu bringen mit Gitschin, wo sich Wallenstein das Palais für diesen Hofstaat bauen ließ, muß gesagt werden: Es stellte sich bald heraus, daß der Kaiser auf die Fähigkeiten dieses Mannes nicht verzichten konnte. So kam Wallenstein wieder in militärische Würden.

Aber die Politik ließ ihn nicht mehr los. Er sah ein Königreich vor sich, das vom fruchtbaren Tal der jungen Elbe bis hin-

Die Schlachten des Dreißigjährigen Krieges setzten Drill und Disziplin voraus.

auf zur Ostsee reichte. Er wußte auch, wer der König dieses Reiches sein würde, ein Mann, der die deutsche Sprache ebenso gut sprach wie die tschechische. Aber Wallenstein sah auch den Krieg, unter dem die Menschen von Jahr zu Jahr schlimmer litten, der die Länder immer furchtbarer verwüstete.

In aller Heimlichkeit knüpfte er mit Schweden, Sachsen und Brandenburg Friedensverhandlungen an – und leitete damit seinen Untergang ein. Des Hochverrats angeklagt, wollte ihn der Kaiser gefangen sehen, tot oder lebendig. Das tödliche Schicksal ereilte ihn und seine letzten Getreuen in der böhmischen Stadt Eger an der Eger, einem Nebenfluß der Elbe. Die Sterne, die er sich ein Leben lang deuten ließ und an deren Macht er glaubte, obwohl er katholisch war, hatten ihn nicht vor der mörderischen Gefahr gewarnt.

Der Name Wallenstein gehört zu meinen Kindheitserinnerungen. Noch ehe ich mit Grenze und Zoll etwas anzufangen wußte, haben mich meine Verwandten aus der Lausitz mit ins Böhmische genommen, nach Friedland. Sie sagten immer noch *ins Böhmische*, obwohl nach dem Ersten Weltkrieg aus Böhmen, Mähren und der Slowakei die Tschechoslowakei geworden war. Für sie blieb es *das Böhmische.*

Bis heute kann ich die Spannung wiederempfinden, in die ich geriet, sobald wir uns der Grenze näherten. Grenze – Zöllner – Uniformen – Schlagbaum und Schmuggel. Vorsicht – Finsternis – Stehenbleiben – Horchen und Weitergehen.

Das Haus hinterm Wald, die Holztreppe, der Heuboden, den Rucksack vom Buckel, den Schweiß vom Gesicht. Der Hund schlägt an, Schritte im Hof, Stimmen, Grenzer . . .? Das waren solche Geschichten, die meine Mutter erzählte.

Später habe ich mich oft gefragt, warum Wallenstein eigentlich als *der Friedländer* in die Geschichte eingegangen ist. In Friedland ist er die wenigste Zeit gewesen, auch wenn ihn Schiller sagen läßt: *Nacht muß es sein, wenn Friedlands Sterne strahlen.* Er hat nicht der Mecklenburger geheißen und nicht der Saganer und der Gitschiner auch nicht, die Geschichte nennt ihn *den Friedländer.*

Auf dem Weg von Gitschin zurück an die Elbe ist Zeit genug, der Stadt noch ein paar Gedanken nachzuschicken. In Gitschin wurde 1874 Karl Kraus geboren, *der Reiniger* der deutschen Sprache, der Jude, der sich taufen ließ und gegen den Verrat an Gott ankämpfte. Er studierte, lebte und arbeitete in Wien, er war Dichter, Kritiker und Herausgeber der Zeitschrift *Die Fackel.* Er wurde deshalb der *Fackel-Kraus* genannt. Ich glaube nicht, daß man ihn damit leichter von anderen Leuten namens Kraus unterscheiden wollte. Vielmehr denke ich, daß Persönlichkeiten seiner Größe und Genialität ihren Mitmenschen unfaßbar sind und daß sie daher versuchen, ihnen auf so hemdsärmelige Art beizukommen. Der *Fackel-Kraus,* der *Türken-Sporck,* der *Friedländer.*

Während in der Ferne bereits die Türme von Königgrätz auftauchen, soll

Die erste steinerne Brücke über die Elbe befand sich bei Neuschloß.

mit einem Blick in Richtung Gitschin noch eines bedeutungsvollen Ereignisses gedacht werden. In Wallensteins Palast setzte Kaiser Franz von Österreich im Jahre 1813 seinen Namen unter ein Dokument, das den Untergang Napoleons einleitete. Es war der Vertrag der Heiligen Allianz zwischen Österreich, Rußland und Preußen.

Das Land hier, südlich von Gitschin, ist hügelig, sanft und fruchtbar. Das Riesengebirge schützt es vor den Nordwinden, und so kommt es, daß gedeiht, was angepflanzt und ausgesät wird. Es ist schon eine Ahnung von Süden in dieser Ebene, aus der sich die Türme von Königgrätz erheben, die Kirchtürme, die Kirchendächer. Die Festung gibt es seit hundert Jahren nicht mehr, und auffallend viele Industrieschornsteine gibt es auch nicht.

Das Land zwischen Königgrätz und Kolin ist süß und duftet wie ein Brotlaib, heißt es. Bei diesem duftenden Brotlaib handelt es sich freilich um einen frisch gebackenen, und der duftet wahrhaftig zum Stehenbleiben und Augenschließen und macht, daß einem die Zunge vor Verlangen hart wie ein Hölzel wird. Aber vielleicht nur demjenigen, dem ein frischer Brotlaib lange Zeit unerreichbar gewesen ist.

Königgrätz ist heute die bedeutendste Stadt des politischen Bezirkes und das wirtschaftliche Zentrum Ostböhmens.

Auffällig ist, wie viele Schlösser in der Umgebung von Königgrätz erbaut worden sind. An Schlössern ist zwar entlang

Die erste eiserne Kettenbrücke entstand 1831/32 bei Jaromirsch, damals noch eine große Neuheit.

der böhmischen Elbe kein Mangel, aber hier häufen sie sich. Sowohl böhmische wie deutsche Adelsfamilien sind über Jahrhunderte in ihnen zu Hause gewesen, die Kinskys auf Karlskrone, die Familie Thurn und Taxis in Laučin. Ob deutscher oder böhmischer Herkunft, ihnen allen stand nichts näher als das Wohl ihres böhmischen Vaterlandes. Einer der letzten Getreuen Wallensteins war ein Kinsky. Auch er wurde in der Stadt Eger ermordet, als Wallensteins Tod beschlossen war.

Auf Schloß Laučin war Rainer Maria Rilke einen Sommer lang Gast der Fürstin Marie von Thurn und Taxis. Sie nahm ihn auf, als er in einer Krise war, und das Land *in seiner Anspruchslosigkeit, seinem guten Herzen* brachte ihn wieder ins Gleichgewicht. Die Thurn und Taxis auf Laučin waren böhmische Verwandte jener fürstlichen Familie in Süddeutschland, der das Generalpostmeisteramt für ganz Deutschland und die spanischen Niederlande anvertraut war.

Spanischer Herkunft war der Erbauer des Schlosses Pottenstein und mit halb Europa verwandt und verschwägert. Seine Enkelin verheiratete sich böhmisch mit dem Grafen Dobrzensky. So kam Pottenstein nicht nur in böhmischen Besitz, es erhielt auch mit dem Wappen der Familie ein höchst merkwürdiges Wappentier: einen Storch. Mit ihm verbunden ist nun wieder eine märchenhafte Geschichte:

Während der Kreuzzüge geriet ein Graf Dobrzensky in die Gefangenschaft der

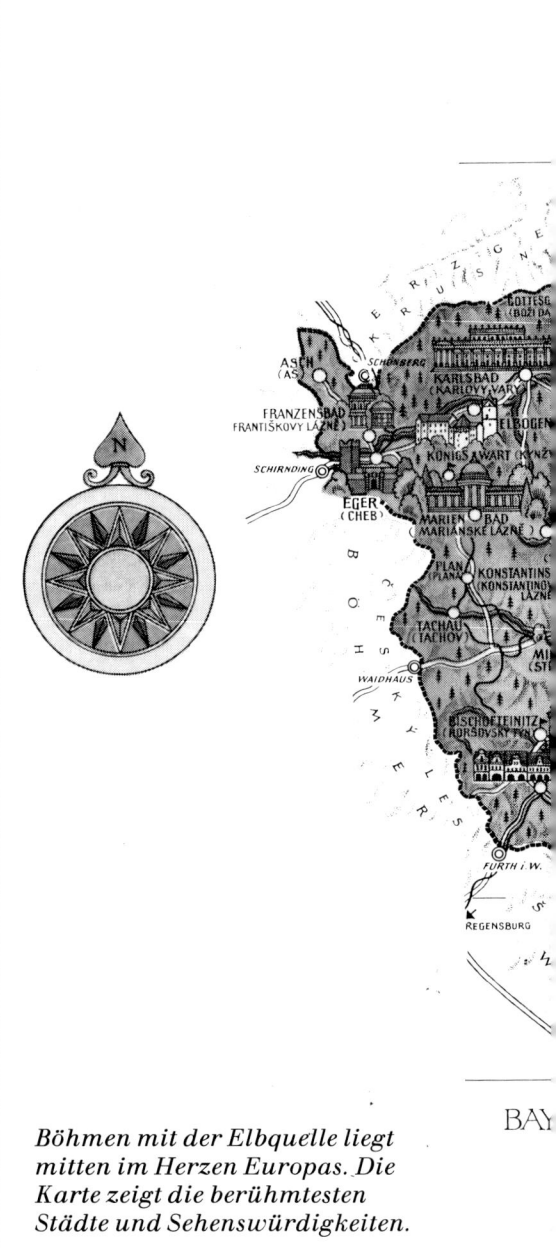

Böhmen mit der Elbquelle liegt mitten im Herzen Europas. Die Karte zeigt die berühmtesten Städte und Sehenswürdigkeiten.

Eine Perlenkette aus Schlössern

Türken. Seine Zukunft war düster und ungewiß. Plötzlich sah der Gefangene im Heiligen Land eine Reihe von Störchen. Er ließ den Sultan bitten, er möge ihm gestatten, doch mit den Störchen zu sprechen. Es könnte sein, daß der Storch seines heimischen Schlosses Dobrzenitz dabei sei – und dieser Storch wäre zahm und höre auf sein Wort.

Der Sultan lachte über diesen sonderbaren Wunsch, aber er gestattete dem Gefangenen, mit den Störchen Zwiesprache zu halten. Und tatsächlich war unter den Störchen auch jener zahme aus dem heimischen Dobrzenitz. Der Sultan war darob überrascht und ließ mit sich reden. Und er gestattete auch die Probe auf ein zweites Wunder. Der Gefangene durfte an den Fuß des Storches eine Nachricht heften, die der Vogel in die ferne europäische Heimat tragen sollte.

Und auch das zweite Wunder erfüllte sich. Die Nachricht erreichte die Empfänger im böhmischen Lande. Die Familie konnte den gefangenen Kreuzritter vom Sultan freikaufen – und führt seither mit Dankbarkeit den Storch im Wappenschild.

Auf Opočno saß bis in den Dreißigjährigen Krieg hinein die Familie Terzka, patriotisch gesinnt, aber revolutionär. Ein Terzka starb ebenfalls in der Stadt Eger, als Wallenstein umgebracht wurde. In Schloß Geiersberg wurde der Schlitten aufbewahrt, mit dem Napoleon dem entsetzlichen Untergang seiner Armee an der Beresina entflohen war. Heute steht der Schlitten im Postmuseum in Prag, und auch die meisten Schlösser sind, enteignet, zu Museen geworden, gehütet und gehegt und voller Stolz gezeigt. Das aber, was ihnen einmal Leben gegeben hat, die Gedanken, die Böhmen umsorgten, das Vaterland, das mitten in Europa lag, sind mit den Menschen davongegangen.

Vor den Toren, über den Einfahrtswegen ist die Luft voller Sommerduft, Lindenblüte, Heu, Kamille. Wiesen in der Weite, Wälder, Felder, in der Ferne die Elbe und die Türme von Königgrätz: das Land mit dem guten Herzen.

Königgrätz hat aber noch eine andere Bedeutung. In der Umgebung der Stadt wurde im Jahre 1866 mit einer einzigen Schlacht ein Krieg ausgetragen, bis heute ein Bruderkrieg genannt. Hier standen Preußen und drüben die Österreicher. Dieser Krieg sollte über die Vorherrschaft in Deutschland entscheiden, denn das riesige Reich war in große, kleine und kleinste Fürstentümer aufgeteilt, von denen es der eine Fürst mit Österreich hielt, der andere sich von Preußen mehr versprach. So kam es 1866 zu diesem Krieg zwischen Preußen und Österreich, den niemand wollte, selbst der preußische König nicht. Nur sein engster Berater und Außenminister, Fürst Bismarck, der wollte ihn und setzte ihn durch.

Die Stimmung war gedrückt, als die Soldaten aus der Stadt hinausmarschierten. Wofür sollte ein Krieg gegen Österreich gut sein? Die Leute hatten noch

Wo die Adler in die Elbe mündet, liegt Königgrätz, Mittelpunkt von Nordböhmen.

vom Krieg gegen Dänemark die Nase voll. Und überhaupt, wer konnte denn wissen, wie sich ein Krieg entwickelte?

Als die Nachricht durchsickerte, daß auf österreichischer Seite der General Benedek zum Oberbefehlshaber ernannt worden war, hieß es in Berlin:

*Mutter, steck die Löffel weg,
es kommt der Marschall Benedek.*

Ja, die Berliner! Mit den Österreichern war für sie immer die Vorstellung von Kroaten und Panduren verbunden, die wie der Blitz kamen und ebensoschnell wieder verschwunden waren. Da aber zu keiner Zeit nach der Meinung der Leute gefragt wird, die dann letzten Endes alles zu bezahlen haben mit Blut, Armut, Tränen und Hunger, setzten sich drei preußische Armeen in Bewegung in Richtung österreichischer Grenze. Eine von ihnen hieß die Elbarmee. Sie sammelte sich in Torgau an der Elbe und marschierte die Elbe entlang über die Grenze nach Böhmen hinein, und es hätte nicht viel gefehlt, und sie wäre zur Schlacht von Königgrätz zu spät gekommen.

Am 3. Juli in aller Frühe wurde die Schlacht gegen die österreichische Armee eröffnet, die im Schutze der Festung vor Königgrätz lagerte, gegen den Löffel-Benedek sozusagen. Sie wurde in der Gewißheit angefangen, daß im Laufe des Vormittags zu der einen preußischen Armee die beiden anderen stoßen würden: die Elbarmee und die Armee des Kronprinzen.

Aber wie das so ist – es lag nicht an den Ordonnanzen, die der König vom Feldherrenhügel abschickte, es lag an den aufgeweichten Wegen, daß die Schlacht nicht vorankam, wie sie sollte. Gegen Mittag wurde die Lage für die preußische Armee bedenklich.

Als weder in östlicher noch in westlicher Richtung durch die grauen Regenschleier heranrückende Truppen auszumachen waren, als das Gesicht des siebzigjährigen Königs immer mehr versteinerte, ritt Bismarck, der das alles verursacht hatte, an General Moltke heran.

Bismarck zog sein silbernes Zigarrenetui heraus, ließ es aufschnappen und hielt es Moltke hin. Nur zwei Zigarren von unterschiedlicher Güte waren noch darin. Der General besah sie sich und wählte bedächtig – die bessere von beiden. Seine Bombenruhe in dieser Stunde war für Bismarck das Zeichen, daß nichts verloren war. Und so war es ja auch. Plötzlich tauchten von beiden Seiten die Armeen auf, die Schlacht und Krieg dort an der Elbe für Preußen entschieden.

Es ist verbürgt, daß viele Wunden damals bei Königgrätz mit Wasser aus der Elbe gewaschen worden sind, daß Hunderte, Tausende von Pferden ihren Durst mit Elbwasser gestillt und ihre Reiter sie in die Schwemme geführt haben, auf beiden Seiten, versteht sich. So hat die Elbe Schweiß und Staub und Blut abgewaschen, mitgenommen, und ein paar Meilen südwärts haben die Weidenbüsche, die Erlen ihre Zweige über die Uniformstücke und über manchen leblosen Körper gehängt. Mancher Helm ist im Schilf hängengeblieben, manches Pferd hat sich niedergetan, um seine Wunden zu kühlen, während die Enten ihre Brut in den Schlaf gewispert haben, und viele Pferde sind nicht mehr aufgestanden.

Bei Königgrätz hat die Elbe ordentlich Zuwachs bekommen: die Adler. Mit ihrem Wasser geht es stattlich breit weiter südwärts bis Pardubitz. Dort, in Pardubitz, fand ausnahmsweise keine Schlacht statt. Dafür ist Pardubitz eine der beiden Städte, in denen die mörderischsten Hindernisrennen Europas ausgetragen werden. Die andere Stadt ist Aintree bei Liverpool in England. Heute hat Pardubitz seinen internationalen Glanz als Stadt des Steeple Chase verloren. Heute pilgert die Welt nach Aintree, wenn sie Pferde über dreißig schwerste Hindernisse springen sehen will. Die Stürze, auch die tödlichen, sind einkalkuliert.

Pardubitz oder Pardubice, wie es auf tschechisch heißt, ist innerhalb der Tschechoslowakei auch durch seine Pfefferkuchenherstellung bekannt, so wie Nürnberg bei uns. Außerdem gibt es dort alljährlich ein Motorradrennen. Die tschechischen Jawa-Räder sind seit langem in den internationalen Speedwayrennen führend.

Auf halbem Wege von Pardubitz nach Kolin befindet sich das ehemalige Hofgestüt Kladrub mit seinen Schimmeln und Rappen. Es wurde auf kaiserlichen Befehl vor rund vierhundert Jahren gegründet, al-

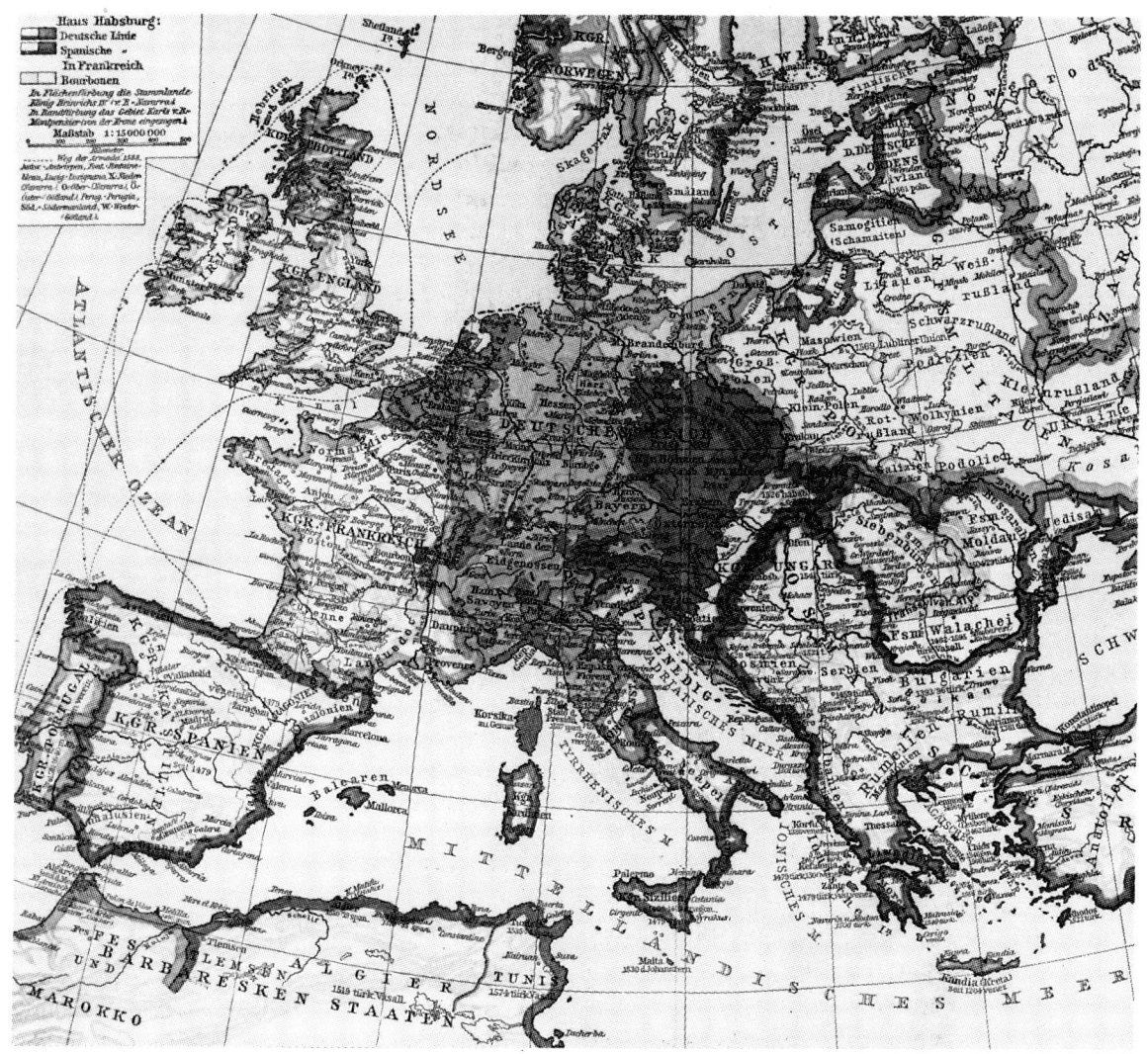

Europa im sechzehnten Jahrhundert (1556).

lein zu dem Zweck, Kutschpferde für den Bedarf bei Hofe heranzuziehen. Kutschpferde! Einmal keine Pferde für den Krieg. Aus spanischer und italienischer Abstammung trabten Fohlen, Stuten und Hengste über die Elbwiesen, die

Pardubitz wurde durch Pferde- und Motorradrennen weltberühmt.

zu Gala- und Paradepferden heranwuchsen, zu Luxuskarossiers, deren Anblick in Vierer- und Sechsergespannen majestätisch gewesen sein muß.

Angeboren war den Kladrubern ihr Gang. Indem sie die Knie besonders hochhoben, wurde ihr Schritt kurz, ihr Trab stampfend. Das Ziehen und im Geschirrgehen war ihnen nicht angeboren, das mußten sie lernen. Damit es ihnen leichter fiel, wurden sie bei jeder neuen Lektion mit einer erfahrenen, ruhigen *Tante* zusammengespannt. Erst wenn sie sich willig fügten, schirrten die Fahrlehrer zwei Lehrlinge nebeneinander. Es ist weit schwieriger, ein Kutschpferd auszubilden als ein Reitpferd, das wissen die wenigsten. Aber Pferde, die einmal kaiserliche Karossen durch die Straßen ziehen sollten, hatten auch noch zu repräsentieren. Eine solche Ausbildung hat besonders lange gedauert.

Das Gestüt Kladrub gibt es als Staatsgestüt der Tschechoslowakei heute noch, und es sind besonders die Altkladruber Schimmel, die gezüchtet werden. Heute als Reitpferde; Parade- und Galakutschpferde werden nicht mehr gebraucht.

Auf Kolin zu ist die Elbe bereits ein richtiger Fluß geworden, und das Land, das sich zu beiden Seiten an ihren Ufern ausdehnt, gilt von hier an als der *goldene Streifen* Böhmens. Golden wegen der weiten, wellenden Weizenfelder. Die Scheunen der Bauernhöfe sind stattlich, und in den Kornkammern gibt es keinen Kehraus vor der neuen Ernte.

Im Fluß, in der Elbe, liegen die Fischreusen, die können alle paar Tage nachgesehen werden, es ist immer etwas drin. Hier, vor Kolin, hält es sich mit den Abwässern der Industrie aus Hohenelbe und Königgrätz noch in Grenzen. Erst danach, wenn die Elbe schiffbar geworden ist, erst dann wird es schlimmer.

Im niedrigen Schilf liegt ein Kahn, morsch, grau, halb voll Wasser. Dort sitzt unbeweglich ein Frosch, wartet auf Beute. Zwischen den hohen Ständen der Binsen steht eine Libelle in der Sonne, schillernd, schön. Daß sie ein Räuber ist, will man nicht glauben. Die Libelle, den Frosch und den Fluß hat es schon immer gegeben – und die Feen, die sich im Nebel aus dem Schilf erheben, um am Ufer zu tanzen, in bestimmten Nächten, wenn es ihnen erlaubt ist. Kein Mensch darf sie anrufen dabei, der nicht gebannt werden will, den sie nicht heimsuchen sollen, um ihm das Kind aus der Wiege zu stehlen und es mit sich hinunter auf den Grund des Flusses zu nehmen.

Ein Stück vom Ufer entfernt steht ein Grenzstein neben der uralten Eiche, in die der Blitz schon mehr als einmal geschlagen hat und die er doch nicht hat umbringen können. Dort, heißt es, soll ein Schatz verborgen liegen. Ein Schatz, von dem die einen sagen, daß ihn ein

Bei Kolin wurde im Jahre 1757 Friedrich d. Gr. von den Österreichern besiegt.

graues Männlein bewacht, und die anderen, daß es ein Soldat ist. Ein Soldat aus dem Siebenjährigen Krieg, aus der Schlacht von Kolin, der die Kriegskasse beiseite geschafft und vergraben hat, weil er reich werden wollte mit einem Schlag.

Heutzutage kann niemand mehr sagen, ob es ein österreichischer Soldat oder ein preußischer gewesen ist. Aber das war den böhmischen Bauern seit jeher egal, obwohl sie von Staats wegen damals österreichische Untertanen waren. Der Schatz war es, um den ihre Gedanken kreisten, die Kriegskasse, gefüllt mit preußischen Talern oder österreichischen Gulden.

Einmal ist ein Bauer mit dem Pflug zu tief gekommen und gegen eine riesige Kiste gestoßen. Als er dann spätabends in aller Heimlichkeit mit seinem Sohn danach gegraben hat, ist von einer Kiste nichts mehr zu finden gewesen.

Ein andermal hat ein Fischer, der spätabends die Reusen unten in der Elbe nachsehen wollte, im Mondschein eine Gestalt hocken sehen, die mit den Händen in der Erde gewühlt hat, genau neben der Eiche. Sie hat gewühlt und gewühlt und gekeucht dabei, und als der Fischer auf die Gestalt zugegangen ist und gerufen hat: »Was macht Ihr denn da?«, hat sich ihm die Gestalt zugewendet, und unter der Soldatenmütze hat ihm ein Totenkopf entgegengesehen, und der Uniformrock, der am Hals offen war, hat ein Totengerippe gezeigt.

Ja, der Grenzstein, die Eiche und das Erdreich darunter, das ist nicht geheuer. Aber zwei Frauen, die einmal vom Markt gekommen sind, haben nicht weit von dieser Stelle entfernt ein paar hübsche runde Holzscheiben gefunden. Darauf hat die eine zur anderen gesagt: »Laß uns die Scheiben mitnehmen, damit können die Kinder daheim schön spielen.« Sie haben die Scheiben mitgenommen, aber als sie daheim angekommen sind, waren es keine Holzscheiben mehr, es waren Taler, echte Silbertaler.

So ist es hier vor Kolin.

Um Kolin fand eine der furchtbarsten Schlachten statt zwischen Preußen und Österreich, einhundertneun Jahre vor Königgrätz. Es war die Schlacht, in der Friedrich der Große unter anderem auch seine Garde verlor und die Kaiserin Maria Theresia siegesbewußt jenen Orden stiftete, der ihren Namen trägt.

Es ist die Schlacht, nach der Friedrich der Große glaubte, daß es nicht mehr weiterginge, daß es mit ihm und Preußen zu Ende wäre. Es ist jene Schlacht, nach der er, wie Augenzeugen berichtet haben, in der Dunkelheit auf einem Brunnentrog saß und im Licht der wenigen Biwakfeuer mit seinem Krückstock Figuren in den Sand malte, Stunde um Stunde, während die Verwundeten vom Schlachtfeld an ihm vorbeigetragen wurden. Schließlich erbarmte sich ein alter Grenadier seiner und brachte ihm einen Schluck Wasser in seiner Mütze.

»Majestät werden auch durstig sein«, sagte er, »und jetzt wollen wir Kolin Kolin

Kaiserin Maria Theresia und Franz I. mit ihren Kindern um 1755.

Friedrich der Große als Kronprinz.

sein lassen. Majestät leben und unser Herrgott auch, und da gibt es bestimmt wieder einen Sieg.«

Auf dem Weg neben der Elbe her, bis in die Höhe von Prag, kann man Gedanken nachgehen wie diesen: Wie wäre die europäische Geschichte verlaufen, wenn sich die Mutter Friedrichs des Großen gegen den herrschsüchtigen Vater hätte durchsetzen können und Friedrich und Maria Theresia, wie sie es wollte, ein Paar geworden wären? Die Erbansprüche auf Schlesien, die Friedrich gegen seine kaiserliche Cousine Maria Theresia anmeldete, wären kein Kriegsthema gewesen, dafür Mitteleuropa ein einziges großes Reich. Mag sein, daß es dann zu anderen Verwicklungen gekommen wäre, sicher ist aber, daß so viele Schlachten entlang der Elbe nicht stattgefunden hätten, wenigstens im 18. Jahrhundert nicht. Vielleicht wäre Preußen und Österreich dann auch Königgrätz erspart geblieben und alles, was danach in Deutschland geschehen ist.

Und um den Dingen ganz kühn nachzusinnen: Vielleicht wäre durch diese Vereinigung zwischen Preußen und Österreich die Elbe niemals zum Grenzstrom geworden, so wie sie es heute ist.

Südlich von Kolin liegt die Stadt Kuttenberg, Kutná Hora auf tschechisch. Es ist eine alte Bergmannsstadt. Hier wurde Silber abgebaut und an Ort und Stelle zu Münzen geschlagen. Es ist eine reiche Stadt, die es sich leisten konnte, einen der schönsten gotischen Dome in Europa zu bauen, St. Barbara zu Ehren, wie es sich gehört für eine Stadt der Bergleute, deren Schutzpatronin die Heilige ist.

Außerdem gibt es noch etwas, das Kuttenberg wichtig macht: das Kuttenberger Dekret. In ihm räumte König Wenzel IV. der böhmischen Nation den Vorrang an der Prager Universität ein, vor den anderen drei Nationen in seinem Land, der deutschen, der mährischen, der slowakischen. Betroffen waren vor allem die Deutschen. Und da Widerstand nichts nützte, zogen zweitausend deutsche Magister und Studenten nach Leipzig und gründeten dort eine Universität.

Das liest sich leichthin heutzutage, aber was mag es im Jahre 1409 geheißen haben, wenn zweitausend Wissenschaftler ein Land verlassen? Zuerst einmal muß alles leer und zu Ende gewesen sein in dieser hochangesehenen Stadt innerhalb des deutschen Reiches, in der Hauptstadt Böhmens. So schwer der Schlag aber auch für die Davongehenden gewesen sein mag, wichtig ist, sich vorzustellen, daß damals zweitausend Wissenschaftler ungehindert von Prag nach Leipzig ziehen konnten.

Der Auszug der Universität änderte im übrigen nichts daran, daß Prag nicht nur eine tschechische Stadt war, sondern trotz allem bis 1945 auch eine deutsche Stadt blieb. Ein Kulturzentrum ersten Ranges, und viele Historiker meinen, wir könnten heute am ehesten in der unzerstörten und nicht modern verbauten Prager Altstadt einen Eindruck davon gewinnen, wie ein mittelalterlicher Schauplatz deutscher Geschichte ausgesehen hat.

Im Spätmittelalter gingen von den Prager Kanzleien die ersten Anregungen für eine einheitliche hochdeutsche Schriftsprache aus. Prag zog in der Gotik die schwäbische Bildhauerfamilie der Parler in ihren Bann und im Barock den großen Astronomen Johannes Kepler. Gustav Meyrink, der lange in Prag Bankdirektor war, wurde hier von der jüdischen Golem-Legende zu seinem großartigen Schauerroman *Der Golem* angeregt. Einige der bedeutendsten deutschen Dichter unseres Jahrhunderts stammen aus Prag: Max Brod, Franz Kafka, Rainer Maria Rilke und Franz Werfel. In ihrem Werk spiegelt sich immer wieder die geheimnisvolle Welt der winkligen Prager Altstadt und ihres Ghettos.

Alte böhmische Häuser

Alte böhmische Häuser. Oben und rechts: *Bauernhäuser aus Eisenbrod und Proschwitz.* Unten: *Schmiede aus Juliusthal bei Krombach.*

Ansicht von Prag im Spätmittelalter. Das Bild der Stadt wird noch von Mauern und Türmen bestimmt.

Prag liegt nicht an der Elbe, und deshalb kommt man nicht umhin, einen Abstecher südwärts zu machen. Die Elbe fließt von der Stadt Brandeis, Brandýs nad Labem, nach Nordwesten. Südwärts bis Prag sind es etwa zwanzig Kilometer.

In Prag sind so viele Gedanken ausgesprochen worden, die über Böhmen hinaus in ganz Mitteleuropa Fuß gefaßt haben! Johan Hus, der Priester, Lehrer und erster Rektor der Prager Universität, wollte die Kirche erneuern. Den Glauben reinigen und gleichzeitig helfen, einen neuen, mächtigen tschechischen Staat zu schaffen. Er war ein besessener Reformator und ein leidenschaftlicher Nationalist. Im Jahre 1415 wurde er auf dem Konzil zu Konstanz von der Kirche verurteilt und verbrannt.

Aus meinen Kindertagen habe ich noch im Ohr, wenn meine Mutter erzählte, was er gesagt haben soll vor seinem Tod: *Heute bratet ihr eine Gans, aber in hundert Jahren wird kommen ein Schwan, den werdet ihr ungebraten lassen.* Das mag eine Legende sein, erfunden, weil es so gut paßte, denn hundert Jahre später, im Jahre 1517, soll Martin Luther in Wittenberg seine fünfundneunzig Thesen an die Tür der Schloßkirche angeschlagen haben.

Ob Hus es nun gesagt hat oder nicht, bei seinem Tod auf dem Scheiterhaufen ist es nicht geblieben. Jahrzehntelang zogen seine Anhänger, die Hussiten, entlang der Elbe durch Böhmen bis nach Sachsen, hinüber nach Schlesien, hinunter nach Österreich und Bayern. Sie kämpften, plünderten, mordeten und verbrannten. Es gibt Städte, die haben ein Denkmal errichtet zum Dank dafür, daß sie von den *Hussitenstürmen* verschont geblieben sind.

Alle Brücken in Prag schwingen ihre steinernen Bögen über das Wasser der Moldau hinweg. Das ist ein Jammer für die Elbe, denn so lang sie mit ihren 1165 Kilometern auch ist, es hat sich niemand gefunden, der sie besungen hat, weder in Böhmen noch in Prag, das so voller Musik und Musikanten ist. *Die Moldau* von Smetana kennt die ganze Welt, das Lied *Stadt Hamburg an der Elbe Auen* kennen nur die Hamburger. Und mit der Elbe ist es darin auch nicht weit her, es ist eine Lobpreisung auf die Stadt Hamburg.

Prag ist da mit seiner Moldau ganz anders verfahren. Es hat seinem Fluß die Karlsbrücke gebaut. Auch sie ist weltbe-

Die Kleinseitner Brückentürme.

Über die Moldau spannen sich viele Brücken.

rühmt und schön wie Musik, und sie hat einen Brückenheiligen, St. Nepomuk. Was gibt es von ihm für wunderbare Geschichten zu erzählen! Von Nepomuks Standhaftigkeit seinem König gegenüber, von seiner Wahrheitsliebe, von seiner Unbestechlichkeit, von seiner Hingabe an die Armen, von seinem Eintreten für ihr Recht.

Nepomuk hatte den Weg des Priesters gewählt und es bis zum Erzbischof gebracht. Um seine Predigten zu hören, kamen nicht nur die Leute aus Prag, sie kamen aus der ganzen Umgebung. Außerdem war er der Beichtvater der böhmischen Königin. Und weil er sich nicht erpressen ließ, dem König nicht preisgab, was ihm die Königin und andere hohe Persönlichkeiten im Beichtstuhl anvertraut hatten, verkehrte sich die Gunst des Königs in Haß.

Nach einem langen Folterprozeß wurde Johann Nepomuk gefesselt von der Karlsbrücke in die Moldau gestürzt. Und das Volk, das ihn glühend verehrt hatte, sah zu.

Der heilige Nepomuk

Prag wird auch die Stadt der tausend Türme genannt.

Ja, so waren die Zeiten damals im Jahre 1393, endlich passierte einmal etwas, und das wollte sich keiner entgehen lassen. Es muß ein unheimliches Erlebnis gewesen sein, denn da wurde nicht nur ein Mensch von der Brücke herab zu Tode gebracht. Plötzlich begann es über ihm auf dem Wasser zu leuchten. Es war ein Licht, das stehenblieb, ein Licht, das heller und strahlender wurde, wie es noch niemand gesehen hatte, ein Licht, dessen Schein bis hinauf zur Burg in die Gemächer der Königin reichte. Plötzlich begriffen die Leute, was für ein Verbrechen geschehen war, wen sie verloren hatten.

Und wenn er auch an keiner Elbbrücke so wunderbar aus Bronze gegossen steht wie auf der Karlsbrücke in Prag, so ist St. Nepomuk doch durch seinen Märtyrertod auch zum Schutzpatron der Schiffer und Flößer, der Müller und Brückenbauer auf der ganzen Welt geworden. Deshalb steht er rechts und links elbabwärts an großen und kleinen Brücken im Lande, und das nicht nur in Böhmen.

Blick auf die Kleinseite.

Es gibt noch mehr Gründe, weswegen man an Prag nicht vorbeikommt, ohne haltzumachen. Dieser Grund ist neben dem Rathaus mit seiner astronomischen Uhr, neben dem Goldmachergäßchen oben auf dem Hradschin der Hradschin selbst, diese weitläufige, hochgetürmte Burganlage, in der sich ein Ereignis abspielte, dessen Folgen Deutschland auseinanderreißen sollte. Am 23. Mai des Jahres 1618 wurden die katholischen Statthalter des Kaisers von Protestanten aus dem Fenster des Sitzungssaales gestürzt. Es war keineswegs die unüberlegte Tat des Augenblicks, alles war geplant, vorbereitet. Mit diesem Fenstersturz entlud sich eine jahrelange protestantische Enttäuschung. Wer hätte die Folgen eines Dreißigjährigen Krieges ahnen sollen?

Außerdem ist in Prag noch von König Karl IV., dem Europäer, zu sprechen. Väterlicherseits war er Luxemburger, mütterlicherseits dänischer Herkunft. Er hatte Böhmen und den Königsthron im Jahre 1342 geerbt.

Karl IV. war am französischen Hof erzogen worden. Er hatte keinesfalls die Gestalt eines Ritters, wie man sie auf Bildern oder Statuen dargestellt findet. Er war klein, gedrungen, schwarzhaarig. Er hatte listige Augen, eine fleischige Nase, und bei Beratungen von außerordentlicher politischer Bedeutung saß er abseits und schnitzte vor sich hin. Er mag den feinen Herrn von den auswärtigen Höfen manchmal wie ein böhmischer Bauer vorgekommen sein, bis zu dem Augenblick, wenn er das Wort ergriff. Das war immer der Augenblick, auf den es ankam.

Er kleidete sich böhmisch, bäuerlich, auch nachdem er Kaiser geworden war, aber die Umgangsformen eines Fürsten, die hatte er. In Lübeck zum Beispiel, als er mit den Ratsherren zusammensaß, um mit ihnen über die Ausweitung des böhmischen Handels zu sprechen, redete er sie mit dem lateinischen Wort *Domini* an. Das war so ungewöhnlich für die damalige Zeit, daß die Ratsherren gegen

Kaiser Karl IV.

König Wenzel.

Alte Ansicht der Prager Karlsbrücke.

diese hohe Ehre bescheiden Protest erhoben. Karl IV. aber winkte ab. Er sagte: *Ihr seid doch Herren.*

Es ist sicher nicht das einzige Mal gewesen, daß er die Menschen in solcher Weise für sich gewonnen hat. Seiner Macht, seiner Würde tat es keinen Abbruch.

Er war der fortschrittlichste Herrscher seiner Zeit. Man könnte ihn einen Sammler nennen. Wie andere Leute Briefmarken, Münzen oder Bierdeckel sammeln, so sammelte er Länder, und mit jedem Land wuchs seine Macht. Seine Sparsamkeit war, mit dem verschwenderischen Lebenswandel anderer Herrscher verglichen, schon Geiz zu nennen. Das aber setzte ihn in die Lage, alles zu kaufen, was ihm nicht durch Verhandlungen oder Heirat zufiel. Drei Frauen starben ihm,

Links: *Die theologische Bibliothek von Strahov.*
Unten: *Das Erzbischöfliche Palais.*

Prag von Westen her gesehen, in der Mitte links die Karlsbrücke.

und deshalb war es ihm möglich, durch viermaliges Heiraten sein Reich zu vergrößern: in der Rheinpfalz, mit ganz Schlesien und schließlich mit Pommern. Im Jahre 1346 errang er die Kaiserwürde und machte Prag zur Hauptstadt des Heiligen Römischen Reiches Deutscher Nation. Damit verlagerte sich das ganze politische Geschehen in Mitteleuropa, das vorher westlich der Elbe gelegen hatte, am Rhein, in Frankreich, in Italien, nach Osten. Wie zuvor Aachen und Frankfurt, war auf einmal die Kaiserstadt Prag in aller Munde.

Wie kam man am besten nach Prag? Wo waren die Reisewege nach Böhmen? Plötzlich waren so viele Gedanken nach Osten gerichtet. Aber nicht nur nach Prag, auch zur Elbe hin.

Nachdem Karl bei den hansischen Kaufleuten einen so tiefen Eindruck hinterlassen hatte, kaufte er den bayerischen Wittelsbachern ganz Brandenburg ab und errichtete in Tangermünde an der

Elbe eine wichtige Residenz. Denn das hatte er erkannt: Die Moldau, die mitten durch seine Stadt Prag floß und die ihm so nahestand, war nur ein Zubringer zur Elbe. Die Elbe war es, auf die es ankam. An der Elbe lagen die Märkte, die Niederlassungen, deren Verbindungen über Straßen und Kanäle bis an die Ostsee reichten, lagen die Städte und Handelshäuser, deren Wege bis hin zur Nordsee gingen.

Also baute Kaiser Karl IV., der Luxemburger, der in dem ostelbischen Böhmen saß, in Tangermünde an der Elbe seine Residenz: eine Burg, einen Hafen und eine Stadt, die er sich als Gegenpol zu Prag dachte.

Um Tangermünde mit kaiserlichem Glanz zu versehen, ließ er die Wände seines Schlosses in Halbedelsteinen und Goldfassungen erstrahlen, wie die Wände der Wenzelskapelle im Prager Dom. Und zwölf böhmische Chorherren mußten in Tangermünde seine frommen Schätze bewachen. Kaiser Karl sammelte nicht nur mit Leidenschaft Länder und Macht, er sammelte auch Reliquien. Und so kam es, daß in Tangermünde ein Blutstropfen Christi aufbewahrt wurde und ein Teilchen vom Haupte Johannes des Täufers.

In diesen Jahren, damals, zwischen 1346 und 1378, in denen es noch keinen Martin Luther, vielmehr nur eine einzige christliche Kirche gegeben hat, muß das auf die Leute einen ungeheuren Eindruck gemacht haben – und das sollte es ja auch.

Uns mag heute mehr beeindrucken, daß dieser Kaiser bereits plante, die Elbe zu regulieren. Sie sollte möglichst das ganze Jahr über schiffbar sein, zum Nutzen des Handels in Europa. Aber nicht nur das, dieser weitschauende Kaiser hatte der Elbe eine noch wichtigere Rolle zugedacht. Er ließ Pläne ausarbeiten für den Bau eines Kanals zwischen Elbe und Donau. Er wollte die Elbe zum vermittelnden Wasserweg machen zwischen der Nordsee und dem Schwarzen Meer.

Als er 1378 starb, folgte ihm sein Sohn Wenzel auf den Thron. Es war jener Wenzel, der mit seinem Kuttenberger Dekret die zweitausend deutschen Professoren

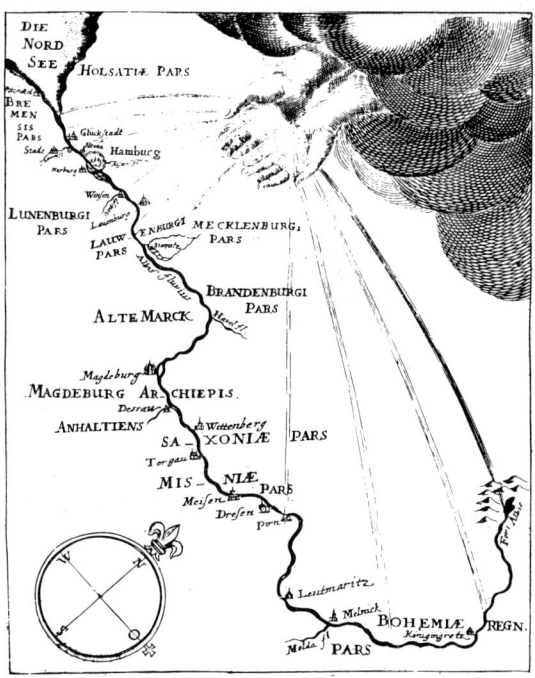

Ausschnitt aus einer alten Elbkarte.

Tangermünde, elbabwärts in der Altmark gelegen, wurde neben Prag die zweite Residenz Karls IV.

und Studenten aus der Prager Universität nach Leipzig vertrieb.

Als dieser Wenzel nun Kaiser geworden war, ging vieles verloren, was sein Vater gewollt und in die Wege geleitet hatte. Noch mehr unterblieb. Auch die Regulation der Elbe, und so blieb die Elbe, was sie war: ein fischreicher Fluß, der am Ende jeden Winters das Eis talwärts flößte, worauf die große Überschwemmung folgte, und der im Sommer an vielen Stellen zu niedrig wurde, um noch schiffbar zu sein.

Schiffbar, das ist ein gewichtiges Wort, und auf dem Weg von Prag an die Elbe sei zurückblickend noch gesagt: Im Jahre 1526 gab es keinen männlichen Erben dieses weitsichtigen Kaisers Karl IV. mehr. Seine Urenkel hinterließen keine Nachkommen, und so erbten, wie er es gewollt hatte, die Habsburger die böhmische Krone. Abgesehen davon, daß diese

Bei Melnik mündet die Moldau in die Elbe. Von Melnik an abwärts war die Elbe seit jeher schiffbar. Bis zur Mündung mußte noch im neunzehnten Jahrhundert 35mal Zoll gezahlt werden.

böhmische Krone ein Kleinod aus Gold und Edelsteinen ist, hing ihr große Macht und ungeheurer Landbesitz an. Das alles gehörte von nun an zu Österreich.

Von Melnik aus, hoch über der Elbe, von der Stadtmauer vielleicht oder aus einem Fenster des Restaurants, hat man einen unvergleichlichen Blick in das böhmische Land und in das Tal der Elbe hinein, auch bei schlechtem Wetter. Vielleicht ist diese goldene Aussicht bei Schlechtwetterlage aber auch der Wirkung des Weines zuzuschreiben, der die Stadt Melnik seit Jahrhunderten berühmt gemacht hat. Kaiser Karl IV. hat ihn anpflanzen lassen, Burgunderreben, die er aus seiner Jugendzeit in Frankreich kannte. Den ganzen Südhang, oberhalb der Stadt Melnik bis hinab zur Elbe, wächst Wein. Das waren Kaiser Karls Gärten, und bis zum heutigen Tage wachsen die Trauben dort und ergeben einen süffigen Roten und einen ebenso guten Weißen. Beide Reben tragen den gleichen Frauennamen: Ludmilla.

Und während unten auf der Elbe die beladenen Kähne vorbeiziehen, die nicht *Hamburg* oder *Brunsbüttel*, sondern *Praha* oder *Litoměřice* heißen, während der Blick hinuntergeht, wo sich die vielbesungene Moldau, diese böhmische Schönheit, der Elbe ergibt, ist Zeit genug, an Ludmilla zu denken, deren Wein im Glas vor der brennenden Kerze feurig leuchtet. An Ludmilla, die Heilige also, die Landesmutter, richtiger gesagt die Landesgroßmutter, die ihren Enkel im christlichen Glauben erzog gegen den Willen seiner heidnischen Mutter. Ludmilla, die so lange an der Spitze Böhmens ausharrte, bis der unmündige Enkelsohn Wenzeslaus mündig geworden war und Böhmen regieren konnte. Sie hat ihre Glaubenstreue später mit dem Leben bezahlt, genau wie der Enkel Wenzeslaus, was auf tschechisch Václav heißt. Sie hießen alle Wenzeslaus, die in den Geschichtsbüchern kurz Wenzel genannt werden. Selbst Karl IV. war nach seinen böhmischen Vorfahren Wenzeslaus getauft worden. Als er aber Kaiser wurde, gab er sich selbst den Namen Karl, in abgöttischer Verehrung für den ersten deutschen Kaiser, Karl den Großen.

Für Karl den Großen war die Elbe der Grenzstrom seines Reiches, nicht die böhmische Elbe, sondern jenes Stück, an der die dickschädeligen Niedersachsen zu Hause waren. Dahinter siedelten andere Völker, die anderen Herrschern dienten, Slawen genannt.

Aber die Zeit ging weiter, sie brachte die Idee eines größeren Reiches mitten in Europa. So verschob sich die Grenze im Laufe der Zeiten von der Elbe zur Oder, von der Oder zur Weichsel. Und erst in unserer Zeit ist die Elbe wieder zum Grenzstrom geworden wie vor elfhundert Jahren, als Karl der Große in seinem Reich die Grenzpfähle setzen ließ.

Altes Bürgerhaus in Melnik.

Ein Winterabend, an dem kein Mond scheint, an dem kein Stern blitzt, an dem aber der Wind den Schnee vor sich hertreibt, so wie damals im Riesengebirge, als die armen Leute von Dorf zu Dorf zogen, um in den Häusern die Geschichte von der Heiligen Familie und den Heiligen Drei Königen zu spielen – ja, so ein Winterabend ist es gewesen, als Herzog Wenzel sich von seinem Schloß aus zur Mitternachtsmesse aufmachte. Diesen Herzog dürfen wir nicht mit dem schon genannten König gleichen Namens verwechseln. Der Herzog hat einige Jahrhunderte früher gelebt. Nach ihm ist die tschechische Krone Wenzelskrone genannt.

Der Herzog hatte bis in diese nächtliche Stunde hinein gedacht und geschrieben. Nur Zdeněk, sein Diener, war noch wach, und Zdeněk hatte gehofft, daß der Herr an diesem Abend, bei dieser Kälte und diesem Schneetreiben die Mitternachtsmesse auslassen und daheim bleiben würde. Aber nein!

Als die Zeiger der Uhr voranrückten, ließ Wenzel sich den Wolfspelz reichen und in die pelzgefütterten Stiefel helfen. Der Diener nahm die Pechfackel aus dem Ständer, und dann gingen sie miteinander in die grundlose Nacht. Wenzel voran, sein Diener einen halben Schritt hinter ihm her.

Wie nicht anders zu erwarten, fing der Diener bald zu seufzen und zu klagen an. Dieser Sturm, diese Kälte! Wie mit tausend Nadeln fühlte er sie in den Zehen, denn seine Füße steckten nicht in Pelzstiefeln, nein, sie waren mit Fußlappen umwickelt.

Oh, was er für ein Ungemach zu erleiden hatte, um Mitternacht, bei dieser Kälte . . . Ein Christenmensch würde keinen Hund mehr vor die Türe jagen, aber er, der Diener, mußte mit seinem Herrn . . . Schließlich gäbe es ja eine Schloßkapelle. Aber nein, zu dem Eremiten mußte gegangen werden und . . .

Der Herzog hielt an. Er legt seinem Diener die Hand auf die Schulter und sagte: »Ach, Zdeněk, warum klagst du so sehr? Du brauchst doch weiter nichts zu tun, als einen ganzen Schritt hinter mir herzugehen, die Fackel ein wenig höher zu halten und in meine Fußstapfen zu treten.«

Sie gingen weiter, und der Diener machte es so, wie es ihm Wenzel geheißen hatte. Bei jedem Schritt aber wurde ihm wärmer, und als sie bei der Kapelle angekommen waren, in der schon die Kerzen neben dem Kruzifix brannten und der Eremit auf sie wartete, wußte der Diener nicht mehr, daß er seinem Herrn durch eine Winternacht geleuchtet hatte. So warm fühlte er sich und so glücklich war er.

Auf dem Heimweg war es nicht anders, und wie nicht anders zu erwarten, ahnte der Diener, was ihm durch seinen frommen Herrn widerfahren war.

Diese Begebenheit blieb nicht die einzige um Herzog Wenzel. Es kamen viele dazu. Und so wurde er Böhmens Schutzpatron. Seiner Güte wegen hat ihn das Volk schon zu Lebzeiten verehrt wie einen Heiligen, und das ist nicht vielen Herrschern zuteil geworden.

Unten auf dem Strom biegt ein Schlepper von der Moldau in die Elbe hinein. Er hat seine Fahrt gedrosselt, er tuckert, kleine Wellen hüpfen an den schwarzen Planken hoch. Es dauert seine Zeit, bis er in ganzer Länge Elbwasser unter dem Kiel hat. Ruhig geht die Fahrt weiter, als ob weder Schiffer noch Fluß große Eile hätten. Schön müßte es sein, jetzt mit auf der Elbe zu fahren, die hier ein breiter, großer Strom geworden ist. Eine Handelsstraße, an der es Häfen gibt, gut ausgebaute Anlegestellen. So ein Frachtkahn wäre zur Reise nicht schlecht. Man hätte den Blick nach beiden Seiten in das böhmische Land frei. Aber das müßte klammheimlich geschehen, offiziell ist es nicht erlaubt. Und Ausflugsboote fahren nicht mehr. Dabei soll eine Elbfahrt von Melnik bis Dresden unbeschreiblich schön gewesen sein und, was man kaum für möglich hält: Im Jahre 1848 war es die selbstverständlichste Sache von der Welt.

Die beiden Schiffe, die damals den Aus-

Noch bevor die Elbe die Moldau erreicht, liegt das Städtchen Brandeis. Die Burg ragt hoch über die Elbe empor.

flugsverkehr bewerkstelligten, waren Dampfboote. Sie hießen *Bohemia* und *Germania.* Man kann in einem minutiösen Reiseführer nachlesen, zu welcher Stunde welcher Ort angelaufen, wann wieder abgelegt wurde, in welchem Gasthaus es einen besonders guten Wein gab, in welchem Café besonders guten Kuchen, in welchem Hotel man behaglich übernachten konnte. Im Jahre 1848.

Auf der linken Uferseite geht es an dem Berg Řip vorbei. Hier soll, wie die Sage berichtet: *Im Jahr nach unsers lieben Herrn und Heilands Jesu Christi Geburt Sechs Hundertvier und Vierzig* sich der Fürst Czech mit seinem Stamm niedergelassen haben, und da er alles gut und vom besten fand, beschloß er, hier zu bleiben. Und das Land rings um diesen Berg wurde von seinem Stamm besiedelt. Der Berg Řip trägt auch den Namen St. Georgsberg oder Raudnitzer Berg, nach der Stadt, an der die Elbfahrt vorübergeht.

Auf der anderen Seite rückt das böhmische Mittelgebirge näher, und dann sind schon die Türme von Leitmeritz zu erkennen, dem heutigen Litoměřice. Wie eng Städte zusammenrücken, die am selben Fluß liegen und durch Handel verbunden sind, mag der steinerne Roland beweisen, der auf einem Pfeiler des alten Rathauses steht. Als Sinnbild des Magdeburgischen Stadtrechts zeigt er Handels- und Stapelrechte der Stadt an. Dieses Magdeburger Stadtrecht galt auch in Prag und brachte mehr ins Rollen als Geld. Märkte haben die Menschen seit jeher offener für neue Gedanken gemacht, geistige, politische und künstlerische.

In Leitmeritz wurde Alfred Kubin geboren, der Meister der Zeichenfeder, vielleicht ist es richtiger zu sagen, der Hexenmeister. Unheimliche Geschichten, dämonische, in denen es zankt und geistert, illustrierte er am liebsten. Das spürt jeder, der in den Büchern von Dostojewski, E. T. A. Hoffmann oder Edgar Allan Poe blättert, zu denen er die Zeichnungen lieferte. Kubin war nur in seinen Kinderjahren in Leitmeritz. Wie sehr er aber die Winkel und die Plätze, die Gäßchen, die Türme und Stiegen in sich aufgenommen hat, bekennt er nach seinem Wiedersehen mit Leitmeritz als alternder Mann:

War ich denn überhaupt noch wach? Ich fühlte mich wie verwandelt! Völlig

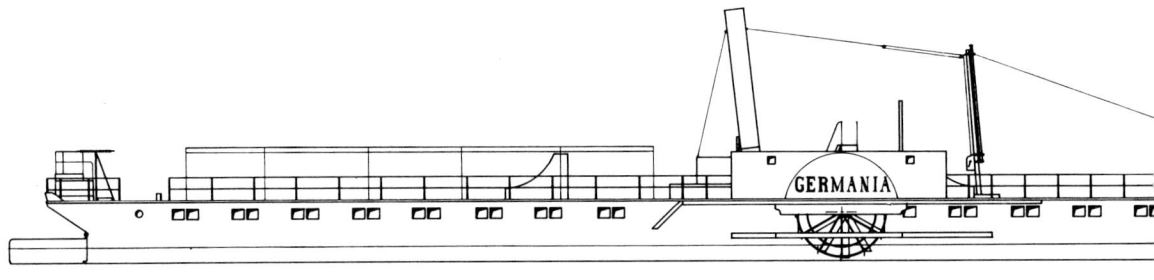

Träume von Leitmeritz

In Leitmeritz wurde der Zeichner Alfred Kubin geboren. Später hat er sich gerne an die verwinkelte Altstadt erinnert. Die Stadtkirche stammt aus dem Anfang des 18. Jahrhunderts.

hingegeben an diesen Zauber längst dem Gedächtnis entsunken geglaubter Bilder, spürte ich mich wieder von diesen auf unbeschreibliche Art leise erregt . . .

Durch einen mit hohem Unkraut bestandenen Hof gewahrte ich im Nebel die Binsen und Uferweiden der Elbe; Wasserdunst stieg herauf. Hinter mir machte

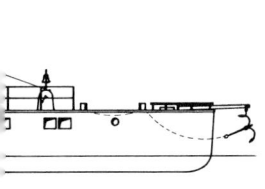
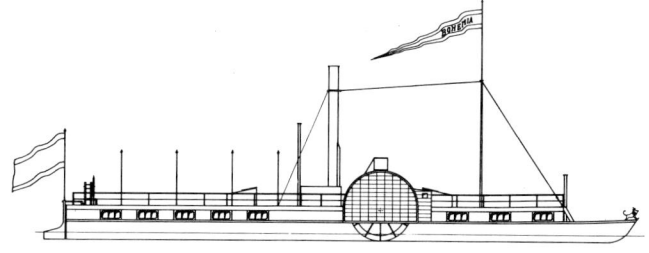

Bei Leitmeritz nähert sich die Elbe der Böhmischen Pforte.

sich nun jemand etwas zu schaffen... Man rief mich an: »Sucht der Herr hier jemand?« Ich verneinte und ging weiter.

Eine Brücke führt über die Elbe von Leitmeritz nach Theresienstadt herüber. Terezín, wie es auf tschechisch heißt, ist mit der schwärzesten Zeit der deutschen Geschichte verbunden, mit der furchtbarsten nationalsozialistischen Grausamkeit. Die kleine Stadt, umgeben von hohen Backsteinmauern, war zum Ghetto gemacht worden, die jahrhundertealte Festung zum Konzentrationslager. In diesem Ghetto wurden Juden aus halb Europa eingepfercht, gefoltert, gehängt, erschossen, zu Tode gebracht. Im Jahre 1947 sah der Schweizer Dichter Max Frisch dieses Lager. Er schrieb auf, was er gesehen hat:

Über dem inneren Hof, wo nun die Häftlinge waren, thront ein Häuslein mit Scheinwerfer und Maschinengewehr; die Zellen reihen sich wie Waben; sie sind aus Beton; die Pritschen darin erinnern an Flaschengestelle, und am Ende dieses Hofes, wo wir die Kugellöcher bemerkten, fanden jene besonderen Hinrichtungen statt, denen sämtliche Häftlinge beizuwohnen hatten. Das Ganze, so wie es sich heute zeigt, vermischt die Merkmale einer Kaserne, einer Hühnerfarm, einer Fabrik und eines Schlachthofes. Immer weitere Höfe schließen sich an. Durch das sogenannte Todestor, eine Art von Tunnel, kommen wir zu einem Massengrab von siebenhundert Menschen.

Max Frisch berichtet ausführlich, und was er weiter berichtet, ist so entsetzlich für uns, so unvorstellbar, daß man meint, es könnte nur der Teufel selber gewesen sein, der dort in Gestalt menschlicher Helfershelfer umgegangen ist. Max Frisch schreibt:

Endlich kommen wir an den letzten Ort. Wir stehen vor den Urnen. Es ist das erstemal, daß ich die menschliche Asche sehe; sie ist grau, aber voll kleiner Knöchelchen, die gelblich sind. Die Urnen sind aus Sperrholz, neuerdings, während das deutsche Modell, das wir in die Hand bekommen, einfacher und sparsamer war, eine Tüte aus starkem Papier, jede mit einer handschriftlichen Nummer versehen, wenn sie gefüllt ist. Das Lager von Theresienstadt, als es befreit wurde, hatte einen Vorrat von zwanzigtausend solcher Tüten ...

Eine Festung mit ihren Türmen, Gängen und Kasematten ist wohl zu allen Zeiten ein gemiedener Ort, auch ohne die Grausamkeiten, die sich in Theresienstadt ab-

Der Eingang zum KZ Theresienstadt mit der berühmten zynischen Beschriftung.

In der Festung Theresienstadt starb der Mörder von Sarajewo, Gawrilo Princip.

gespielt haben. Kaiser Joseph II. ließ die Festung 1780 erbauen und nannte sie zum Andenken an seine Mutter Theresienstadt.

Einer der Insassen hieß Gawrilo Princip, zwanzig Jahre alt, Student, Nationalist. Er war Bosnier, heute würde seine Staatsangehörigkeit jugoslawisch sein. Er stand nicht allein mit seinem Haß auf die Monarchie und den Kaiser in Wien. Vier Jahre vorher war Bosnien von Österreich geschluckt worden. Wann würde Serbien an der Reihe sein? Jetzt kam der Thronfolger zu einem Besuch nach Serbien. Gab es eine günstigere Gelegenheit?

Gawrilo Princip erschoß am 28. Juni 1914 in Sarajewo den österreichischen Thronfolger und seine Frau. Er wußte nicht, was er auslöste, als er auf den Abzug seiner Pistole drückte. Er konnte nicht ahnen, welche Folgen sein Mord haben würde. Als er den Prozeß hinter sich hatte, wurde er nach Theresienstadt gebracht.

Hoch oben über der Elbe in den Kasematten der Festung, die nach der großen Kaiserin hieß, verbrachte er die Jahre. Den Winter mit den Eiskristallen an den steinernen Wänden, frierend, einsam, eingemauert. Den Frühling hörte er von ferne. Er kündigte sich mit Krachen und Poltern an. Es war bis in die Grabesstille der Festungszelle zu vernehmen. Dann tropften die Wände. Später wehte der Duft austreibender Blätter durch das Zellenfenster. Und wenn der Wind von der Elbe her günstig stand, war auch das Wasser zu riechen. Dann stand der Sommer bevor, und die Zeit in der steinernen Zelle wurde erträglich. Die Hitze, die wochenlang anhielt, war ihm lieber als die ganze übrige Zeit.

Dann aber trieb der Wind eines Tages Blätter an seinem Fenster vorüber. Er wirbelte sie hoch, jagte sie dann zur Elbe hinunter, ins Wasser hinein. Und die Elbe nahm sie mit fort – fort in die Freiheit. Zuerst waren die Blätter noch grün, die an seinem Fenster vorübertobten, dann waren es gelbe Blätter, dann raschelnde, braune. Und Gawrilo Princip wußte, daß wieder ein Winter bevorstand. Fünfmal hielt er es durch, frierend und hungernd, ohne daß jemand mit ihm sprach, ohne daß er hätte mit jemandem reden können. Im April 1918 gab er auf. Er starb.

Draußen in Europa aber donnerten die Geschütze das vierte Jahr, in Rußland, in Frankreich und in Italien. An den Fronten schossen die Menschen einander noch immer tot.

In meinem alten Buch von 1846 steht:
Die Schiffe, welche in Leitmeritz ab und zu fahren, haben ihren Landungsplatz am rechten Ufer der Elbe, seitwärts unterhalb der Brück.

Nun werden die Anker gelichtet, und wir fahren an Inseln vorüber elbeabwärts und erreichen nach anderthalb Stunden, am linken Ufer der Elbe gelegen, Lobositz.

Das ist heute noch so wie damals. Aber gleich hinter der Abfahrt in Leitmeritz beginnt, wie es heißt, das Böhmische Paradies.

Es steht ein Himmel darüber, der blau ist und weich wie Seide und der sich von keinem Lüftchen zerknittern läßt, nicht heute und nicht morgen. Er muß die blühenden Bäume behüten, die Blüten der Pfirsiche, der Aprikosen und Weichselkirschen, die in den Gärten weit hinein ins

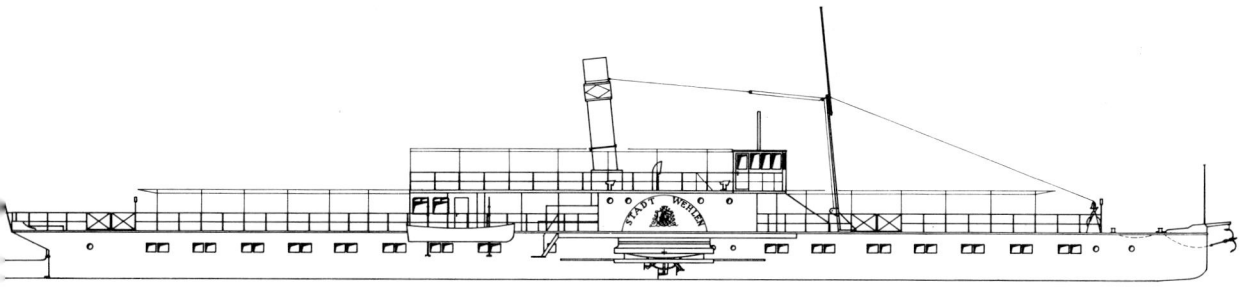

Land am Lauf der Elbe stehen. Freilich ist dieser paradiesische Himmel auch darum bemüht, daß die Apfel- und Pflaumenblüte unversehrt bleibt, aber Apfel- und Pflaumenbäume gibt es in jedem Bauerngarten, und selbst wenn einmal ein später Frost kommt, wissen sich die Leute zu helfen, und es haben noch auf keinem Tisch in keinem Jahr die Powidltatschkerln gefehlt.

Von meiner Mutter her, die dicht an der böhmischen Grenze zu Hause war, kenne ich das alles, und es war ein Festtag, wenn sie sich hinstellte und diese köstliche Speise zubereitete. Es gehörte dazu:

Ein gutes Pfund Kartoffeln, ein Ei, ein Eidotter, eine kleine Handvoll Grieß und so viel Mehl, wie man zu einem festen Teig braucht, und dazu schönes, dick eingekochtes Pflaumenmus – Powidl. (Man kann auch ein reichliches Pfund frische Zwetschgen nehmen.) Butter, Zucker, Zimtzucker gehörten noch dazu und Salzwasser, in dem die Klöße – die Tatschkerln – kochen können.

Und so wird es gemacht:

Am Tag zuvor werden die Kartoffeln gekocht, aber erst dann gerieben, wenn das Gericht anschließend sofort auf den Tisch kommen soll. In die gekochten Kartoffeln schlägt man ein Ei, gibt etwas Salz dazu, eine Handvoll Grieß und so viel Mehl, daß ein fester Teig entsteht. Das alles wird zusammengeknetet und eine schöne, dicke Wurst daraus geformt. Von dieser Wurst werden gleichmäßige Scheiben abgeschnitten und zu flachen Fladen auseinandergedrückt. In die Mitte kommt ein Teelöffel Powidl (oder eine entsteinte Zwetschge, die anstelle des Kerns ein Löffelchen Zucker in die Mitte bekommt). Danach werden Teig und Inhalt mit bemehlten Händen rund geformt, und wenn alle Tatschkerln fertig sind, kommen sie sofort in siedendes Salzwasser. Hitze zurückdrehen. Sie müssen sachte und behutsam gekocht werden, bis sie an der Oberfläche schwimmen. Das darf keine zehn Minuten dauern, sieben oder acht vielleicht. Dann werden die Tatschkerln mit einem Schaumlöffel herausgefischt, und die dampfende Schüssel wird auf den Tisch gestellt, wo schon Zucker oder Zimtzucker bereitsteht zum Darüberstreuen und braune Butter zum Darüberlöffeln.

Es war, wie gesagt, jedesmal ein Festtag, wenn es daheim Powidltatschkerln gab. Kein Wunder, daß ich mich solcher Genüsse erinnere, wenn ich durch ein Paradies fahre, durch das Böhmische.

Lobositz ist erreicht. Eine Stadt, in der Brände und die Pest abwechselnd das Regiment geführt haben. Außerdem ist Lobositz wieder eng mit der preußischen Geschichte verbunden. Hier im böhmischen Lobositz wurde die erste Schlacht des 3. Schlesischen Krieges geschlagen. Es hört sich unglaublich an: Die erste Schlacht eines Krieges um Schlesien findet an der Elbe statt, südlich der sächsischen Grenze.

Sachsen, damals noch ein Königreich, war über Jahrhunderte hinweg freund-

Die Elbpforte bei Lobositz kann sich mit dem Rheindurchbruch bei Kaub messen.

schaftlich mit Österreich verbunden. Es ist ja immer nützlich, mit seinem Nachbarn auf gutem Fuß zu stehen. Sachsen grenzte an Böhmen, und Böhmen war österreichisch. Außerdem – där Geenich von Sachsen hadde mit däm preuß'schen Friedrich gar nischt im Sinn. Die Gaiserin in Wien, die lag ihm viel mähr.

Das interessierte aber Friedrich den Großen überhaupt nicht. Als er die Zeit für gekommen ansah, ließ er seine Armee marschieren. Es war Ende September, und bis zum Winter war es nicht mehr lange hin. Aber für Überraschungen war der preußische König immer gut gewesen. Als achtzehnjähriger Kronprinz hatte er desertieren wollen, nachdem er die Uniform in aller Öffentlichkeit einen Sterbekittel geheißen hatte. Als es jedoch zehn Jahre später zum Schwur kam, zum königlichen Treueeid auf Preußen, sah die Sache anders aus. Er ließ nicht länger als ein halbes Jahr verstreichen und marschierte in Schlesien ein, mitten im Winter. Ganz Europa war verblüfft.

Mit diesem ersten Krieg konnte er jedoch nicht erreichen, was er wollte: Schlesien in seine Gewalt bringen. Deshalb mußte er einen zweiten Krieg führen. Und jetzt, im Jahre 1756, den dritten um Schlesien.

Im September machte er also mobil

und marschierte nach Sachsen. Das hört sich sehr einfach an, aber man weiß nicht, ob man es eine große Frechheit oder eine große Kühnheit nennen soll. Immerhin reichte die sächsische Grenze damals bis auf fünfzig Kilometer an Berlin heran. Ohne einen einzigen Schuß besetzte er Dresden, schloß die sächsische Armee in Pirna ein und belagerte sie. Das war weiß Gott keine Heldentat, vielmehr ausgesprochene Bauernschläue. Denn nun mußten die Sachsen die preußische Armee ernähren, wie das immer ist, wenn fremde Truppen in einem besiegten Land stehen.

Der preußische König hatte das genau berechnet. Er schrieb nach Berlin: *Sachsen ist wie ein Mehlsack, man darf darauf schlagen, so oft man will, so kommt doch immer etwas heraus.* Trotzdem wollte er die Sachsen nicht mehr als nötig schröpfen. Er beorderte den rechten Flügel der Armee ins Böhmische. Prinz Ferdinand von Braunschweig kommandierte ihn.

Es wäre ihm nichts lieber gewesen, als hier in Böhmen bereits Winterquartier zu beziehen. Das Land strotzte vor Fruchtbarkeit, und der Herbst war einmalig, sonnig und schön. Aber das war es ja gerade: Niemand konnte sich in diesen letzten Septembertagen vorstellen, daß es einen Winter geben könnte, und deshalb war äußerste Vorsicht geboten. Es waren mehr Husarenpatrouillen unterwegs als gewöhnlich. Die Nachrichten, die sie ins Hauptquartier brachten, ließen keinen Zweifel aufkommen: Österreich wollte angreifen mit einer so starken Armee, daß Preußen mit einem Schlag vernichtet werden sollte. Es sollte Schluß gemacht werden mit diesem König, noch bevor der Winter kam.

Während die Ackerbauern um Lobositz über die Einquartierung fluchten, weil die Pferde ihre Wiesen abgrasten und Kleebrachen leer fraßen, standen die Weinbauern in den Rebhügeln, die bis hinunter zur Elbe reichten, und schnitten die schweren Trauben ab. Die Weinpressen wurden Tag und Nacht nicht leer, der erste Most gärte in den Fässern, und die Soldaten des Preußenkönigs kauften ihren Wein bei denselben Winzern wie die Soldaten der Kaiserin Maria Theresia. So ist manches Handgemenge zustande gekommen. Das brachte Gefangene, sie wurden verhört, und eines Tages wurde es unumgänglich, daß sich der König von Pirna trennte und seine gesamte Armee nach Lobositz marschieren ließ.

Diese Schlacht kam ihm über den Hals. Er war noch nicht soweit, er kannte das Gelände noch nicht, zudem war Nebel an diesem 1. Oktober des Jahres 1756, als es losging.

Eine starke Kavalleriepatrouille sollte auskundschaften, was unten in der Ebene, vor und hinter der Elbe, vor sich ging. Die Husaren ritten los. Der Nebel nahm sie auf, verschluckte jedes Geräusch. War die österreichische Armee in voller Stärke herangerückt, oder war alles nur ein Bluff, damit die Preußen unsicher wurden?

Der Elbdurchbruch

Die Elbe zwischen Leitmeritz und Pirna ist nicht so mächtig wie der Rhein zwischen Bingen und Koblenz, aber genauso romantisch und auf jeden Fall eine Dampferfahrt wert.

Pferdestampfen, Schnauben, Keuchen. Aus dem Nebel tauchen Uniformen auf, in Unordnung, hier ein Husar, dort einer, verletzt. Augenblicke später reitet die gesamte preußische Kavallerie an, zehntausend Reiter. Und wie es heißt, ohne jeden Befehl, und wie es heißt, kamen sie nach fünfzehn Minuten geschlagen zurück, zehntausend Reiter. Aber was weiß man denn, wie es wirklich gewesen ist? Sicher ist, die Schlacht von Lobositz war schlimm. Sie ging für die Preußen so lala aus. Aber nach dieser Schlacht dämmerte allen, was für ein Krieg bevorstand – er dauerte sieben Jahre.

In meinem Elternhaus gab es Bilder, die sich aus lauter Postkarten zusammensetzten. Sie hingen nicht gerade an augenfälliger Stelle, aber übersehen konnte man sie auch nicht. Es waren Bilder, die meine Mutter zusammengeklebt hatte, Postkarten aus Frankreich, wohin mein Vater im Ersten Weltkrieg verschlagen worden war. Mein Vater hatte sie geschickt, meine Mutter hatte sie aufbewahrt und einrahmen lassen.

Dieses Stück Leben, das meine Eltern voneinander getrennt, mein Vater entfernt von seiner Familie in Lebensgefahr hatte verbringen müssen, sollte nicht in einem Album aufbewahrt und vergessen werden, es sollte uns immer wieder einmal vor Augen sein und erinnern.

Hätte es damals, im Jahre 1756, schon Ansichtspostkarten gegeben, hätten alle Soldaten damals schreiben und lesen können, würden nach Brandenburg, Pommern und Ostpreußen auch Ansichtskarten geschickt worden sein. Solche, auf denen der Berg Lobosch zu sehen gewesen wäre, die Stadt Lobositz mit Marktplatz und Türmen, und die Elbe. Vor allem dieser breite Fluß, auf dem die Kähne stromabwärts einem unbeschreiblich schönen Naturdenkmal entgegenglitten, der Porta Bohemica. Und vielleicht hätte auf einer dieser Karten gestanden:

Was Ihr umseitig seht, liebe Eltern, diese himmelhohen Felsen, die wie Orgelpfeifen nebeneinanderstehen zu beiden Seiten der Elbe, das ist die Böhmische Pforte. Es gibt auch noch einen lateinischen Namen dafür, aber ich schreibe es so auf, wie wir es alle in unserer deutschen Sprache verstehen. Die Böhmische Pforte ist jene Stelle, an der die Elbe diese Felsen durchbricht. Es ist ein großartiges Bild, der breite Fluß, die fruchtbaren Wiesen zu beiden Seiten, die Laubwälder, die gerade anfangen, bunt zu werden, die grauen Felsen und dahinter die blauen Höhenzüge des Gebirges, und natürlich den Himmel nicht zu vergessen.

Verzeihen Sie, liebe Eltern, daß ich es so aus vollem Herzen schreibe. Aber für einen wie mich, der aus dem ebenen brandenburgischen Land stammt, das aus Roggenfeldern, Sandwegen und Himmel besteht, und für den es wichtig ist zu wissen, wie man Kienäppel sät, für so einen ist es geradezu schmerzhaft schön, dieses böhmische Land hier an der Elbe zu erleben. So gesehen müßte man unserem König beinahe dankbar dafür sein, daß er diesen Krieg führt, denn wie hätte ich sonst so weit in der Welt herumkommen sollen.

Ein anderer Soldat dieses Königs, ein alter Wachtmeister, ein Berliner, der hätte vielleicht eine Ansichtskarte aus Aussig geschickt. Die Stadt Aussig ist die erste große Stadt hinter der Porta Bohemica, und weil die Berliner schon immer Sinn für das Praktische hatten, würde dieser Soldat eine Karte gekauft haben, die in vier Teile aufgeteilt ist.

Der eine Teil zeigt den Marktplatz von Aussig mit dem Rathaus dazu, der andere die Kirche, wie es sich gehört, der dritte den Hafen und die Elbe und der vierte die Burg Schreckenstein, die seit eh und je dem Fluß und der Stadt als Kulisse dienen mußte. Und hinten auf der Karte hätte gestanden:

Mein liebes Riekchen! Was du umseitig siehst, ist Aussig. Hier haben wir Quartier bezogen. Es ist eine schöne Stadt mit jutem Wein. Viel besser als unser brandenburgischer Sauerampfer, pardon. Die Österreicher unter Jeneral Browne haben wir jeschlagen. Trotzdem is mir dabei nich janz wohl, Du weest, ick habe bei so was eene Neese. Nu steht der Winter vor der Tür, und ick muß Dir sagen, wenn wir hier bleiben, denn kann det nich schaden. Du globst nich, wie schön et hier is und dazu disser Herbst! Mensch, Du denkst, et wär noch Sommer.

Unserm Lager jejenüber befindet sich eene Burg, eene Ruine natürlich, jeheißen der Schreckenstein. Riekchen, so wat Schönet! Wie schade, daß Du nich hier sein kannst und es ooch siehst. Unten der Fluß, die jrünen Ufer, denn jeht et immer höher nuff, zwischen Felsen und Laubwäldern, und denn oben, Riekchen, det is een Ausblick. Von een' Ufer zum andern bringt Dir die Fähre, und wenn nich immerfort Trubel is im Lager, Exerzieren oder Essenfassen, wenn et dann ooch noch duster wird, dann hörst de et vom anderen Ufer drüben »Fährmann hol über – hol über Fährmann«. Mensch, Riekchen, det is so schön wie im Märchen. Und zu dieset Märchen jehörst Du ooch. Umseitig, det is also die Stadt, wo ick liege, von wo ick auf det innigste an Dir denke, wat ick mir ooch von Dir erwarte. Dein Eduard.«

Den Kriegszeiten folgte Frieden, ein jahrzehntelanger, rechts und links der Elbe, an den böhmischen, an den sächsischen, an den preußischen Ufern. Es schreckte die Menschen nicht einmal, daß in Frankreich die Revolution ausbrach, auch nicht, wenn die Zeitungen von einem General berichteten, der Napoleon Bonaparte hieß.

Dann aber kam Napoleon mit seinen Armeen, und wieder war Krieg in Europa, auch an den Ufern der Elbe. Als die Menschen diesmal in höchste Kriegsnot gerieten, besannen sie sich auf ihre Vergangenheit und daß sie eigentlich zusammengehörten. Nicht allein durch die Sprache und den christlichen Glauben, auch weil sie eine gemeinsame Kultur hatten.

So ging von den Ländern an der Elbe zu Anfang des 19. Jahrhunderts eine große einigende Kraft aus. Das mächtige Rußland trug seinen Teil dazu bei, das ist wahr, aber merkwürdig ist, daß immer vom Rhein geredet wird, wenn es um große geschichtliche Entscheidungen in Deutschland geht. Dabei hat sich an den Ufern der Elbe im Laufe der Zeit so viel Wichtiges entschieden, lange vor 1945, als die Elbe zum Grenzstrom geworden ist, mitten in Deutschland.

Bei Schmilka erreicht die Elbe die DDR und hat nun noch den Durchbruch durch die Sächsische Schweiz vor sich. Bei Pirna, dem ersten größeren Hafen der DDR, erreicht sie wieder das freie Land.

Oben: *Blick von Leitmeritz auf das Böhmische Paradies.* Unten: *Der alte Personendampfer »Dresden« in einer Vorderansicht.*

Die Ruine Schreckenstein

Der Schreckenstein hat seit der Romantik und dem Beginn des Tourismus viele Bewunderer gefunden.

Obenhin besehen, kommt die Elbe viel bescheidener daher als der Rhein. Seine Landschaft zwischen Frankfurt und Bonn ist überwältigend, viel überwältigender als die Landschaft zwischen Hohenelbe und Leitmeritz, wo sie einmal *wie ein Brotlaib duftet* und dann *ein Paradies* zu bieten hat mit Pfirsich-, Aprikosen- und Kirschbäumen. Rebenhänge wie zwischen Melnik und Aussig, ach Gott, die schenkt der Rhein nur so her. Wo hat die Elbe eine Romantik vorzuweisen wie der Rhein bei Kaub oder Bingen?

Romantik, das ist das Stichwort! Warum ist die Romantik der Elbe so in Vergessenheit geraten? Hat sie nicht gerade die Böhmische Pforte hinter sich, und liegt nicht vor ihr der Schreckenstein? Von dem, was danach kommt, wollen wir jetzt noch gar nicht reden.

Es ist kein geringerer als der Maler Ludwig Richter gewesen, der hier am Schreckenstein seine Italien-Sehnsucht überwand. Er schrieb in sein Tagebuch:

Vorstudie von Ludwig Richter zu seinem berühmten Gemälde »Die Überfahrt am Schreckenstein«.

Ich war überrascht von der Schönheit der Gegenden, und als ich an einem wunderschönen Morgen bei Sebusein über die Elbe fuhr und die Umgebung mich an italienische Gegenden erinnerte, taucht zum ersten Mal der Gedanke in mir auf: Warum willst du denn in weiter Ferne suchen, was du in deiner Nähe haben kannst? Lerne nur diese Schönheit in ihrer Eigenartigkeit erfassen, sie wird gefallen, wie sie dir selbst gefällt. Bald griff ich zur Mappe und zum Skizzenbuch...

Später schreibt er dann:

Nach Aussig zurückgekehrt, zeichnete ich mehreres am Schreckenstein. Als ich nach Sonnenuntergang noch am Ufer der Elbe stand, dem Treiben der Schiffsleute zusehend, fiel mir besonders der alte Fährmann auf, welcher die Überfahrt zu besorgen hatte. Das Boot, mit Menschen und Tieren beladen, durchschnitt den ruhigen Strom, in welchem sich der goldene Abendhimmel spiegelte. So kam unter anderen auch einmal der Kahn herüber, mit Leuten bunt angefüllt, unter denen ein alter Harfner saß, welcher statt des Überfahrtskreuzers etwas auf der Harfe zum Besten gab. Aus diesen und anderen Eindrücken entstand nachher das Bild »Die Überfahrt am Schreckenstein«...

So also ist es zu einem Gemälde gekommen, das zu den berühmtesten Bildern der romantischen Malerei gehört.

Davon wußten wir Kinder daheim noch nichts. Uns fesselten Ludwig Richters Bilder in unserem großen, roten Märchenbuch. Die Bitternis und Härte der Märchen hat er uns Kindern mit den Illustrationen ebenso zugänglich gemacht wie die Süße und Versöhnung. Ich erinnere mich, daß ich auf jedem Bild zuerst nach den Tieren suchte. Bei keiner Illustration verzichtete er auf das wachsame Hündlein, das zwitschernde Vögelchen, das plusternde Hähnchen oder das schnurrende Kätzchen, irgendein Tier, das zum Leben gehörte, war immer dabei.

Den Loreleifelsen über dem Rhein hat Heinrich Heine mit seinem Lied *Ich weiß nicht, was soll es bedeuten* berühmt gemacht. Der Schreckenstein mit seiner Burg ist von dem jungen Theodor Körner mit Versen bedacht worden. Theodor Körner gehörte in die romantische Zeit Ludwig Richters. Sie waren beide in Dresden geboren, beiden hatte es die schöne Landschaft, der Berg und die Burg der Stadt Aussig gegenüber angetan. Als Theodor Körner zum Schreckenstein hinaufwanderte und die Ruinen des Rittersaales betrat, wurden in seiner Phantasie die vergangenen Zeiten lebendig: die Tafel, Geschirr, Gelage, Gewölbe, Türme, Bastionen. Er schlüpfte aus den eigenen jungen Jahren und wurde – der Schreckenstein.

Oben: *Porträt Ludwig Richters.*
Unten: *Zeichnung von Ludwig Richter.*

...Auch ich war einst jung; mit
                herrlicher Pracht
entstiegen die Türme der Erde.
Die Keller umarmten die ewige Nacht,
die die Leuchte des Tages nicht klärte.
Dem Raubgrafen sollt ich ein
                Schrecken sein;
Drum tauften sie mich zum
                Schreckenstein,
daß ich Schutz den Bewohnern
                gewährte...

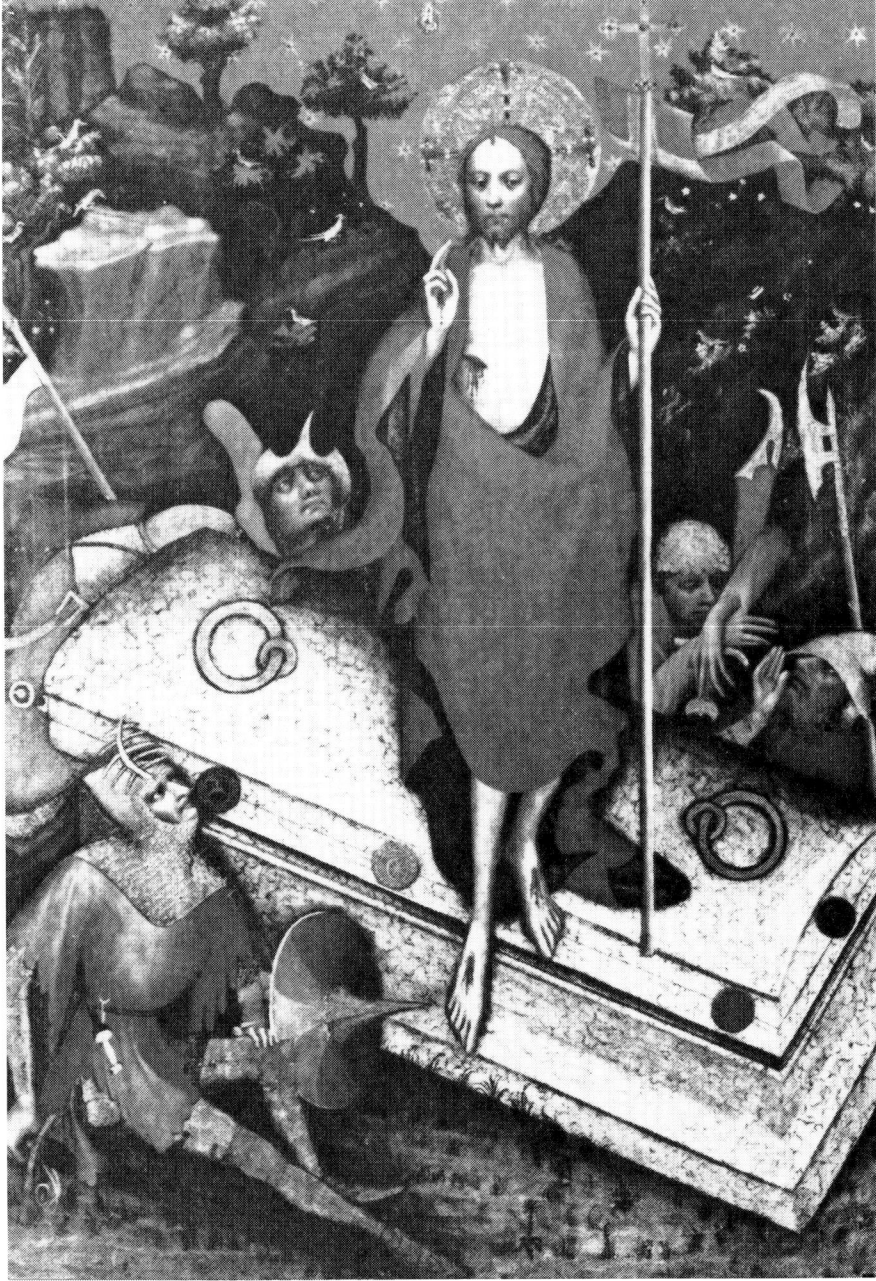

Der »böhmische Stil« war in der zweiten Hälfte des vierzehnten Jahrhunderts Vorbild für Europa. Vom Ende dieser Periode stammt die »Auferstehung« des Meisters des Wittingauer Altars.

So ist also der Dichter und der Maler gefunden. Was fehlt, ist der Komponist, aber auch an dem mangelt es dem Schreckenstein nicht. Und wieder ist es ein Sachse, Richard Wagner. Immer wieder hören die Menschen, erschauernd und erschüttert, seinen *Tannhäuser* Sie wissen nur nicht, daß Wagner ein Stück davon am Schreckenstein erlebt und empfunden hat. In seinem Tagebuch steht darüber:

Kaum hatte ich für die Ordnung meiner kümmerlichen finanziellen Lage gesorgt, als ich mich früh in gewohnter Weise zu einer mehrtätigen Fußwanderung in das böhmische Gebirge aufmachte, um meinen Plan zum »Venusberg« (Tannhäuser) unter den angenehmen Eindrücken eines solchen Ausflugs in mir auszuarbeiten.

Richard Wagner schrieb es im Jahre 1842. Es war die Zeit der späten Romantik, des Biedermeier. Die Zeit eines geeinten, von der Heiligen Allianz befriedeten Europas. Nichts konnte die Leute aus dieser Stille aufschrecken,

Tetschen ist ein altes, blühendes Städtchen kurz vor der böhmischen Grenze.

So sieht die romantisch verklärte Burg Schreckenstein auf einem modernen Foto aus.

nichts konnte dem Familiensinn, der Tradition gefährlich werden. Die Formen des Biedermeier sind ohne Schnörkel. Die Möbel sind aus dem Kirschbaumholz heimischer Gärten getischlert, kommt ein wenig Ebenholz hinzu, stehen sie in den Häusern angesehener Bürger.

Jetzt sind klare Linien gefragt, die Blicke richten sich auf die Bürgerhäuser. Und überhaupt, das Bürgertum drängt sich nach vorn.

Zu dieser Zeit kam auch der Ausflugsverkehr auf der Elbe in Mode mit den Dampfbooten *Bohemia* und *Germania*, die den Verkehr in Böhmen betrieben, von Melnik bis Leitmeritz. Dann ging die Fahrt elbabwärts mit sächsischen Schiffen weiter, Anlegen in Aussig, auf tschechisch heißt die Stadt Ústí nad Labem.

Was die Sicht auf den Schreckenstein angeht, so ist Ludwig Richters *Überfahrt* mit dem alten Harfner wie ein Bild aus unserem Märchenbuch.

Aussig ist die zweitgrößte Stadt an der Elbe hinter Königgrätz. Es ist eine Industriestadt, wozu der Hafen und der Strom verleitet haben. In Aussig lagert die Braunkohle aus Teplitz bis zum Abtransport per Schlepper. Unübersehbar sind die Schornsteine der Fabriken, unübersehbar auch die Wohnblocks der Arbeiter. Das alles, Romantik hin, Romantik her, war wichtiger als der vielgepriesene Blick auf den Schreckenstein. Und was die Elbe angeht, die an ihrem Anfang wie das Wasser des Lebens aus der Erde des Riesengebirges rinnt, so ist sie der Industrie eine bequeme Abwasserleitung, schon hier in Böhmen.

Die letzte Stadt an der Grenze ist Tetschen, Děčín auf tschechisch, wieder eine Doppelstadt. Die Zwillingsschwester, über die Elbbrücke drüben, heißt Bodenbach. Hoch oben auf dem Felsen das mächtige Schloß der Grafen Thun, bei denen Chopin zu Gast war und auf dem Flügel komponierte, und denen der Maler Caspar David Friedrich ein Altarbild vom Riesengebirge hinterließ zum Dank für ihre Gastfreundschaft. Es war der erste Landschaftsaltar in der europäischen Kunst. Er löste großen Streit aus, denn nun sollte die Landschaft religiöse Gefühle wecken.

Auf der Elbe unten aber war jetzt mit größter Vorsicht zu fahren, denn: *Es gab*

Stellen im Strom, die von den Schiffern von altersher gefürchtet waren, so zum Beispiel die Klippen bei Tetschen... »Rammludersch« wurden diese Klippen von den Schiffsleuten geheißen, und jeder war froh, wenn das Schiff glücklich daran vorbeigekommen war.

Und trotzdem, wie einfach ist es damals gewesen, von einem Land in das andere zu kommen, obwohl eine Staatsgrenze dazwischen lag. Erst nach 1918 wurde es schwierig, denn Europa war umgekrempelt worden, besonders Mitteleuropa. Tschechen, Mähren und Slowaken wurde zugestanden, was sie jahrhundertelang hatten sein wollen: ein eigener Staat, die Tschechoslowakei.

Im Laufe der Jahre milderten sich die Härten, es gab den kleinen Grenzverkehr, die Autofahrer wurden zügig abgefertigt, und mehr und mehr Züge verkehrten von Berlin nach Wien über Prag. Doch zwanzig Jahre später zog ein neues Unheil herauf. Es hieß Nationalsozialismus, Hitler, Einmarsch in die Tschechoslowakei und Krieg. Im Frühjahr 1945 war der Krieg verloren. Und die Grenze, die einmal zwischen Sachsen und Böhmen gegolten hatte, die danach zwischen Deutschland und der Tschechoslowakei verlief, wurde zur Grenze zwischen der DDR und der ČSSR, einer Grenze, die unerbittlicher trennt als die vorigen.

Doch die Elbe weiß nichts davon. Sie setzt ihren Lauf fort durch ein Land, das gerade hier von großer landschaftlicher Schönheit ist.

Auf Schloß Tetschen waren Caspar David Friedrich und Chopin zu Gast.

Herrnskretschen ist der letzte Ort auf der böhmischen Seite. Danach erreicht die Elbe Sachsen.

Die Felsen mit ihren Schluchten und Tälern werden die Böhmische Schweiz genannt. Die spitzen Kegel, die runden Kuppen, die Felsengruppen, die dicht beieinander stehen, der einzelne Turm, der aufragt, sie alle tragen Namen nach ihrer Gestalt: das Spitzhütel, die Rosenwände, der Mönch, die Nonne. Immer neue Gestalten zeigen sich entlang der Elbe, bevor der Grenzort erreicht ist: Herrnskretschen, auf tschechisch Hřensko. Hier hat die Elbe einen vierhundert Kilometer langen Weg hinter sich. Ihre Zeit in Böhmen, wo sie Labe heißt, ist zu Ende.

Gleich hinter Herrnskretschen zieht sich die Grenze vier Kilometer lang mitten im Strom hin. Der erste Ort in der DDR, in Sachsen drüben, wird Schmilka sein. Es klingt alles so gleich, Herrnskretschen und Schmilka, Tetschen und Schandau. Von der Böhmischen Schweiz geht es in die Sächsische, und die sieht auch nicht anders aus. Wenn man hinüberwandern könnte, würde man nicht merken, wo die eine Schweiz aufhört und die andere beginnt.

Ist es nun tröstlich oder traurig, daß

Böhmische Trachten ... ... in Büchern des 19. Jahrhunderts.

die Elbe so unberührt von allem dahinfließt? Daß es ihr gleich ist, ob sie Elbe oder Labe genannt wird, ob sie tschechische Kähne dahinschleppt oder deutsche, ob aus Magdeburg und Dresden oder aus Praha und Litoměřice? Was würde sie sagen, wenn sie reden könnte?

Seufzen würde sie. Daß sie ihre Kraft hergeben muß, um Waren zu transportieren, um Handel zu treiben? Nein. Die Kähne nimmt sie gerne mit sich fort. Den Dreck, den Tod würde sie beklagen, den sie aufnehmen muß aus den Kanälen in jeder Stadt und in jedem Hafen.

In Herrnskretschen verläßt die Elbe das Land, in dem sie aus der Tiefe der Erde ans Licht gedrängt hat, in dem sie erst südwärts geflossen ist, sich bei Pardubitz westwärts gewandt hat, um sich in vielen Schleifen und Krümmungen immer nördlicher hinzuziehen und um sich bei Leitmeritz endgültig für den Norden zu entscheiden.

Warum kann man sich nicht auf einem Elbdampfer in Melnik einmieten, um erst in Cuxhaven von Bord zu gehen?

Warum nicht, Elbe, warum nicht?

Als im Jahre 1766 zwei Schweizer Maler an die neu gegründete Kunstakademie nach Dresden berufen wurden, entdeckten sie erstaunt die bizarren Felsformationen des Elbsandsteingebirges und nannten sie »Sächsische Schweiz«. In der Folge erhielten viele Landschaften, die ähnlich wildromantisch sind, den Beinamen »Schweiz«. Heute wird die Sächsische Schweiz derart von Touristen und Alpinisten überlaufen, daß in der DDR über Einschränkungen nachgedacht wird, damit die Felstürme nicht zusammenfallen.

Von der Sächsischen Schweiz in die Altmark

Den Bussard oben in der Felswand hat die Sonne geweckt. Das spitze Licht des neuen Tages ist ihm über den Kopf gefahren. Er blinzelt, dann plustert er sich, äugt zuerst die Felsen entlang, dann über sich in den Himmel. Spektakelnd zieht rechterhand ein Volk Krähen heran. Vielleicht sind es auch die Krähen gewesen, die ihn geweckt haben. Der Bussard steckt den Kopf ins Gefieder. Er ist noch schläfrig, der Hunger treibt ihn noch nicht hoch.

Er hat einen guten Platz für den Horst gefunden. Das ist nicht schwer gewesen, hier in der Sächsischen Schweiz, wo die grauen Felswände des Sandsteins, geschnürt und geschlungen, aufragen. Zwischen diesen Felsen gibt es viele Nischen, von den ausladenden Kronen der Kiefern davor gar nicht zu reden. Gut ist dieser Platz in der Steilwand hoch über der Elbe.

Plötzlich ist der Bussard hellwach. Er hat Stimmen gehört. Er reckt den Kopf, äugt in die Schlucht hinunter. Kein Laut entgeht ihm, keine Bewegung. Die Stimmen sind jetzt deutlicher zu hören. Bleiben sie, gehen sie weiter? Der Bussard vernimmt das nicht zum ersten Mal. Er weiß nicht, daß es Bergsteiger sind, drei junge Männer mit Rucksäcken bepackt, die sich vorgenommen haben, in den Schrammsteinen zu klettern. Der Bussard hat sie schon gestern abend gehört, bald nachdem der Dampfer unten angelegt hatte, als die Sonne von Westen her auf den Felsen lag, die Nischen ausleuchtete und die Zinnen vergoldete. Schließlich hatte er sie mitten in den Felsen entdeckt. Er hatte seine Kreise gezogen, höher, tiefer, hatte beobachtet, ob sie sich seinem Horst näherten. Sie hatten sich nicht genähert, sie hatten ein Ziel, von dem der Bussard nichts wissen konnte.

Aber jetzt sind die Stimmen wieder da, und wieder ist der Bussard gespannt und aufmerksam, wohin sie sich wenden. Plötzlich hält es ihn nicht länger im Horst. Er richtet sich auf, schlägt mit den Flügeln, wartet noch. In den Morgenstunden sind die Aufwinde gut, er wartet noch.

Uuuuut – Uuuuut! geht es unten an der Anlegestelle, und als hätte dieses Signal den Wind hochgescheucht, kommt er mit Schwung aus dem Elbtal herauf. In der nächsten Sekunde sitzt ihm der Bussard auf dem Rücken, kreisend sucht er die Stimmen, die er gehört hat. Er findet die Männer, beobachtet sie, beobachtet, daß sie davongehen, und erst jetzt läßt er sein miauendes Kihaa – Kihaa hören. Dann schraubt er sich höher über Felsen und Schluchten, über Täler und Wälder, kreist über den Tafelbergen und Felsnadeln und äugt über die Elbe dahin.

Was weiß der Bussard davon, daß der Ort dort unten Schmilka heißt, was weiß er von einer Grenze? Er wartet darauf, daß sich der Falke sehen läßt. Mit ihm hat er sich mehr als einmal angelegt. Der Fischreiher unten am Elbufer, der stört ihn nicht, aber hier, zwischen den Felsen, zwischen Schluchten und Kaminen, hier ist er zu Hause, hier duldet er niemanden außer sich.

Die Elbe fließt langsam dahin, unberührt von der landschaftlichen Schönheit an ihren Ufern, wo aus der Ebene der graue Fels in die Höhe schießt ohne Übergang. Aus den fruchtbaren Tälern geht es gespenstisch hoch hinaus, langgezogene Bastionen, Nasen, Spitzen, Kegel, Orgelpfeifen: das Elbsandsteingebirge. Es ist zur Tertiärzeit entstanden, als die Erde in Bewegung geriet und das Meer zurückgedrängt wurde. Damals hob sich die sandsteinerne Tafel des Meeresbodens und zerbarst, und zwischen den Klüften wusch sich die Elbe ihr Bett.

Der Lyriker Günter Kunert, 1929 in Berlin geboren, beschreibt das Elbsandsteingebirge aus eigener Anschauung so: *Ein Himmel von zartem Blau herrscht hier und dazu Weitblick von manchem Punkt, von basteigleichem, auch so bezeichnetem, hoch über der Elbe. Schaut der Wanderer von oben hinab auf den Fluß, der nicht recht vom Fleck kommen will, flüstern, nein »raunen« ihm die Zweige den passenden Wortschatz zu, dem die wunderliche, sonnenerleuchtete, zu selten erlebte Weite Glaubhaftigkeit und Echtheit gibt: der »träge sich wälzende Strom«, der »silbrige Dunst«, die »grüßenden Höhen«, und was die Herren Tieck, Chamisso, Hauff, Brentano, Armin noch an sprachlichem Kunstgewerbe hervorgebracht – plötzlich ist es Gold statt wie sonst Doublé.*

Ja, diese Romantiker! Sie sind es gewesen, die diesem Gebirge den Namen Sächsische Schweiz gegeben haben. Das war zu der Zeit, als die wenigen Reisenden nach Italien die Schweiz entdeckten, die Schweiz mit ihren himmelhohen Bergen, denen romantische Dörfer zu Füßen lagen mit Wasserfällen und Seen, mit dem aufrechten Wilhelm Tell, der guten Kost und den biederen Bewohnern.

Plötzlich wollte jeder ein Stück Schweiz in seiner nächsten Umgebung haben, wenn es die Landschaft nur irgendwie hergab. Böhmische Schweiz, Sächsische Schweiz, Löwenberger Schweiz, Holsteinische Schweiz, Fränkische Schweiz. Wo sich Felsen fanden, die sich jäh aus einem Tal erhoben, die sich wie Käselaibe übereinandertürmten, wurde eine Schweiz daraus gemacht.

Wer in Schmilka ein Schiff der *Weißen Flotte* besteigt, um elbabwärts eine Fahrt

Im Klettergarten des Elbsandsteingebirges

Am Teufelsturm bei Schmilka hat die Elbe das Elbsandsteingebirge durchstoßen.

Das Prebischtor gehört zu den eigenartigsten geologischen Formationen.

durch die Sächsische Schweiz zu genießen, kann von Bord aus immer wieder die Bergsteiger beobachten, die sich in den engen Schluchten, in den schmalen Kaminen höher und höher hinaufarbeiten. Eigentlich müßten sie hier Felsenkletterer heißen, denn in der Sächsischen Schweiz gibt es kein stundenlanges steiles Bergansteigen wie in den Alpen, bevor eine Klettertour beginnen kann. Hier kann schon nach kurzer Wanderung das Seil um die Brust geschlungen werden, können die Fingerspitzen nach dem ersten Halt im Fels tasten.

Bergsteiger, Bergsteigen hoch über der Elbe! Für denjenigen, der in der norddeutschen Tiefebene wohnt und nur den weiten Blick über den Strom hinweg kennt, ist das kaum vorzustellen, obwohl es am unteren Elbelauf immer wieder hohe Ufer gibt, bei Hitzacker zum Beispiel und bei Blankenese.

Talwärts nehmen die Schiffe der *Weißen Flotte* ordentlich Fahrt auf. Neunzehn sind es, die meisten dampfgetriebene Schaufelraddampfer. Die ersten von ihnen wurden vor mehr als hundertvierzig Jahren in Dienst gestellt. Sie trugen am Bug eine Krone und hießen *Königin Maria* und *Prinz Albert*. Die heutigen heißen *Leipzig* und *Dresden*, *Ernst Thälmann* und *Karl Marx*. Die ersten wurden gebaut, um die aufkommende Reiselust zu befriedigen. Ach ja, einmal unbeschwert ohne Rucksack von Dresden bis in die Sächsische Schweiz, womöglich sogar nach Böhmen zu fahren, das war es damals.

Die ersten Schiffe waren also Ausflugsdampfer, zum Vergnügen gebaut, und daran hat sich bis zum heutigen Tage nichts geändert. Die Reiselust hat nicht nachgelassen, nur, vor runden hundertvierzig Jahren konnten sich eine solche Dampferfahrt nur wenige Leute leisten. Heutzutage befördern die Schiffe der *Weißen Flotte* jeden Sommer Zigtausende von Werktätigen aus der ganzen DDR.

Die Entwicklung der Elbschiffahrt kann man im Heimatmuseum in Bad Schandau studieren, elbabwärts dann noch einmal in dem Städtchen Aken, in

Unter den Felsnasen des Elbsandsteingebirges. S. 83. Breit liegt der Lilienstein auf der Ebenheit. Unten: *Der Schaufelraddampfer »Dresden«.*

Salzelmen bei Schönebeck und in Tangermünde.

Die aufkommende Reiselust um die Mitte des vorigen Jahrhunderts brachte es aber auch mit sich, Reiseziele zu schaffen, in denen der Müßiggang für die Gesundheit nützlich anzuwenden war. So wurde aus dem zauberhaft gelegenen

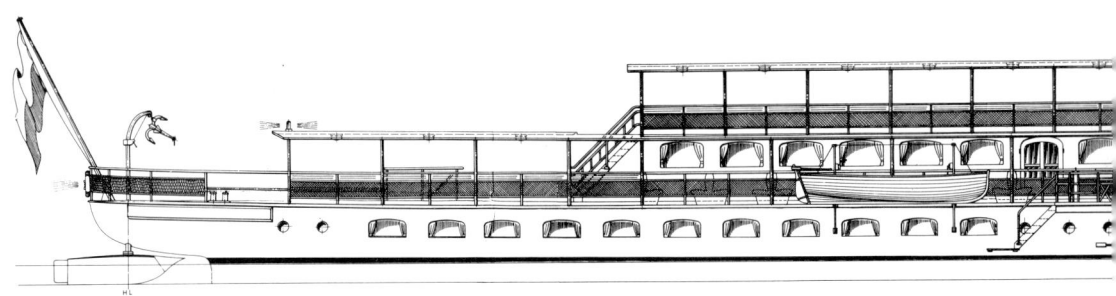

kleinen Holzfällerdorf ein Bad, und bis zum heutigen Tag ist Bad Schandau der Mittelpunkt des Fremdenverkehrs in der Sächsischen Schweiz. Ein berühmter Kurgast war der dänische Märchendichter Hans Christian Andersen. Er schreibt über seinen Aufenthalt: *Hier ist es sehr hoch, sehr hoch. Du mußt ein paar Kirchtürme aufeinandersetzen, und dann nicht schwindlig dabei zu werden, wenn Du auf der obersten Spitze stehst. Ein Gitter ist angebracht, damit Du nicht fällst! – Das lange weißgelbe Band dort unten, das vor Deinen Augen nicht breiter aussieht als das Trottoir auf der Straße, ist die Elbe; das gelbbraune Pappelblatt, das Du schwimmen zu sehen glaubst, ist ein langer Flußkahn... Versuche es, einen Stein in die Elbe hinabzuwerfen, Du mußt Deine ganze Kraft anwenden, er erreicht sie doch nicht, sondern fällt diesseits ins Gras...*

*Uff der Festung Königstein,
jumheidi, jumheida,
da muß doch ooch nee Kerche sein,
jumheidi, jumheida.
Die Kerche ist mit Stroh gedeckt,
da ham die Mäuse neingeheckt,
jumheidi, jumheida.*

Es gibt weit anrüchigere Verse als diesen von der Festung Königstein. Wir haben sie immer nur unter uns Kindern zum besten gegeben. Es war uns auch nie klar, daß dieser Königstein, der gelegentlich im Geschichtsunterricht genannt wurde, derselbe sein sollte, den wir besangen.

Das änderte sich ein paar Jahre später schlagartig, als am 17. April des Jahres 1942 in Städten und Dörfern meiner engeren Heimat, in Niederschlesien, unheimlich viel Polizisten auftauchten. Jäger, Förster, Forstarbeiter waren auf den Beinen, nicht selten von Soldaten begleitet. Jede Scheune mußte ihnen geöffnet werden, keine Jagdhütte, kein Heuboden und kein Stall, der undurchsucht blieb. Schließlich ließ es sich nicht mehr verheimlichen: Von der Festung Königstein war einem hohen französischen General, der seit dem Ende des Frankreichfeldzuges dort als Kriegsgefangener einsaß, die Flucht gelungen. Es hieß natürlich, nicht nur *einem* General wäre die Flucht geglückt, im Weitersagen wurden es drei, sonst hätte sich ja auch die ganze Aufregung nicht gelohnt. Es handelte sich, wie wir heute wissen, um den General Giraud. Seine Flucht nützte ihm nichts. Den Platz eines Anführers des Freien Frankreich hatte in der Zwischenzeit General de Gaulle eingenommen, und der ließ ihn sich nicht wieder entreißen.

So war die Festung Königstein in aller Munde, und uns wurde klar, was wir mit *Jumheidi, jumheida* besungen hatten. Plötzlich sahen wir sie aus dem Tal über der Elbe hoch aufragen, diese uralte Festung, die einmal eine Burg gewesen war, wir sahen sie an dieser Elbschleife liegen, an exponierter Stelle. Vom Königstein aus war nach Süden und Norden hin das ganze Elbtal zu übersehen. Den Umbau der Festung besorgte vor runden dreihundert Jahren der geniale Baumeister Pöppelmann im Auftrag Augusts des Starken. Es wurde die mächtigste Befestigungsanlage in Deutschland daraus. Drei Zugbrücken sicherten den Zugang zum Felsplateau, auf dem sich die Georgenburg und die Magdalenenburg befanden. Wichtiger jedoch als der ganze Umbau war lange Zeit vorher der Bau des Burgbrunnens gewesen. Wieviel sind im Ernstfall Burg oder Festung wert, wenn das Wasser fehlt!

Bergleute aus dem Erzgebirge bohrten diesen Felsbrunnen an. Erst in einer Tiefe von 152 Metern stießen sie auf Wasser. Sechs Jahre lang hatten sie dazu gebraucht. Und bis zum heutigen Tag vom Jahre 1563 an ist sein Wasser nicht versiegt.

Hinter den Mauern der Festung wurden nicht nur im Zweiten Weltkrieg französische Offiziere gefangengehalten, der Königstein hatte zu allen Zeiten seine Zwangsmieter. Einer der bekanntesten ist Johann Friedrich Böttger gewesen, der behauptete, er wäre dem Geheimnis des Goldmachens auf der Spur. Nur wöchentlich zweimal durfte er *her und zu gehen,* unter strengster Bewachung, versteht sich, um einen freien Blick von den Brüstungsmauern hinab ins Elbtal zu werfen.

Zu allen Zeiten hat es Aufsässige gegeben: Adlige, Studenten, Theologen, und für sie alle war der Königstein der sicherste Verwahrungsort. Im Jahre 1874 wurde August Bebel, der Drechslermeister mit den *aufrührerischen sozialistischen Ideen*, ein Mitbegründer der SPD, ebenfalls auf den Königstein gebracht.

Während des Zweiten Weltkrieges lagerten vierhundertfünfzig Kisten hinter den Mauern des Königsteins. Es war der Hauptbestand der Dresdner Kunstsammlungen. Dazu kamen siebzehn Gemälde der weltberühmten Dresdner Galerie. Alle diese Schätze waren peu à peu von 1940 an heimlich über den sechsundvierzig Meter hohen Lastenaufzug an der Westseite des Felsens in die Höhe gehievt worden, Kiste für Kiste, nachts, in aller Heimlichkeit. Nur der Kommandant der Festung wußte etwas davon. Am 8. Mai 1945, bei Kriegsende, übergab der Festungskommandant den Königstein samt Kunstschätzen an die nun nicht mehr gefangenen französischen Offiziere. Sie wußten aber mit den vielen Kisten nichts anzufangen und zogen erst einmal die Trikolore an der Fahnenstange auf. Als kurz darauf ein sowjetrussisches Kommando eintraf, das die Festung stürmen wollte, fand es diesen *Nazihorst* bereits in französischer Hand und zog ab.

Dann geschah zweierlei fast gleichzeitig. Nach den Russen kamen die Amerikaner mit einem Kommando, und der ehemalige deutsche Kommandant versuchte, sie auf die Kunstschätze aufmerksam zu machen. Er schlug ein paar Fensterscheiben ein, kroch mit den Amerikanern in den Keller und brach sechs Kisten auf, um dem Kommando der US-Army zu beweisen, daß er nicht gelogen hatte.

Inzwischen fahndete aber auch der sowjetische Kommandant nach den Dresdner Kunstschätzen, und so erschien auf dem Königstein ein Kommando Soldaten unter Kapitän Kopak, um alles sicherzustellen und kurz darauf zu beschlagnahmen. So kam es, daß die Dresdner Kunstschätze weder nach Frankreich noch nach Amerika gebracht wurden. Restauriert und in alter Schönheit kann man sie seit 1956 wieder in Dresden bestaunen.

Die Festung Königstein ist niemals erobert worden. Oder doch? Als die sächsisch-böhmische Eisenbahn gebaut wurde, befand sich unter den Schwellenlegern ein angeworbener Schornsteinfeger, ein Feuerrüpel, wie die Sachsen sagen. Er hieß Abratzky, Sebastian Abratzky, ein unruhiger Geist. Er hatte zwar gelernt, durch hohe Kamine zu steigen, aber mit seinen achtzehn Jahren wollte er nicht, daß diese Schornsteinkletterei der Höhepunkt seines Lebens gewesen wäre. So kam er, vom Eisenbahnbau angeworben, zum Königstein. Immer wieder besah er sich die engen Felsschluchten und fand, daß sie den rußigen Kaminen, die er bislang durchklettert hatte, ähnlich waren. Und er sagte sich: Du wirst nicht einen Taler und zehn Groschen Besichtigungsgebühr für diesen Königstein rausrücken, du wirst auf deine Art in die Festung kommen.

Mit dem Rücken an die hintere Felswand gelehnt, mit Händen und Füßen an der gegenüberliegenden Wand, höher

Die Festung Königstein über dem Ort Königstein.

und höher kletternd, erreichte er wahrhaftig nach drei Stunden die Höhe der Festungsmauer und schwang sich hinüber. Der Wachtposten glaubte ein Gespenst zu sehen. Das Gespenst aber hatte sich den Fuß verstaucht und war so erschöpft, daß es liegenblieb und alles mit sich geschehen ließ. Mit sich geschehen lassen mußte der Schornsteinfeger Abratzky, zwölf Tage in Haft genommen zu werden.

Da er aber ein Sachse war, von denen es heißt, daß sie helle sind, verfaßte er einen Bericht, als er freikam. Er ließ ihn drucken, zog durch die Lande und verkaufte ihn. Und so kam die Kunde von der Eroberung der Festung Königstein durch den Schornsteinfeger Sebastian Abratzky zum Ergötzen aller unter die Leute.

Bis auf den heutigen Tag aber heißen enge Felsspalten Kamine.

An der Elbschleife, aus der Vogelschau grazil zu nennen, liegt dem Königstein gegenüber der Lilienstein, ein Tafelberg, dessen Wände aus der Ebene schroff in die Höhe gehen. Und wieder ist die Elbe gezwungen, einen Bogen zu schlagen. Hier muß sie es von Anfang an schwer gehabt haben, in dem felsigen Grund ein Bett zu finden. Dann aber hat sie den schönsten Teil der Sächsischen Schweiz erreicht: die Bastei. Zwischen den Orten Rathen und Wehlen erheben sich die Felsen, scheinen die Schluchten, Canons gleich, aus der Höhe gesehen unergründlich zu sein in ihrer dunkelgrünen Tiefe. Manche von ihnen sind mit Brücken verbunden. Und immer wieder geht der Blick von hier oben hinunter auf die Elbe, und der Anblick der Felsen, die sich vom gegenüberliegenden Ufer im dahinfließenden Elbwasser spiegeln, ist nirgendwo romantischer als im Gebiet der Bastei.

Im Hinterland, rechts der Elbe, befinden sich Schluchten, von denen der Amselgrund für Carl Maria von Weber zum Vorbild für seine Wolfsschlucht wurde, als er am *Freischütz* arbeitete.

Er war 1817 Direktor der Dresdner Oper geworden, und es zog ihn immer wieder in die Bastei. Im Juli 1817 hatte er die Arbeit am *Freischütz* angefangen. Zugrunde lag der Oper die Sage von den Freikugeln, die ihr Ziel nie verfehlen, weil sie im Bann eines Teufelskreises gegossen werden und der Teufel selbst sie lenkt. Der Preis dafür: Die letzte Freikugel wird dem Teufel eine neue Seele zuführen. Geheimnisvolles Zentrum der Oper, ihr Höhepunkt, das wußte Weber, mußte die Wolfsschlucht sein, dieser verruchte Ort, den Raben umkreisen, in dem Totenköpfe, Gerippe und vermoderte Bäume lagen.

Und so verwandelte sich eines schwülen Sommerabends, an dem Carl Maria von Weber in Gedanken und Töne versunken unterwegs war, der Amselgrund in der Bastei zur Wolfsschlucht. Er hatte sich einen Platz gesucht, auf dem er ungestört nachdenken und notieren konnte. Plötzlich wurde, was er in Gedanken hörte und sah, Wirklichkeit:

Donner in der Ferne und eine Düsternis um ihn her, die ganz schnell kommt und immer dichter wird. Der nächste Donner ist schon nicht nur mehr ein Donner, es sind Töne, die über ihn herstürzen. Zu den Tönen erheben sich aus der Schlucht Nebel, die keine Nebel sind. Es sind dämonische Gestalten, von Blitzen beleuchtet, verzerrt. Immer drückender wird die Luft. Und jetzt hört er die Stimmen der Geister:

Milch des Mondes fiel aufs Kraut!
    Uhui! Uhui!
Spinnweb' ist mit Blut betaut!
    Uhui! Uhui!
Eh' noch wieder Abend graut.
    Uhui! Uhui!
Ist sie tot, die zarte Braut!
    Uhui! Uhui!
Eh' noch wieder sinkt die Nacht,
Ist das Opfer dargebracht! Uhui!
    Uhui! Uhui!

So sitzt Carl Maria von Weber und erlebt, wie das Gewitter sich austobt, und zwischen Blitz und Donner sieht er Caspar, der den Teufelskreis aus Steinen legt, er sieht den Totenschädel in der Mitte, er sieht, wie Caspar den Hirschfänger zieht und dreimal ruft: *Samiel, Samiel, erschein, bei des Zauberers Hirngebein. Samiel, Samiel, erschein!* Und der Teufel tritt zwischen modernden Baumstämmen hervor.

Und dann sieht Weber, wie dieser verderbte Jägergehilfe die Gußkelle nimmt, nachdem er das Feuer angezündet hat, und er hört ihn sprechen:

Hier erst das Blei. – Etwas gestoßenes Glas von zerbrochenen Kirchenfenstern; das findet sich! – Etwas Quecksilber! – Drei Kugeln, die schon einmal getroffen! – Das rechte Auge eines Wiedehopfes! – Das linke eines Luchses! Probatum est! – Und nun den Kugelsegen!

*Schütze, der im Dunklen wacht,
Samiel, Samiel, hab acht!
Steh mir bei in dieser Nacht,
Bis der Zauber ist vollbracht!
Salbe mir so Kraut als Blei,
Segn' es sieben, neun und drei,
Daß die Kugel tüchtig sei!
Samiel, Samiel, herbei!*

Am 18. Juni 1821 wird der *Freischütz* zum ersten Mal in Berlin aufgeführt, Weber dirigiert selbst. Es wird ein rauschender, ein stürmischer Erfolg, wie ihn Berlin noch niemals erlebt hat. Bereits am Tag darauf singen und summen es die Berliner, pfeifen es die Schusterjungen auf den Straßen: *Wir winden dir den Jungfernkranz aus veilchenblauer Seide.* Außerdem ist es die Wolfsschluchtszene, die jeder gesehen und erlebt haben will.

Mit ihr kommt Friedrich Kind ins Gespräch, der Textdichter. Er hatte den genialen Einfall, die uralte Sage von den Teufelskugeln in die Zeit nach dem Dreißigjährigen Krieg zu legen. War es ein Zufall oder kam ihm dieser Gedanke, als er einmal in der Gegend von Bad Schandau wanderte und die Felsengrotte sah, die nicht von ungefähr der Kuhstall genannt wird? In diesem schwer zugänglichen Felsenloch versteckten sich während des Dreißigjährigen Krieges mehr als einmal die Bauern mit ihrem Vieh, um vor den durchziehenden Truppen, die immer plünderten, erschlugen und nahmen, was in den Ställen war, sicher zu sein.

Der Freischütz war die erste deutsche Oper, die ein voller Erfolg wurde, überall. Trotzdem ging es Weber nicht besonders gut in Dresden. Immer wieder mußte er Einladungen an fremde Bühnen annehmen. Auf einer solchen Gastspielreise starb er am 5. Juni 1826 in London, einen Tag vor seiner Heimkehr nach Dresden. Sein letzter sehnsuchtsvoller Brief an die Familie ließ seinem Sohn Max keine Ruhe. Zusammen mit Richard Wagner, der zu dieser Zeit Kapellmeister der Dresdner Bühne war, brachte es Max von Weber fertig, die Überreste seines Vaters aus der St.-Pauls-Kathedrale nach Hause zu holen.

Richard Wagner berichtet davon: *Der älteste der beiden hinterlassenen Söhne des verewigten Meisters reiste nach London, um die Asche seines Vaters zurückzuführen. Dies geschah zu Schiff auf der Elbe, wo sie schließlich am Dresdener Landungsplatz anlangte, um hier zuerst auf deutsche Erde überführt zu werden. Diese Überführung sollte am Abend bei Fackelschein in festlichem Zuge vor sich gehen. Ich hatte es übernommen, für die*

Richard Wagner und Carl Maria v. Weber.

dabei auszuführende Trauermusik zu sorgen. Ich stellte diese aus zwei Motiven der »Euryanthe« zusammen.

So ist Carl Maria von Weber auf der Elbe zurückgekehrt und unter den Klängen seiner eigenen Musik zu Grabe getragen worden.

Wenn die Elbe Pirna erreicht, zäh und mühsam haben es manche genannt, dann hat sie die Felsen der Sächsischen Schweiz hinter sich. Hier wird die Landschaft weit und eben, ein fruchtbares Tal mit Wiesen, auf denen Rinder grasen, mit Feldern, auf denen Getreide wächst, und wo im Ufergeruschel die Rohrdommel brütet und ihren dumpfen Ruf hören läßt. Brütet sie noch? Ruft sie noch? Das ist die Frage, hier wie überall. Was ist geblieben an den breit ausladenden Ufern der Elbe?

Nach dem Zweiten Weltkrieg wurde Pirna zu einem bedeutenden Industriezentrum, vor allem der chemischen Industrie, deshalb die Frage. Durch zweihundert vorangegangene Jahre war der Pirnaer Sandstein berühmt. Er wurde in den nahe gelegenen Steinbrüchen abgebaut, um per Schiff elbabwärts transportiert zu werden. Aus ihm wurden Kunstwerke ersten Ranges geschaffen, die heute noch gerühmt werden. Eines von ihnen ist der Zwinger in Dresden, ein anderes das königliche Schloß in Kopenhagen.

Doch damit fing es in Pirna nicht an. Das allererste war eine slawische Siedlung, die an einer Elbfurt am Ostufer lag. Die Wichtigkeit einer Furt ist heutzutage, angesichts von Brücken und einer regulierten Elbe, schwer vorzustellen. Früher aber, als die Höhe des Wasserstandes nur von der Schneeschmelze im Frühjahr, der Trockenheit im Sommer, den Regenfällen im Herbst abhing, war es von größter Wichtigkeit, gefahrlos von einem Ufer zum anderen zu gelangen. Es gab also jenseits der Elbe eine slawische Ansiedlung, diesseits der Elbe deutsche Handelsleute, die ihre Waren, Feuersteine, Töpfe, Messer, Äxte, Salz, in den Schuppen am Ufer stapelten. Nach heutigem Maß unbedeutend, für die damalige Zeit eine gute Einnahmequelle, dazu das Kennenlernen im Hinüber und Herüber, sobald es der Wasserstand der Elbe zuließ.

Dann kam bei den Händlern der Gedanke auf, die Geschäfte nicht vom Wasserstand der Elbe abhängig zu machen. Nein, es wäre gut, ein Stück vorzurücken, hinüber in das slawische Land, mit einem Stützpunkt vielleicht, in dem die begehrten Waren immer vorrätig gehalten werden konnten.

Es gab viele Möglichkeiten, eine Grenze durchlässig zu machen. Jenseits der Elbe ist es fast lautlos geschehen, am Anfang wenigstens, solange nur Krämer und Kaufleute über die Elbe gingen. Was sie mitbrachten, Honig, Pelze, Wachs, Teer, Bernstein, was sie zu erzählen hatten, weckte Neugier. Nicht lange, und die Kirche kam dazu mit missionarischem Eifer. Glaube und Kirche aber waren im Mittelalter gleichzusetzen mit Politik, und so wurde die Grenze bald weiter nach Osten vorgeschoben. So entwickelte sich nach und nach Pirna, bis es im späten Mittelalter der bedeutendste Handels- und Umschlagplatz an der Elbe war.

Die Sorben sind jener wendische Stamm, der noch heute ostwärts der Elbe zu Hause ist. Als ich ein Kind war, redete man ganz allgemein nur von den Wenden. Das war zwar nicht falsch, es war nur nicht präzise. Wenden nannte man alle slawischen Völker, die entlang der Elbe von Böhmen bis an die Ostsee siedelten. Aber nicht einmal das Wort Wenden habe ich als Kind gekannt. Meine Mutter, zu deren Heimat die wendischen Nachbarn gehörten, hat immer von den Spreewäldern geredet, und entlang der Spree sind sie ja auch heute noch ansässig.

Meiner Mutter verdanke ich es, ohne Vorurteile groß geworden zu sein, und eine meiner frühesten Kindheitserinnerungen ist mit den Spreewäldern verbunden: Anläßlich eines großen Heimatfestes, zu dem ein viel bewunderter Festzug gehörte, gingen meine Schwester und ich, als Spreewälderinnen angezogen, mit. Die Tracht der Spreewälderinnen hatte es meiner Mutter angetan, und sie hatte keine Kosten und Mühen gescheut, uns beide auf diese Weise auszustatten. Ich weiß noch, daß Tante und Patentante mit eingespannt wurden, und alle drei hatten mit dem Stecken der Schultertücher und vor allem mit dem Stecken der schönen Hauben vollauf zu tun, die meine Schwester und ich im Festzug trugen. Wir wurden ein vielbestauntes Paar.

Zentrum des sorbischen Siedlungsgebietes ist die Stadt Bautzen. Ein Stück Weges von Pirna dorthin liegt Stolpen, eine Burg, eine bischöfliche Feste, die ihren Namen nach dem säulenartigen Basaltfelsen hat, auf dem sie gebaut ist. Stolpno hatten die heidnischen Sorben sie genannt, was in ihrer Sprache Säulenort heißt. Die Bischöfe von Meißen aber machten dreihundertvierzig Jahre lang ihre Ansprüche von Stolpen aus geltend, bis ins Böhmische hinein.

Mit List und vielleicht auch mit Tücke kam die Burg Stolpen schließlich in den Besitz des sächsischen Kurfürsten. Er baute sie aus, und das wiederum kam den Anwohnern nach dem Dreißigjährigen Krieg zugute. Damals mußte die Burg Steine lassen zum Aufbau der verwüsteten Dörfer, so wie andere Festungen auch. Aber deshalb wäre Stolpen nicht der Rede wert in diesem Bericht, der von dem Land diesseits und jenseits der Elbe erzählen will. Stolpen ist vor allem von einer unendlichen Schönheit, schon von außen. Die Burg verdient den Beinamen *die Turmreiche,* das ist wahr. Da ist die Kräuterküche im Siebenspitzenturm, der Marstall mit seinem Kreuz- und Bogengewölbe, und vor allem der Gerichtssaal im Johannesturm mit seinem Sternengewölbe. Dieses spätgotische Sternengewölbe, in Sandstein gehauen, ist so vollendet schön, daß einen fröstelt, wenn man es sieht. Es fröstelt einen, weil man es nicht fassen kann, daß diese Leichtigkeit, diese Harmonie in Stein gehauen ist.

Der Johannesturm wird auch der Coselturm genannt. Deshalb nämlich, weil hier die Geliebte des Kurfürsten von Sachsen und Königs von Polen, Augusts des Starken, neunundvierzig Jahre lang in Haft saß, nachdem dieser August ihrer überdrüssig geworden war. Sie starb vierundachtzigjährig, und rechnet man neunundvierzig Jahre davon ab, so war sie fünfunddreißig Jahre alt, als er sie hier *einmauern* ließ. Eine schöne, wenn man dem Maler trauen darf, eine bezaubernd schöne Frau. Hier auf der Festung lebte sie, wartete sie, hoffte sie. Immerhin hatte ihr der König die Ehe versprochen, und sie hatte dieses Versprechen schriftlich. Warum hätte sie nicht hoffen sollen? Sie liebte August den Starken, und sie war nicht nur seine heimliche Frau gewesen, sondern auch seine politische Beraterin.

Diese Gräfin Cosel war die Tochter des dänischen Obersten von Brockdorf und schon zu ihrer Zeit eine emanzipierte Frau. Nicht, weil sie die Geliebte des Königs war, das waren und wurden viele, sondern weil sie sich bereits im Jahre 1704 von ihrem ungeliebten Mann scheiden ließ. Dieser Mann war Minister am sächsischen Hof, er gehörte zur ersten Garnitur der Gesellschaft, und nach einer Scheidung drohte ihr, aus dem Land gewiesen zu werden. Dazu kam es nicht, weil der Landesherr bereits so fasziniert von ihr war, daß er sie zur Gräfin Cosel machte und ihr, wie erwähnt, die Ehe versprach.

Der Cosel gefiel das neue Leben, sie re-

Anna Gräfin Cosel.

gierte mit und oft auch alleine. Vor allem aber rächte sie sich für die Gehässigkeiten des sächsischen Adels, die ihr während des Scheidungsprozesses angetan worden waren. So konnte es nicht ausbleiben, daß wiederum der Adel sich nach einem Ausweg umsah. Bei einem Landesherrn wie August dem Starken war das am leichtesten mit einer neuen Favoritin zu erreichen, und so kam es dann auch. Die Cosel war abgemeldet, und als sie sich weigerte, das schriftliche Eheversprechen herauszurücken, machte sie der König zu seiner Gefangenen auf der Burg Stolpen. Sie blieb es und mahnte den König ein Leben lang an sein gebrochenes Wort, und als der König starb und sein Sohn Kurfürst und König wurde, blieb sie freiwillig auf der Burg bis zu ihrem Tod.

Hat diese Standhaftigkeit die Einstellung ihrer Mitmenschen zu ihr beeinflußt, ihr Ansehen aufgebessert? Vielleicht. Erst wir Heutigen können ermessen, was für eine ungewöhnliche, standhafte und ehrliche Frau sie zu ihrer Zeit gewesen ist. Wer würde sonst noch von ihr reden?

Die Touristen jedenfalls und die Werktätigen, die alljährlich zu Tausenden in die Burg kommen und ihrem Bild gegenüberstehen, die sehen sie so.

Auf der Elbe schleppen die Kähne Sandstein an Pirna vorbei, talwärts. Blöcke und Brocken. Wie gut, daß es die Elbe gibt, auf Lastwagen läßt sich nicht viel von diesem Ladegut unterbringen. Unterhalb Pirnas, auf Dresden zu, gibt es keine Sandsteinbrüche mehr, aber die Stadt, die ihre Türme in der Ferne jetzt sehen läßt, braucht den Elbsandstein, wenn sie aufbauen will, was im Zweiten Weltkrieg zerstört worden ist. Sie will es, und sie tut es immer von neuem.

Im Krieg zerstört? Nein, der Krieg dauerte sechs Jahre, Dresden aber wurde innerhalb von Stunden zum Totengerippe. Es gibt kein anderes Wort für das, was von dieser Stadt damals übriggeblieben ist. Viele Städte sind in gleicher Weise untergegangen, aber nirgendwo war die Sinnlosigkeit der Zerstörung augenfälliger als in Dresden, ein Vierteljahr vor Kriegsende. In Dresden gab es keine Rüstungsindustrie, keine kriegswichtigen Betriebe, in Dresden gab es nur Kunst.

Drei Jahre später fuhr ich mit der Straßenbahn durch die Stadt. Es war ein kalter Sonntagvormittag. Früher hatten in Dresden zu dieser Tageszeit die Glocken geläutet: Frauenkirche, Kreuzkirche, Hofkirche. An diesem Sonntagvormittag lief niemand durch die Trümmer. Es war, wie gesagt, kalt, und die Straßen waren fast leer. Als die Fahrt eine Dreiviertelstunde gedauert hatte, glaubte ich es nicht mehr ertragen zu können. Ich wollte nicht mehr aus dem Fenster sehen, und ich mußte es.

Das also war übriggeblieben von dieser Stadt, die Johann Gottfried Herder *Elbflorenz* genannt hatte. Elbflorenz, das war nicht übertrieben. Die Elbe gab der Stadt das Gepräge, die Elbe hatten alle Baumeister in ihre Pläne mit einzubezie-

Der Untergang von »Elbflorenz«

Blick auf das zerstörte Dresden. Der Luftangriff kurz vor Kriegsende 1945 traf die mit Flüchtlingen überfüllte Stadt unvorbereitet. Wie vorher in Hamburg, kamen Zehntausende im Feuersturm um.

hen gehabt. Der bedeutendste Baumeister war Matthäus Pöppelmann. Und sein Auftraggeber war August der Starke, Kurfürst von Sachsen und König von Polen, es war schon die Rede von ihm. Was zu seinen Lebzeiten Entwurf und Plan blieb, ließ sein Sohn August vollenden. Er hieß zwar nur August III., aber es wurde ihm der gleiche Kunstsinn nachgerühmt wie seinem Vater. Sonst aber so gut wie nichts.

August der Starke war ein Verschwender in allem: Kraft, Ideen, Liebe, Phantasie, und dennoch ein Fürst, der die Realität nie aus den Augen verlor. Er wollte Macht und Würde, aber möglichst ohne Krieg. So, wie er zur Krone Polens gekommen war: mit Geld und dem Übertritt zum katholischen Glauben. Kaum hatte er sich diese Krone aufs Haupt gesetzt, brach der Nordische Krieg aus. Der junge Schwedenkönig Karl XII. fiel in Polen ein.

Also mußte August der Starke mobilmachen und in den Krieg ziehen. Mit ihm zogen seine Sachsen in das fremde Land und bezahlten die Krone ihres Königs mit ihrem Blut und ihrem Leben.

Den jungen Schwedenkönig hielten sie trotzdem nicht auf. Er besetzte Polen, marschierte weiter nach Sachsen und zwang August den Starken, auf den polnischen Thron zu verzichten. Und August der Starke, der die Statur eines Herkules hatte, der ein außerordentlicher Fechter und Reiter war, der Silberteller zusammenrollte und Hufeisen zerbrach, der, wie es hieß, wenn er bei Laune war, seinen Hoftrompeter am ausgestreckten Arm aus dem Fenster hielt, dieser August mußte sich dem jungen Spund von einem Schwedenkönig fügen. Fünf Jahre später, als den Schwedenkönig das Kriegsglück verließ, saß August wieder auf dem polnischen Thron.

Wie das Leben so spielt, sagten seine Landeskinder und mischten wieder Eier und Quark unter den Mörtel, den sie für die Bauwerke zu liefern hatten, und sie plagten sich wieder in den Steinbrüchen des Elbsandsteingebirges. August aber konnte sich von neuem dem Leben hingeben, das er liebte: den Festen, den Frauen und seiner Residenz.

Sein Ziel war, Dresden zu einem Kleinod der Baukunst zu machen, mit den Palästen entlang der Elbe ein Stadtbild zu erreichen, das es nirgendwo in Europa gäbe. Wollte er sich damit ein Denkmal setzen? Vielleicht auch das. Vor allem

August der Starke, Kurfürst von Sachsen und König von Polen, Bauherr von »Elbflorenz«.

aber wollte er sich selbst daran erfreuen, wollte sich mit Schönheit und Vollkommenheit umgeben.

Und Matthäus Pöppelmann baute ihm, was bis zum heutigen Tag das Wahrzeichen Dresdens ist, den Zwinger. Mit seinem unvergleichlichen Kronentorm, dem die Gemäldegalerie gegenüberliegt; in der Diagonale zur Elbe hin stehen sich Glockenpavillon und Wallpavillon gegenüber. Pöppelmann erweiterte ihm das Schloß um das Taschenbergpalais, und für die Porzellansammlung baute er ihm das schlichte Holländische Palais zum Japanischen aus.

Zu dieser Zeit hat die Elbe auch jene Brücke bekommen, von der es hieß, sie wäre ein Weltwunder. Keine andere

Stadt, nicht einmal Hamburg, das der Elbe so viel verdankt, hat ihr eine solche Brücke gebaut wie der Baumeister aus Westfalen, Pöppelmann. Heilige müsse sie nicht haben, hatte ihm der König gesagt, aber schön müsse sie sein. Die Bögen müßten luftig und leicht sein, gerade so, als schwebten sie über dem Wasser.

Inmitten des großen Elbbogens, von Dresden-Neustadt hinüber zum anderen Elbufer, zur Residenz, schwangen sich Jahre später siebzehn Bögen. Auf jeder Seite hatte diese Brücke, die den Namen des Königs erhielt, rundbogige Austritte, bestimmt für die Menschen, die über die Brücke gingen und sich an dem Blick die Elbe hinauf und hinunter erfreuen wollten. Kein Brückenheiliger stand darauf, dafür aber ein meisterhaftes Kruzifix aus dem Jahre 1658 und ihm gegenüber die Statuen Saxonia und Polonia: Sachsen und Polen im Schutz des Erlösers.

Der Sohn Augusts des Starken fügte dieser wunderbaren Brücke den Auftakt hinzu. Er ließ auf dem Neustädter Markt das Reiterstandbild seines Vaters aufrichten, in vergoldetem Kupfer. Es war die glanzvolle Eröffnung zu dem, was am anderen Ufer wartete, die Residenz, die Kirchen mit ihren Türmen, die Brühlsche Terrasse, die Gärten, die Parks. Die Brühlsche Terrasse galt als der *Balkon Europas.*

Dieser Anblick des Elbbogens hat alle hingerissen, die ihn jemals gesehen haben. An den finanziellen Teil haben die späteren Betrachter nicht mehr gedacht.

Daß für diese Pracht ungeheure Summen nötig waren, liegt auf der Hand. Woher kamen sie damals? So fleißig die sächsischen Landeskinder auch sein mochten, das konnten sie nicht erarbeiten, weder die Bergleute im Erzgebirge noch die Leineweber in der Lausitz. Und was Handwerker und Bauern an Steuern aufbrachten, es war alles der bewußte Tropfen auf den heißen Stein.

Der Elbzoll, der an den Stapelplätzen eingezogen wurde, mochte einbringen, soviel er wollte, er fiel in ein Faß ohne Boden. Und so hatten es die Leipziger Kaufherren nicht schwer, den König von der Notwendigkeit zu überzeugen, daß Leipzig seine Bedeutung als Messestadt und als Stapelplatz unbedingt behalten müsse. Leipzig, sie wußten es, brachte Geld in die königlichen Kassen, viel Geld. Deshalb war der König bereit, seinen Plan, einen Kanal von der Elbe zur Oder zu bauen, an den Nagel zu hängen, schweren Herzens. Er hatte damit den Handel zu seinem Königreich Polen erleichtern wollen, denn was war Sachsen gegen die Größe Polens! Warschau war weit und Leipzig nahe. Leipzig war der wichtigste sächsische Handelsplatz auf dem Weg von Süddeutschland nach dem ganzen Osten, nach Schlesien, Ungarn, Rußland und zurück.

Bedenken Euer Majestät nicht nur die Steuern und Zölle, die in Leipzig hängenbleiben, auch sonst ist Leipzig eine Stadt mit gefüllten Kassen. Leipzig versteht es, Geschäfte zu machen.

Und Majestät begriff.

Von der Sächsischen Schweiz in die Altmark

Das schöne Dresden

Aber auch das alles reichte nicht aus, diese Bauwerke zu finanzieren und dazu die Hofhaltung des Königs. Deshalb war es kein Wunder, daß der König aufhorchte, als ihm eines Tages mit Eilkurier die Meldung ins Schloß kam, in Wittenberg hätte ein junger Mensch um königlich-sächsischen Schutz gebeten. Er hieße Johann Friedrich Böttger und wäre mit einer außerordentlichen Fähigkeit begabt. Gebürtig wäre er übrigens aus Schleiz.

»Und warum braucht er sächsischen Schutz, wenn er ein geborener Sachse ist und sich in unserem Wittenberg aufhält?«

»Euer Majestät, der junge Mann hat, wenn man so sagen darf, einen etwas verworrenen Lebenswandel. Er ist mit vierzehn Jahren als Apothekergehilfe nach Berlin gegangen und hat schon nach zwei Jahren seine Prüfung gemacht. Er muß demnach außerordentlich begabt sein.«

»Ach, mein Gutester, was hat es denn auf sich mit dem jungen Mann?«

»Euer Majestät, um es ohne Umschweife zu sagen: Er versteht sich darauf, Gold zu machen.«

»Gold –« Der König räusperte sich. »Hast du Gold gesagt? Gold?«

»So ist es, Euer Majestät, zumindest behauptet er das. Deshalb hat ihn der preußische König in Gewahrsam nehmen wollen, denn Gold – wenn einer jemanden im Land haben kann, der Gold macht, kann man es ihm nicht verdenken, daß er ihn behalten will.«

»Nu weiß Gott ja«, sagte der König. »Aber wo ist denn der junge Mensch?«

»Immer noch in Wittenberg, Euer Majestät.«

»Er muß auf dem schnellsten Weg nach Dresden, hierher zu mir aufs Schloß.«

So kam es, daß Johann Friedrich Böttger kurze Zeit später in Dresden eintraf und ins Schloß gebracht wurde. Und er war kühn genug, dem König gegenüber zu behaupten, daß es ihm eigentlich an nichts weiter fehle als an Geld, um alle Zutaten kaufen und alle Experimente durchführen zu können. Außerdem an einer Möglichkeit, ungestört zu arbeiten.

»Du sollst alles kriegen, mein Sohn«, sagte der König. Und das mußte sich für Böttger wie ein Märchen anhören.

Sein Aufenthalt in Dresden war aber auch nichts anderes als ein Ingewahrsam-Nehmen wie vorher in Preußen, denn so viel Zweifel dem König auch gekommen sein mögen, fortfliegen sollte ihm diese Gans, die womöglich eines Tages doch goldene Eier legen würde, auf keinen Fall. Sie legte eines Tages Eier, und aus heutiger Sicht kann man sogar sagen, es sind goldene gewesen. Aber davon soll später die Rede sein.

Für August den Starken blieb der Schuldenberg und keine Aussicht darauf, ihn auf chemischem Wege durch Böttgers Gold abtragen zu lassen. Das hin-

Seite 96/97:
Blick auf die Altstadt von Dresden zu Beginn des 19. Jahrhunderts. Im Vordergrund die Augustusbrücke mit ihren 17 Bögen mit Blick auf die Hofkirche.

derte ihn keineswegs daran, weiterzubauen und ausschweifend zu leben.

Seltsam ist, daß zwischen diesem verschwenderischen August dem Starken und dem knauserigen preußischen König eine wirkliche Freundschaft bestand. Vielleicht bewunderten sie sich gegenseitig, vielleicht beneidete einer den anderen um die Fähigkeit, so zu leben, wie sie lebten. Aber sicher ist, daß sich der sächsische Hof halb totlachte, als Friedrich Wilhelm I. von Preußen, Soldatenkönig genannt, *seinem lieben Bruder* August von Sachsen das Angebot machte, kostbare Vasen aus chinesischem Porzellan gegen ein Regiment Soldaten einzutauschen, und das alles, weil er Soldaten haben, aber keine neuen Schulden machen wollte. Denn Schulden hatte ihm sein Vater einen ganzen Sack voll vererbt. Wie mag der sächsische Hof seine Witze gemacht haben über diese spießige, preußische Redlichkeit?

Das Lachen verging den Sachsen im Jahre 1745, als sie in der Schlacht bei Kesselsdorf unter maßgeblicher Beteiligung der *Porzellan-Dragoner* vernichtend geschlagen wurden. Damit waren die Sachsen keine Großmacht mehr. Die Reiter, die daran mitgewirkt haben, trugen blau-weiße Uniformen, den Farben der fast mannshohen Vasen entsprechend, gegen die man sie getauscht hatte.

Porzellanvasen, Porzellan überhaupt, das war wie ein Rausch zu dieser Zeit. Wer fragte am sächsischen Hof nach Schulden, wenn es darum ging, diese wunderbaren zerbrechlichen Kunstwerke aus dem Fernen Osten zu sammeln!

Jeder is andersch albern, sagen die Sachsen, und was für August die Kunst war, waren für Friedrich Wilhelm I. die Soldaten. Er war derjenige, der den Tick mit den Langen Kerls hatte, von denen jeder mindestens einen Meter neunzig messen mußte. Er war auch derjenige, der seine Soldaten *seine lieben Kinder* nannte und der es fertigbrachte, bis auf eine kurze Ausnahme, seinen Soldaten einen Krieg zu ersparen.

Aber was weiß die Elbe davon? Nichts, wie könnte es anders sein. Ihr ist aufgetragen zu fließen, zu fließen, bis sie ihr Ziel erreicht hat und sich auflöst im Meer.

Aber das Leben rechts und links an ihren Ufern, die Menschen, die dort leben, wohnen und wirken, die zu allen Zeiten Hunger und Durst hatten, gelacht und geweint haben, hätte die Elbe bei ihnen in besonders schönen Augenblicken verweilen sollen, wenn sie gekonnt hätte?

An einem warmen Frühlingsabend vielleicht, wenn die Portale der Kreuzkirche geöffnet waren und die wunderbaren Stimmen des Kreuzchores den *Messias* von Georg Friedrich Händel sangen? Oder hätte sie ihren Lauf anhalten sollen zu jener Stunde, als der Sohn Augusts des Starken seinen Thronsessel beiseite rückte, um dem Gemälde besseres Licht zu verschaffen, das er für sechsundzwanzigtausend Gulden in Italien gekauft hatte – worüber sich seine sonst so geduldigen Landeskinder den Mund zerrissen?

Madonna mit Kind, was war denn besonderes daran?

So e Bild, sagten die Sachsen in ihrer unvergleichlichen Mundart, *hätt unser Geenich doch wahrhaft'ch och billjer haben gennen.* Nein, dieses Bild war nicht preiswerter zu haben, und es war durchaus nicht zu teuer gekauft. Aber wer weiß denn das im Tageskurs der Politik? Bis zum heutigen Tage kommt es einer Wallfahrt gleich, dieses Bild zu sehen, und es kommen nicht nur Kunsthistoriker, sondern auch einfache Menschen aus der ganzen Welt: Raffaels Sixtinische Madonna. Die größte Wirkung übte das Bild auf die deutschen Romantiker aus, die ihre ganze Kunstbetrachtung darauf stellten. Ihre Gefühlsausbrüche, die sie vor dieser Madonna hatten, sind uns heute, die wir täglich mit Bildern überschüttet werden, kaum noch verständlich. Einer von ihnen, Henrik Steffens, schreibt:

In der italienischen Sammlung sah ich bloß die Madonna – bei Gott! nichts als die Madonna ... So wirkte noch nie ein Bild auf mich. Sie sahen mich, sie sehen mich noch an, sie stehen dicht vor mir, die großen, hellen, blauen Augen, die eine Unendlichkeit abspiegeln. Alles, was ich je gefühlt und geahndet hatte, alle die unbestimmten Bilder, die, eingehüllt in trüben Nebeln, meiner Seele vorschwebten, das ganze bunte Gewimmel meines inneren Lebens strahlte mir verherrlicht aus diesen Augen entgegen. Was ich fühlte, nenne ich Andacht, wahre, religiöse Andacht, Anbetung, weil ich sonst kein Wort weiß.«

Die Entdeckung des Gefühls ist es, die dazu führt, daß ein später Nachfahre der Romantiker, Carl Gustav Carus, Arzt, Dichter und Maler, in Dresden die Wissenschaft von der Psychologie begründet. Einen Abglanz von den neu entdeckten Welten in der eigenen Seele vermittelt auch Friedrich Schiller, der am 13. September 1785 von Leipzig nach Dresden reiste und an seinen Freund Huber schrieb:

Unsere Hinreise war wirklich sehr angenehm, schade nur, daß der Abend und die Nacht uns beim Eintritt in die schöne Landschaft überfiel. Als auf einmal, und mir zum erstenmal, die Elbe zwischen zwei Bergen heraustrat, schrie ich laut auf. Oh, mein liebster Freund, wie interessant war mir das alles. Die Elbe bildet eine romantische Natur um sich her, und die schwesterliche Ähnlichkeit dieser Gegend mit dem Tummelplatz meiner frühen dichterischen Kindheit macht sie mir dreifach teuer.

Er blieb eine ganze Weile in Elbnähe, und in seinem Zimmerchen im Weinberg schrieb er am Drama *Don Carlos* und die Ode *An die Freude.* Das alles wäre nicht so geraten ohne die Stille des Weinberges in Loschwitz und den Blick zur Elbe hinunter. Deshalb hat sie Anteil an der Weltliteratur.

Und wie ist es mit Mozart? Er war ebenso Gast im Haus von Dr. Gottfried Körner wie Schiller im Körnerschen

Weinberghäuschen. Als Mozart sich 1790 in Dresden aufhielt, war er täglich bei den Körners. Er ließ mehr als einmal Suppe und Vorspeise kalt werden, wenn es ihn ans Klavier zog. Die Körners gewöhnten sich daran, mit dem Essen allein zu beginnen, denn es war unmöglich, Mozart aus seiner Versunkenheit an den Tisch zu holen.

Die Körners, vermögend, wie sie waren, führten ein ungewöhnlich aufgeschlossenes Haus. Sie hatten ein Gespür für alles künstlerisch Neue, und Dr. Gottfried Körner war stets bereit zu helfen, zu beraten, zu fördern, wo er konnte. Wer nach Dresden kam und eine Bleibe suchte, wandte sich an die Körners. Diese Körners waren die Eltern von Theodor Körner. Der Sohn wurde geboren, als Schiller das Haus im Weinberg schon verlassen hatte. Voller Stolz berichtet Gottfried Körner in vielen Briefen von den Fortschritten seines Sohnes. So konnte es gar nicht ausbleiben, daß der kleine Theodor mit den Versen Schillers groß wurde.

Wohlauf, Kameraden, aufs Pferd,
aufs Pferd!
Ins Feld, in die Freiheit gezogen!
Im Felde, da ist der Mann noch was
wert,
da wird das Herz noch gewogen,
da tritt kein anderer für ihn ein,
auf sich selber steht er da ganz allein.

Man muß die Zeit bedenken, in der Schiller diese Verse schrieb. In Frankreich war Revolution, und was für eine! Schiller hatte sie zu Anfang gepriesen, um der Gerechtigkeit willen für das Volk, für jedermann. Als sie aber immer mehr Menschenleben forderte, als sie geradezu in Blut badete, schrieb er: *Ich kann seit vierzehn Tagen keine französische Zeitung mehr ansehen, so ekeln diese elenden Schinderknechte mich an.*

Und dann wurde Napoleon von dieser Revolution hochgeschwemmt, und es dauerte nicht lange, und er fing an, die Länder und Grenzen Europas nach seinen Vorstellungen und seinem Schlachtenglück neu zu ordnen. Wer sich mit ihm anlegte, verlor die Partie.

Wollte der Kurfürst von Sachsen, der Gerechte genannt, deshalb neutral bleiben? Wollte er sich, wenn irgend möglich, heraushalten aus diesen Machtkämpfen zwischen Frankreich und Österreich, zwischen Frankreich und Preußen? Es gelang ihm nicht. Als Preußen in einer einzigen Schlacht bei Jena und Auerstedt von Napoleon geschlagen wurde, gingen auch siebentausend sächsische Soldaten in Gefangenschaft – für kurze Zeit. Napoleon verleibte sie sehr schnell seiner Armee ein, wofür er den Kurfürsten zum König von Sachsen ernannte. Außerdem besetzte er die Übergänge über die Elbe, und zudem fand er, daß sich Sachsen sehr gut als Aufmarschgebiet eignete, sowohl nach Preußen als auch nach Österreich hin, und daß die fruchtbare Landschaft zwischen Meißen und Magdeburg, rechts und links der Elbe, wie geschaffen war, seine Armee zu ernähren.

Links: *Zentrum Dresdens war der Altmarkt mit der Kreuzkirche, auf dem hier im Jahre 1709 ein Turnier vorbereitet wird.* Unten: *Die berühmtesten Ansichten von Dresden hat der Venezianer Canaletto II. gemalt, hier die Augustusbrücke mit der Hofkirche rechts und der nach 1945 nicht wieder aufgebauten Frauenkirche im Hintergrund.*

Oben: *Mittelpunkt des Hofes war die kurfürstliche Schloßresidenz. Links die Hofkirche, rechts die Frauenkirche.* Links: *Im Vergleich dazu eine Zeichnung der Dresdener Innenstadt nach der Zerstörung im Jahre 1945.*

Links: *Der Neumarkt war das zweite Zentrum Dresdens. Im Blickpunkt steht die Frauenkirche von Georg Bähr, Deutschlands bedeutendster protestantischer Kirchenbau, die jedoch nach dem 2. Weltkrieg zur Erinnerung an die Opfer als Ruine stehengelassen wurde. Der Maler des Bildes war Bernardo Belloto, genannt Canaletto II.* Unten: *Blick auf den Elbbogen mit der Augustusbrücke.*

Oben: *Blick in das Innere der heute zerstörten Frauenkirche.*
Rechts oben: *Das Elbufer mit der Brühlschen Terrasse und der katholischen Hofkirche.*
Rechts: *Die Hofoper von Gottfried Semper brannte im Jahre 1869 aus, sein Sohn Manfred baute sie wieder auf. Nach der Zerstörung 1945 wurde sie zum dritten Male errichtet und 1985 eingeweiht.*

Otto Dix hat viele Jahre seines Lebens in Dresden zugebracht. Oben: *Mittelbild seines Triptychons »Großstadt« aus den Jahren 1927/28.* Rechts: *Otto Dix mit Bildnis »Tamara« (1932).* Ganz oben rechts: *Plakat der expressionistischen Künstlergemeinschaft »Die Brücke«.* Darunter: *Erich Kästner.*

Ich lief einen Tag lang kreuz und quer durch die Stadt, hinter meinen Erinnerungen her. Die Schule? Ausgebrannt... Das Seminar mit den grauen Internatsjahren? Eine leere Fassade... Die Dreikönigskirche, in der ich getauft und konfirmiert wurde? In deren Bäume die Stare im Herbst, von Übungsflügen erschöpft, wie schrille schwarze Wolken herabfielen? Der Turm steht wie ein Riesenbleistift im Leeren... Das Japanische Palais, in dessen Bibliotheksräumen ich als Doktorand büffelte? Zerstört... Die Frauenkirche, der alte Wunderbau, wo ich manchmal Motetten mitsang? Ein paar klägliche Mauerreste... Ich habe den Schmerz kontrolliert. Er wächst nicht mit der Anzahl der Wunden. Er erreicht seine Grenzen früher. Was dann noch an Schmerz hinzukommen will, löst sich nicht mehr in Empfindung auf. Es ist, als fiele das Herz in eine tiefe Ohnmacht.

November 1946　　　　　　　　　　　　　　　　Erich Kästner

Oben: *Das berühmteste Bauwerk Dresdens ist der Dresdner Zwinger, 1711–22 von Matthäus Pöppelmann erbaut und von Balthasar Permoser ausgeschmückt. Blick über den Hof auf den Wallpavillon.*
Rechts: *Die Brühlsche Terrasse wurde »Balkon Europas« genannt. Minister Graf Brühl errichtete sie im Jahre 1740 als Lustgarten anstelle eines Festungswalles. Vor der Terrasse liegt die »Weiße Flotte«.*

Nicht empfänglich für landschaftliche Schönheit, residierte er oft in Dresden. Dann war auf der Augustusbrücke, im Großen Garten und in den Elbpromenaden mehr Französisch zu hören als sächselndes Deutsch.

Von Dresden aus, es war das Jahr 1812, traf Napoleon die letzten Vorbereitungen für seinen Krieg mit Rußland. Und selbst diejenigen, denen er wahrhaftig vertraute, konnten ihn nicht von diesem Krieg abbringen. Ein halbes Jahr später kam er bei Nacht und Nebel nach Dresden zurück, in jenem Schlitten, von dem schon einmal die Rede gewesen ist. Ein Geschlagener, ein Besiegter – und Europa hielt den Atem an. Alle Länder Westeuropas hatten ihm Soldaten stellen müssen, und es gab kaum eine Familie, die nicht einen Toten zu beklagen hatte.

Europa hielt also den Atem an, und es dauerte nicht lange, da rührte es sich, zuerst unter den Studenten, dann bei den Turnvereinen, in der Bevölkerung überhaupt.

Wohlauf, Kameraden, aufs Pferd,
aufs Pferd!
Ins Feld, in die Freiheit gezogen . . .

Noch nie war sich ein Volk so einig gewesen. Mit Steuern und Abgaben hatte sich Napoleon seine Kriege bezahlen lassen, und noch immer saßen die Franzosen in den Städten als Besatzung und lebten einen feinen Tag, und auf dem Land fraßen ihre Pferde den Bauern die Scheunen leer.

Aber jetzt war die Stunde gekommen, jetzt mußte das Eisen geschmiedet werden, und Preußen, Österreich und Rußland schmiedeten es. Die Diplomaten und ihre Sekretäre kamen nicht mehr aus ihren Reisekleidern und den Kutschen. Innerhalb von Monaten waren sich der Zar von Rußland, der Kaiser von Österreich und der König von Preußen einig und ihre Untertanen mit ihnen. Zum erstenmal begriffen die Menschen, was das Wort Freiheit bedeutet, für jeden einzelnen, und das Wort Vaterland.

Soll man lächeln oder den Kopf schütteln über den Taumel, in den alle gerieten? Die einen schenkten ihre goldenen Trauringe her, die anderen ihr silbernes Besteck. Die Bauern brachten ihre letzte Kuh und teilten das letzte Korn mit dem König. Sie holten den Sparstrumpf unter den Fußbodenbrettern hervor und die neuen Stiefel.

Das klingt übertrieben, aber so ist es gewesen, auch in Sachsen, auch in Dresden. Niemand wollte abseits stehen – außer dem sächsischen König. Sachsen blieb auch in dieser Zeit mit Napoleon verbunden. Der König wollte seinem Volk das Blutvergießen ersparen und beschwor es damit herauf. Hinterher ist es ja immer leicht zu sagen: Wie beschränkt muß dieser sächsische König gewesen sein, hinterher, wenn man weiß, wie es ausgegangen ist.

Der geschlagene Napoleon, nach Paris zurückgekehrt, hatte nichts Eiligeres zu tun, als neue Soldaten ausheben zu lassen, und in Sachsen baute er seinen Widerstand gegen das übrige Europa auf. So blieb allen sächsischen Untertanen nichts anderes übrig, als sich den Preußen anzuschließen, wenn sie nicht noch einmal auf der Seite Napoleons kämpfen wollten.

Unter ihnen war Theodor Körner, der Zweiundzwanzigjährige, vor dem ein wunderbares Leben lag, der in Wien gerade zum Hofdichter am Burgtheater bestellt worden war. Theodor Körner ließ sich bei den Lützower Jägern, einem Freikorps, anwerben.

Wohlauf, Kameraden, aufs Pferd,
aufs Pferd!
Ins Feld, in die Freiheit gezogen . . .

Damit war er groß geworden, jetzt riß diesen sensiblen jungen Mann die Strömung mit. Wie ernst es ihm war, beweist der Brief, den er am 10. März 1813 an seinen Vater schrieb: *Ja, liebster Vater, ich will Soldat werden, will das hier gewonnene, glückliche und sorgenfreie Leben mit Freuden hinwerfen, um, sei es auch mit meinem Blute, mir ein Vaterland zu erkämpfen.* Und sein Vater antwortete ihm: *Wir sind ganz einig.* Theodor Körner wurde tatsächlich Soldat, Lützower Jäger. Und der Tod nahm ihn beim Wort. Er fiel in Mecklenburg bei einer Ortschaft, die ausgerechnet Gottesgabe heißt. Und seine Eltern waren tatsächlich mit ihm einig. Sie ließen sich später neben ihrem Sohn in Wöbbelin, nicht so weit von der Elbe entfernt, begraben.

So fanden im Jahre 1813 die Freiheitskriege statt, wie die Nachwelt sie genannt hat. In Sachsen marschierte die französische Armee auf, und Napoleon residierte in Dresden, im Palais Marcolini. An der Augustusbrücke ließ er die Regimenter an sich vorbeimarschieren, bevor sie in ihre Stellungen gingen. Für jedes Regiment hatte er ein ganz persönliches Wort, das die Soldaten immer wieder hinriß, ihm ihr *Vive l'empereur* zuzurufen. Jeder fühlte sich von ihm angesprochen, jeder fühlte sich bei ihm in den besten Händen.

Aber wer konnte schon Napoleon ins Herz sehen? Graf Clemens Metternich kam im Auftrag des österreichischen Kaisers noch einmal nach Dresden und redete ihm ins Gewissen. »Sire, mein Weg hat mich durch Ihre Regimenter geführt, Ihre Soldaten sind Kinder. Werden Sie, wenn auch diese dahingerafft sind, noch jüngere Rekruten einberufen?« Napoleon antwortete ihm: »Was wollen Sie? Sie sind nie Soldat gewesen, und Sie wissen nicht, was eine Soldatenseele ist. Sie haben nicht im Lager gelebt, aber ich bin im Lager aufgewachsen und habe fremdes wie eigenes Leben verachten gelernt. Ich spucke auf das Dasein von zweimal hunderttausend Menschen.«

Darüber war Graf Metternich so betroffen, daß er eine Weile brauchte, um sich zu fassen. Schließlich sagte er: »Warum soll ich allein dies anhören, Sire, öffnen wir die Türen, öffnen wir die Fenster, damit Ihre Worte von ganz Europa gehört werden. Die Sache, die ich hier vor Ihnen vertrete, wird dabei nicht verlieren.«

Nein, sie verlor nicht, aber sie mußte mit ungeheuren Verlusten bezahlt werden. Ende August war Napoleon noch einmal ein blutiger Sieg bei Dresden beschieden, den E. T. A. Hoffmann, ein Augenzeuge, geschildert hat. Ihn zu sichern, war ihm jedes Mittel recht. Die Gefangenen, Russen, Österreicher, Preußen, sperrte er in die Kreuzkirche ein. Sie sollten, wenn die Verbündeten Dresden bombardierten, die Opfer werden. Den sächsischen König, der sich nicht aufraffen konnte, zu den Verbündeten zu gehen, führte Napoleon als Geisel mit sich, als er Dresden verließ.

Monatelang ging der Kampf hin und her, monatelang wechselte das Kriegsglück hinüber und herüber. Mitte Oktober 1813 entschied sich Napoleons Schicksal bei Leipzig. Dieser dreitägige Kampf ist später die Völkerschlacht genannt worden. Zu ihrem Andenken wurde ein Denkmal errichtet, nicht – und das war gewiß neu – von obrigkeitlicher Seite, dieses Denkmal wollte das Volk haben. Das Volk ließ es errichten, Kinder und Kindeskinder jener Menschen, die damals für die Freiheit zu kämpfen und zu sterben bereit waren. Es ist ein Denkmal für die Freiheit und für alle Opfer insgesamt. Wer aber erinnert sich an den einzelnen Menschen, der hüben wie drüben abends am Biwakfeuer gelegen hat, naß vom Regen, todmüde vom Marschieren und dazu nicht einmal satt.

Da war Dimitri vom Don, der Kosak, der an eine Kascha dachte, einen Hirsebrei, über den sich der goldene Ahornsirup ringelte, oder an Blinis, lockere Pfannkuchen, ah, ah, wie es prasselte und zischte, wenn der Teig in die heiße Pfanne lief. – Nein, es waren ja nur die nassen Äste im Biwakfeuer.

An einer anderen Stelle, bei den Österreichern, lag der Edinger Franzl. Ihm gaukelte das schwelende Biwakfeuer den Duft nach einem Schweinsbraten vor. Und der Heinrich aus dem Schlesischen saß in Gedanken vor einer großen Schüssel voll Himmelreich: Backobst gekocht, mit einem Stück fetten, geräucherten Fleisch und Klößen dazu. Der Duft, der jedesmal durch das Haus zog, ach, warum knurrte bloß der Magen so sehr!

Fritze aus Neuruppin dachte an Karpfen, selber gefischt aus dem Ruppiner See und blaugesotten und braune Butter darüber und frischgeriebenen Meerrettich. Für Karpfen blau war er bereit, mitten in der Nacht aufzustehen.

Drüben bei den Franzosen brannten die Biwakfeuer ebenso recht und schlecht nach dem Regen. Drüben saß zwischen den anderen Marcel aus dem Südfranzösischen. Er war nahe an die Flammen herangerückt und wurde doch nicht warm. Er schloß die Augen und dachte: Duftet es nicht, als hätte jemand Thymian hineingestreut und wilden Majoran? Duftet es nicht, als wäre Tante Claudine dabei, eine Fischsuppe zu kochen, eine Bourride? Marcel schloß die Augen. Steht nicht auf dem Feuer ein Topf, in dem Fisch, Gräten und Köpfe vor sich hin simmern? Marcel legte den Kopf auf die angezogenen Knie. Das Feuer knackte, knisterte, und er dachte: Jetzt schneidet Tante Claudine das frische Weißbrot auf, um es in Knoblauchbutter zu rösten. Ach, Tante Claudine, wenn ich das alles überstehe, dann komm ich zu dir auf deinen kleinen Hof, von dem aus man das Meer sehen kann, auf dessen Dach immer die Sonne scheint, über dem immer ein blauer Himmel steht. Auf deinen kleinen Hof mit dem alten Olivenbaum neben dem Haus komme ich, an dem du manchmal die Ziege festbindest. Du wirst dann einen Krug Wein aus dem Keller holen und ihn zu der Terrine mit der Fischsuppe stellen und der kleinen Schüssel mit der Knoblauchmayonnaise. Liebe Tante Claudine, ich sehe das alles vor mir, und ich höre, wie du die Suppe in die Teller schöpfst, und ich werde dir von dem Fluß erzählen, der Elbe heißt.

Nicht weit davon, in einem anderen Lager, war Georg aus Dresden. Er hatte Wache. Und als er so die Reihe der Biwakfeuer entlangging, rechts, links, rechts, links, und der Hunger ihm den Magen zusammenstauchte, dachte er: satt, eenmal richtig satt. Een Stücke Stollen aus unsrer Backstube, so wie'n der Vater bäckt, königlicher Hoflieferant. Rechts, links, rechts, links. Der Duft, wenn ich bloß an den Duft denke, läuft mir's Wasser im Munde zusammen. Eenmal noch in der warmen Backstube, wenn's Hefestück aufgegangen ist und der Vater anfängt, den Teig zu kneten. Die warme Milch, 's Schmalz, die gemahlnen Mandeln, 's Mehl, die Rosinen, 's Zitronat, alles steht da. Und wenn der Teig geknetet ist, rein damit in den Ofen und gut aufgepaßt. Und wenn se dann rauskommen, duftend und kaffeebraun und der Vater se mit Butter einpinselt und dick mit Puderzucker bestreut – der Anblick, nee, der Anblick! Wie neugeborene Wickelkinder liegen se auf den Blechen. – Rechts, links, rechts, links.

Georg aus Dresden ging seine Wache ab, und mit jedem Schritt rückten die drei schicksalsschweren Tage näher, zu deren Andenken das Denkmal in Leipzig errichtet worden ist.

Auch in Dresden gibt es ein Denkmal, das erinnern soll. Es hat nichts von der monumentalen Größe des Denkmals in Leipzig. Dafür bringt es dem Betrachter die Tragik näher, das Sterben jedes einzelnen. Es ist errichtet worden zum Gedenken an den Untergang Dresdens am 13. Februar 1945. Der Tod hätte sich keine makabreren Stunden auswählen können als diese für seinen Tanz! Es war der Fastnachtsabend. Um Mitternacht würde alles zu Ende sein für eine Stadt, die ein wunderbares Kunstwerk gewesen war, und für sechzigtausend Menschen. Vielleicht waren es viel mehr, vielleicht nicht ganz so viel, sicher ist, daß es nicht nur Dresdner waren, die auf den Straßen und in den Kellern starben durch die Bomben britischer und amerikanischer Flugzeuge. Sicher ist, daß es zigtausend Menschen traf, die vor der heranrückenden Front im Osten nach Westen fliehen wollten. In Dresden war der Bahnhof verstopft, in Dresden mußten sie warten, in Dresden war es ja auch, wäre der Winter nicht gewesen, nicht so schlimm zu warten. Dresden war eine unzerstörte, heile Stadt, auf Dresden hatte noch kein Luftangriff stattgefunden, Dresden lag wie eine Insel da, geborgen, schön. Dann aber heulten plötzlich die Luftschutzsirenen auf. Fliegeralarm. Die Menschen gingen in die Keller ohne besondere Eile. Ja, es war Krieg, aber in Dresden . . .

Und dann wurde Dresden in wenigen Stunden zur toten Stadt. So mag Pompeji verbrannt sein unter der feurigen Lava, die der Vesuv ausspie. Aber in Pompeji fand ein Naturereignis statt, nicht zu vergleichen mit diesem Feuersturm, den Soldaten aus ihren Flugzeugen klinkten.

Der Dichter Gerhart Hauptmann, zufällig in Dresden, schrieb der Stadt die Totenklage:

Wer das Weinen verlernt hat, der lernt es wieder beim Untergang Dresdens. Dieser heitere Morgenstern der Jugend hat bisher der Welt geleuchtet. Ich weiß, daß in England und Amerika gute Geister genug vorhanden sind, denen das göttliche Licht der Sixtinischen Madonna nicht fremd war und die von dem Erlöschen dieses Sternes allertiefst schmerzlich getroffen weinen . . . Ich bin nahezu dreiundachtzig Jahre alt und stehe mit meinem Vermächtnis vor Gott, das leider machtlos ist und nur aus dem Herzen kommt: Es ist die Bitte, Gott möge die Menschen mehr lieben, läutern und klären zu ihrem Heil als bisher.

Ich erinnere mich genau. Ich höre bis zum heutigen Tag, wie der Rundfunksprecher diese Klage des großen Dichters verlesen hat, denn es ließ sich nicht verheimlichen, was in Dresden geschehen war. Es machte das Maß der Niedergeschlagenheit in diesen letzten Kriegswochen randvoll. Ich erinnere mich auch daran: In dieser Nacht des 13. Februar 1945 schreckte uns ein anhaltendes Dröhnen auf.

Wenn es aus der anderen Richtung käme, sagte ein verwundeter Soldat und zeigte nach Osten, *wäre ich überzeugt davon, daß die Russen durchgebrochen sind. Aber es kommt doch aus Westen.* In weiter Ferne hörten wir Luftschutzsirenen. Alarm für die Feuerwehren. Ich weiß, daß es eine klare Nacht war, eine Nacht, die den Schall weit trug.

In den folgenden Tagen soll die Elbe schwarz gewesen sein, schwarz von Ruß und Asche, die der Feuersog über sie hinwegtrug und in sie hineinpreßte. Und wenn mir der heilige Nepomuk auf der Karlsbrücke in Prag in den Sinn kommt: Sein Schicksal war ein einzelnes, tragisches. Hier in Dresden aber stürzten sich ungezählte brennende Menschen, auf Rettung hoffend, in die Elbe. Die anderen, Alte und Junge, die sich in den berühmten Großen Garten geflüchtet hatten, Frauen und Kinder, die tot auf Straßen und Plätzen lagen, zu Hunderten und Tausenden, wurden auf dem Altmarkt verbrannt. Und die Überlebenden erhielten zur Antwort: aus Hygienegründen.

Wer das Weinen verlernt hat, der lernt es wieder beim Untergang Dresdens . . .

Wie liegt die Stadt so wüst, die voll Volks war. Alle ihre Tore stehen öde.
Wie liegen die Steine des Heiligtums vorn auf allen Gassen zerstreut.
Er hat ein Feuer aus der Höhe in meine Gebeine gesandt und es walten lassen.
Ist das die Stadt, von der man sagt, sie sei die allerschönste, der sich das ganze Land freuet?

Sie hätte nicht gedacht, daß es ihr zuletzt so gehen würde; sie ist ja zu greulich heruntergestoßen und hat dazu niemand, der sie tröstet.
Darum ist unser Herz betrübt, und unsere Augen sind finster geworden.
Warum willst du unser so gar vergessen und uns lebenslang so gar verlassen?
Bringe uns, Herr, wieder zu dir, daß wir wieder heimkommen. Erneure unsre Tage wie vor Alters. Ach Herr, siehe an mein Elend!

Text zu Mauersbergers „Dresdner Requiem"
aus den Klageliedern Jeremiae

Gerhart Hauptmann, Nobelpreisträger von 1912, Schlesier, der größte Dramatiker des ausgehenden 19. Jahrhunderts, hat Dresden den heiteren Morgenstern seiner Jugend genannt. In Dresden hatte er studiert, in Dresden hatte er Marie Thienemann kennengelernt, Schwägerin seines Bruders Georg, Schwägerin seines Bruders Karl. Drei arme Brüder heirateten drei reiche Schwestern. Zum ersten Mal in seinem Leben lernte Gerhart Hauptmann kennen, was es hieß, ohne finanzielle Sorgen zu leben, immer das tun zu können, wozu er sich berufen fühlte. Und so wurde er der Dichter der Armen, der Schwachen, der Schuldigen, des Elends und des Mitleids. Um die Jahrhundertwende war das eine Sensation.

Um Dresden haben viele geweint und sich deshalb nicht geschämt. Rudolf Mauersberger, der Leiter des Kreuzchores, schrieb das Dresdner Requiem zu den Klageliedern Jeremiae für den Karsamstag 1945:

Wie liegt die Stadt so wüst, die voll Volks war. Alle ihre Tore stehen öde. Wie liegen die Steine des Heiligtums vorn auf allen Gassen zerstreut. Er hat ein Feuer aus der Höhe in meine Gebeine gesandt und es walten lassen. Ist das die Stadt, von der man sagt, sie sei die allerschönste, der sich das ganze Land freuet? Sie hätte nicht gedacht, daß es ihr zuletzt so gehen würde; sie ist ja zu greulich heruntergestoßen und hat dazu niemand, der sie tröstet . . .

Viele Menschen haben Dresden einen Nachruf voller Verehrung gewidmet. Einer dieser vielen soll zu Worte kommen, es steht ihm zu. Er wurde in Dresden geboren und ist seiner Stadt immer eng verbunden geblieben: Erich Kästner. Er schreibt in seinem Buch »Als ich ein kleiner Junge war«: *Dresden war eine wunderbare Stadt, voller Kunst und Geschichte und trotzdem kein von sechshundertfünfzigtausend Dresdnern zufällig bewohntes Museum. Die Vergangenheit und die Gegenwart lebten miteinander im Einklang. Eigentlich müßte es heißen: im Zweiklang. Und mit der Landschaft zusammen, mit der Elbe, den Brücken, den Hügelhängen, den Wäldern und mit den Gebirgen am Horizont, ergab sich sogar ein Dreiklang. Geschichte, Kunst und Natur schwebten über Stadt und Tal, vom Meißner Dom bis zum Großsedlitzer Schloßpark, wie ein von seiner eigenen Harmonie bezauberter Akkord.«*

Ja, Dresden lag nicht nur in der Mitte Deutschlands, Dresden setzte ein künstlerisches Maß. Als Erich Kästner die Stadt nach dem Krieg wiedersah, schrieb er: *Ich habe zwei Jahre später mitten in dieser endlosen Wüste gestanden und wußte nicht, wo ich war. Zwischen zerbrochenen, verstaubten Ziegelsteinen lag ein Straßenschild. ›Prager Straße‹ entzifferte ich mühsam. Ich stand auf der Prager Straße? Auf der prächtigsten Straße meiner Kindheit? Auf der Straße mit den schönsten Schaufenstern? Auf der herrlichsten Straße der Weihnachtszeit? Ich stand in einer kilometerlangen, kilometerbreiten Leere. In einer Ziegelsteppe. Im*

Garnichts. – Noch heute streiten sich die Regierungen der Großmächte, wer Dresden ermordet hat. Noch heute streitet man sich, ob unter dem Garnichts fünfzigtausend, hunderttausend oder zweihunderttausend Tote liegen. Und niemand will es gewesen sein. Jeder sagt, die anderen seien dran schuld. Ach, was soll der Streit? Damit macht ihr Dresden nicht wieder lebendig! Nicht die Schönheit und nicht die Toten! Bestraft künftig die Regierungen und nicht die Völker! Und bestraft sie nicht erst hinterher, sondern sofort! Das klingt einfacher, als es ist? Nein. Das ist einfacher, als es klingt.

Darüber sollte man nachdenken.

Wie alle zerstörten Städte wurde Dresden wieder aufgebaut. Es ging langsamer als in Westdeutschland. Wie in allen zerstörten Städten wurden zuerst die Straßen wieder benutzbar gemacht und Wohnungen gebaut in jener Einheitlichkeit, in der sich Geld- und Wohnungsnot widerspiegeln. Daß sich die Einfallslosigkeit bis zum heutigen Tag erhalten hat und vom Atlantik bis zum Ural reicht, ist eine andere Sache.

Dresden jedoch, das Elbflorenz, die bewunderte Kunststadt, hatte seine Verpflichtungen. So wurde in zwanzigjähriger Arbeit der Zwinger wieder aufgebaut, die Hofkirche und die Kreuzkirche, das Rathaus, der Grüne Saal im Residenzschloß, das Japanische Palais, die Hofoper.

Wie stolz die Dresdner und die Sachsen überhaupt wieder auf ihre Stadt sind, hat meine junge Cousine ausgedrückt, als Verwandte kamen, um Schuhe zu kaufen: *Nach Dresden kommt man nicht wegen Schuhen, nach Dresden kommt man wegen der Kunst.*

Die Frauenkirche wurde nicht wieder aufgebaut. Ihre Ruinen sollen zusammen mit dem Denkmal eine Mahnung sein.

Noch ein letzter Blick zurück auf die Brühlsche Terrasse über der Elbe und auf die Anlegestege am Ufer darunter. Dicht an dicht liegen die Schiffe der Weißen Flotte abfahrbereit.

Zwei Schlösser an der Elbe sind es, von denen Dresden flankiert wird. Vor der Stadt ist es das Schloß Pillnitz, die Sommerresidenz der Könige. August der Starke hatte sich für die Fahrt auf der Elbe etwas Besonderes ausgedacht – verwunderlich, wenn es anders gewesen wäre. Er ließ sich einige venezianische Gondeln kommen, samt Gondolieri, versteht sich. Damit wurde für den Hofstaat die Fahrt eine einzige Lustbarkeit, besonders wenn die venezianisch gekleideten Ruderer – weiße Schärpen, blaue Tafthosen, gelbe Mützen, Federschmuck – auch noch ihre Lieder dazu sangen. Der unvergleichliche Baumeister Pöppelmann hatte dem König dieses Wasserpalais so gebaut, daß die Besucher von den Gondeln aus die Treppen betraten, die bis hinauf in das Palais führten.

Das andere Schloß, elbabwärts, ist Moritzburg, ein Jagdschloß inmitten einer großen Teichanlage. Wiederum mit den Gondeln zu erreichen. Dort, wo sie lande-

Oben: *Am 25. August 1781 trafen sich in Pillnitz (von links nach rechts) Kaiser Leopold II., Kurfürst Friedrich August III. von Sachsen und König Friedrich Wilhelm II. von Preußen.*
Rechts: *Schloß Pillnitz im 18. Jahrhundert.*

Der Lustgarten des Schlosses Pillnitz wird an drei Seiten umrahmt vom Bergpalais (Foto), erbaut von Daniel Pöppelmann im Jahre 1723, vom Wasserpalais und vom Neuen Palais.

ten, am Schloßteich, starb im Jahre 1945, wenige Tage vor Kriegsende, Käthe Kollwitz, eine Künstlerin, die wie kaum eine zweite ihr Leben lang gegen Elend und Krieg gekämpft hatte.

Darüber hinaus soll es in früheren Zeiten in der Gegend hier ein herrschaftliches Haus gegeben haben, das Trompeterschlößchen genannt. Ein rühriger Gastwirt hatte es billig erworben, ohne zu wissen, warum es so wohlfeil war. Es sollte nämlich mit diesem Schlößchen nicht geheuer sein, um es genau zu sagen: Es spukte darin. Davon wußte der Gastwirt nichts. Er richtete das Schlößchen für nächtliche Gäste wohnlich ein, bewirtete sie dazu vortrefflich und schenkte einen guten Wein in die Gläser, denn in dieser Gegend wächst der beste aller Weine, die um Dresden wachsen. Also hatte er Grund, sich zu freuen, was für einen Glücksgriff er mit diesem Kauf getan hatte.

Eines Abends trat in die überfüllte Wirtsstube ein Ritter und fragte nach einem Nachtquartier.

»Es tut mir leid, Herr«, sagte der Wirt, »aber ich habe für Euch kein Nachtlager mehr. Seht Euch nur in der Stube um, wie viele Gäste eingekehrt sind.«

Der Ritter ließ sich auf einen Schemel

fallen und sagte: »Es kriegt mich niemand mehr von der Stelle. Ich bin todmüde, und auch mein Roß hat das letzte hergegeben.«

Der Wirt überlegte eine Weile und bot dem Ritter schließlich einen alten Saal an, in dem nur altes Gerümpel stand. Dort wollte er ihm ein Nachtlager aufschlagen. Und so geschah es auch.

Todmüde, wie er war, ließ sich der Ritter nach einer Mahlzeit und einem Glas Wein auf das Lager fallen. Mitten in der Nacht aber wurde er von einem furchtbaren Poltern geweckt. Als er die Augen aufschlug, sah er ein Gespenst vor sich stehen, ein Gerippe, das in Schleier gehüllt war. Im nächsten Augenblick hörte er sich angesprochen:

»Spiel zum Tanz auf! Spiel auf, ich will tanzen!«

»Womit soll ich spielen?« rief der Ritter. »Ich habe weder Trommel noch Flöte. Aber ich habe ein Schwert.« Als er nach dem Schwert griff, berührte ihn die Knochenhand, und er war wie gelähmt. Wie lange er so saß und auf das Gespenst sehen mußte, wußte er nicht. Es forderte ihn noch zweimal auf zu spielen, dann ging es plötzlich mit schleppenden Schritten davon. In diesem Augenblick schlug eine Uhr in der Ferne die erste Stunde nach Mitternacht.

Jetzt konnte der Ritter aufspringen. Er stürzte die Treppe hinunter, riß die Tür zur Wirtsstube auf, wo die Gäste immer noch zechten, und keuchte heraus, was ihm widerfahren war. Es kam, wie es kommen mußte: Kein einziger Gast

Schloß Moritzburg, in der Renaissance erbaut, war ursprünglich dem Jagdvergnügen gewidmet.

wagte, in sein Bett zu gehen, und als der Morgen graute, verließen sie das Schlößchen.

Wie nicht anders zu erwarten, sprach sich herum, was der Ritter erlebt hatte, und soviel der Wirt auch aus dem Fenster sah, die Gäste, die vorher so gern bei ihm eingekehrt waren, ritten und fuhren vorüber. Das ging ein Jahr und länger so.

Wiederum eines Abends klopfte es an die Tür. Der Wirt dachte, daß ihn jemand nach einem Weg fragen wollte, doch nein, draußen stand ein Soldat, der bat um ein Nachtquartier.

»Wenn Ihr es in einem Spukhaus wagen wollt, dann kommt nur herein.«

Der Soldat lachte, kam ins Haus, setzte sich an einen der leeren Tische, und während ihm der Wirt eine gute Mahlzeit auftischte und einen Krug Wein danebenstellte, hörte er zu, was ihm der Wirt von dem Spukschlößchen zu erzählen hatte. Der Soldat, der, wie sich herausstellte, ein Trompeter war und eine gute Musik zu machen verstand, sagte: »Ich habe in mancher Schlacht dem Tod und dem Teufel ein Stücklein geblasen, jetzt möchte ich wissen, was es mit diesem Spuk auf sich hat. Wenn Ihr mir ein Fäßchen von Euerm besten Wein neben mein Lager stellt, Wirt, dann werden wir beide morgen früh klüger sein.«

Lager und Fäßchen wurden im Saal bereitgestellt, und als es nicht mehr lange bis Mitternacht war, begab sich der Trompeter zur Ruhe. Er goß sich sein Glas noch einmal voll Wein, trank es aus und dachte nichts anderes, als daß er im nächsten Augenblick in einen tiefen Schlaf sinken würde. Aber merkwürdig, der Schlaf wollte ihm nicht kommen. Schließlich, da er allein im Saal war und außer den Wirt im Haus niemand stören konnte, setzte er sich wieder auf, nahm seine Trompete und fing zu blasen an.

Plötzlich, er hatte den Schlag der Mitternachtsstunde überhört, begann es auf eine fürchterliche Weise zu rumoren und zu poltern. Es hörte sich an, als ob zehn, zwanzig, dreißig Menschen zugleich durch die Tür hereinkämen. Dem Trompeter blieb die Luft zum Blasen weg. Jetzt konnte er im Dunkeln Gestalten erkennen, Totengerippe, die von grauen Schleiern umhüllt waren. Sie bewegten sich wiegend auf ihn zu. Dem Trompeter kroch das Grauen über den Rücken, schließlich aber besann er sich auf die Schlachten, zu denen er seine Trompete geblasen hatte, und wußte, daß sein Instrument die Rettung war. Er setzte die Trompete wieder an die Lippen und blies. Im nächsten Augenblick fingen die seltsamen Gestalten zu tanzen an. Es dröhnte und donnerte durch den Saal, als ob das Haus zusammenfallen sollte. Der Trompeter aber blies alle Stücke, die er kannte, und immer wieder von vorn.

Nicht mehr lange bis zur ersten Stunde nach Mitternacht, kam eins der Gespenster auf ihn zu.

»Trompeter, du hast uns zur ewigen Ruhe geblasen. Das war es, worauf wir seit vielen hundert Jahren gewartet haben. Hab Dank!«

Im nächsten Augenblick war der Spuk verschwunden, der Trompeter war allein, und es war eine Stille im Haus, daß man eine huschende Maus hätte hören können.

Zu Tode erschöpft schlief der Trompeter, bis der Morgen kam und der Wirt an die Tür klopfte. Da sahen sie beide in der Mitte des Saales ein Häufchen Asche liegen.

»Es ist vorbei«, rief der Trompeter. »Sie werden nie wiederkommen, sie sind zu Staub zerfallen.« Er riß das Fenster auf und schmetterte Signal um Signal in die Morgenfrühe.

Der Menschenauflauf ließ nicht lange auf sich warten, und jedem zeigte der Wirt das Häuflein Asche mitten im Saal. Und jeder wußte, daß es nun vorbei war mit den Gespenstern. Der Trompeter aber nahm sein Fäßchen und eine schöne Summe Geld, die ihm der Wirt zum Dank in die Hände drückte, und zog weiter.

Von diesem Tage an hieß die Herberge »Das Trompeterschlößchen«, und kein Gast ist je wieder im Schlaf gestört worden.

Auf dem Weg nach Meißen fließt die Elbe an den Lößnitzbergen vorüber. Es sind sanfte Höhen, auf denen der Wein in Terrassen angebaut wird. Die Umgebung ähnelt der Landschaft von Melnik, überhaupt dem böhmischen Paradies. Weite Obstgärten in der Ebene, Spargelfelder, und dann die Hänge, die südlich anmuten, die Lebensfreude ausstrahlen und Melodien wecken und von denen der Blick immer wieder hinunter zu den Schleifen der Elbe geht. Alte Weinberghäuschen zwischen den Rebstöcken, wie überall, wo Wein angebaut wird, und dazu schöne Architektur.

August des Starken Vater hat sich hier in den Lößnitzbergen ein kleines Schloß erbauen lassen, die Hoflößnitz genannt. Es mag sich bescheiden ausnehmen zu dem, was der Sohn erbauen ließ, aber immerhin, von einem mußte er den Drang dazu ja haben. Sein Baumeister Pöppelmann entwarf eine Treppe mit dreihundertfünfundsechzig Stufen. Sie sollte die Tage des Jahres versinnbildlichen. Es gab zweiundfünfzig Absätze für die Wochen des Jahres und zwölf Ruheplätze als Sinnbild für die Monate. Von oben ging der Blick ins Erzgebirge und bis zu den Bergen der Sächsischen Schweiz.

Der Weinbau in Lößnitz ist nicht von den weltlichen Herrschern des Landes angeregt worden wie in Melnik. Hier waren es die kirchlichen Herren, die Bischöfe von Meißen. Die Lößnitzer Weine haben den Geschmack der Sachsen nicht getroffen. Auch die Werktätigen heutzutage mögen ihn nicht, weil er *quietschesauer* ist. Aber es gibt ja auch nicht viel davon.

Im Lößnitztal liegt Radebeul, eine Stadt, von Obstbäumen umgeben, von den Rebhängen war ja schon die Rede. Die Stadt hat fünfundvierzigtausend Einwohner und eine namhafte pharmazeutische Industrie. Darüber hinaus ist noch etwas erwähnenswert: das Karl May-Museum. Erst im Februar 1985 ist es im Erdgeschoß der *Villa Shatterhand* neu eröffnet worden, in eben jenem Haus, in dem Karl May 1912 gestorben ist. Hier wird ein Überblick über sein Leben und Wirken gegeben, Mobiliar aus seinem Besitz wird gezeigt, einige Erstausgaben seiner Bücher sind anzusehen, Fotos, Zeitschriften und Dokumente. In Vitrinen aufbewahrt sind drei legendäre Gewehre, der *Bären-*

töter, der *Henrystutzen* und die *Silberbüchse*. Das ist kurz und knapp gesagt. Dahinter steht das Lebenswerk eines Mannes, dessen Bücher allein in deutschsprachigen Auflagen runde siebzig Millionen ausmachen, von den Übersetzungen in fünfundzwanzig Sprachen nicht zu reden. Nach wie vor hält der Erfolg dieser Bücher an, obwohl die Kritiker zu seinen Lebzeiten über ihn hergefallen sind und heute noch die Messer wetzen, an ihm selbst und am Inhalt seiner Bücher. Seine Leser hat das nie beeindruckt. Es hat sie auch nicht beeindruckt, daß Karl May im Gefängnis zu schreiben anfing und – nachdem er Lehrer geworden war – mehr als einmal mit dem Gesetz in Konflikt geraten ist.

Außerdem, wer hat gewußt, daß dieser Mann, als fünftes Kind einer armen Weberfamilie geboren, kurz nach der Geburt blind wurde und erst als Fünfjähriger nach einer Operation im Jahre 1847 (!) sehen konnte? Die Großmutter und der Pate sind es gewesen, die sich des Kindes besonders angenommen und ihm erzählt und erzählt haben. Karl May schreibt: *Ich habe in meiner Kindheit stundenlang still und regungslos gesessen und in die Dunkelheit meiner kranken Augen gestarrt.*

Seine Leser haben die Bücher verschlungen und lieben sie bis zum heutigen Tag. Zudem aber will der Vater, der sie dem Sohn schenkt, der Großvater, der sie dem Enkel kauft, einmal nach Radebeul ins Karl May-Museum und vor allem in die alte *Villa Bärenfett*, um alles zu betrachten, was sie längst kennen, der Großvater, der Vater und der Sohn: das Indianerzelt, das Kanu, die Skalpe, Pfeile, Bogen und Köcher, die Friedenspfeifen, die perlenbestickten Taschen, die Mokassins, die Stirnbänder, die Umhänge und die Federkronen. Und so zählt die *Villa Bärenfett* und nun sicher auch die *Villa Shatterhand* jährlich Zigtausende von Besuchern aus aller Welt.

Auf dem Weg nach Meißen verengt sich das Elbtal, noch einmal rücken Felsen nah an das Ufer heran. Auf dem höchsten von ihnen erhebt sich mit Schloß und Dom die Albrechtsburg.

Der Albrechtsburg sollte man sich von der Elbe nähern oder wenigstens von Westen her und womöglich bei Sonnenaufgang, wenn Burg, Brücke und Strom noch in ein violettes Grau getaucht sind und der apfelgrüne Himmel dahinter die Türme und Dächer zu einer kunstvollen Silhouette schneidet. Erst wenn das Tageslicht kommt, ist die Wucht dieser Burganlage zu erkennen.

Die Stadt Meißen breitet sich auf beiden Elbufern aus, verbunden durch eine steinerne Brücke. Die Burg liegt auf dem linken Elbufer, und das hat mit der Geschichte zu tun, mit der Siedlungsgeschichte entlang der Elbe. Die Grenzen zu Karls des Großen Zeiten reichten bis an die Elbe heran, die nachfolgenden deutschen Kaiser wollten weit darüber hinaus. Aber sie kamen nicht selbst. Das Reich war in Marken aufgeteilt, und in den Grenzmarken saßen ihre getreuesten

Meißen mit dem Schloßberg war jahrhundertelang ein Vorposten des Reiches gegen die Slawen.

Gefolgsleute. Diese Kaiser ließen bauen, überall dort, wo leicht über die Elbe zu kommen war, wo sie eine gute Furt hatte.

Im Jahre 929 war es in Meißen soweit. Weithin sichtbar wurde auf dem Felsen eine Burg erbaut, und es ist wie ein Symbol, daß dieser Felsen nicht mehr der leicht zu bearbeitende Sandstein der Sächsischen Schweiz ist. Nein, dieser Felsen ist aus Granit. Markgraf, Burggraf, Bischof, das waren die drei Herren dieses vorgeschobenen Postens. Es ist aber durchaus nicht so gewesen, daß sich die Wenden einfach geschlagen gegeben hätten beim Anblick des Bischofs, der mit Kreuz und Gefolge nahte, um sie zum rechten Glauben zu bringen und gleichzeitig unter die Herrschaft des Kaisers und seines Markgrafen.

Nein, der slawische Stamm, der auf dem rechten Elbufer siedelte, kannte seine Chronik, in der es hieß: *»Etliche des Volks, die zogen gegen Preußen, Pom-*

mern und Kaschuben, bis hin gegen Dänemark und an das Meer gegen Mitternacht und wohnten und bebauten die Lande bei dem Meere und in Preußen... Etliche des Volks zogen fort und kamen auf das Gelände, da nun Meißen liegt und nannten das Land das Meißensche Land... Und alle diese Lande, die waren vorher wüste gewesen, die bauten zuerst das vorgenannte Volk, die Wenden.«

So kam es im Jahre 983 zum großen Wendenaufstand, in dem auch Meißen vorübergehend verlorenging. Aber nicht nur der Burgfelsen, auf dem der Kaiser die Burg hatte bauen lassen, war aus Granit. Auch der Wille war es, die Grenze des Reiches weiter und weiter nach Osten hin abzustecken. Meißen war der am weitesten vorgeschobene Posten, er mußte es bleiben.

Perfekt wurde die Sache aber erst, als der Kaiser einen Sachsen, einen Wettiner, zum Markgrafen von Meißen machte. Ja, die Männer aus dem Hause Wettin müssen sehr standhaft gewesen sein. Sie haben runde achthundertdreißig Jahre in Sachsen das Regiment geführt, bis zum Jahre 1918, als das kaiserliche und königliche Abdanken um sich griff und sich der letzte sächsische König von der Revolutionsregierung mit den Worten verabschiedete: *Machd eiern Dregg alleene!*

Im 13. Jahrhundert, als der Meißner Dom erbaut wurde, war die Burg ein Ziel der Minnesänger. Von hier aus zog Heinrich III. von Meißen quer durch Deutschland bis zur Stadt Mainz, wo er die erste Meistersingerschule gegründet haben soll. Er wurde Heinrich Frauenlob genannt, weil er ein berühmtes Lied auf die Jungfrau Maria schrieb.

Zu dieser Zeit also entstand der Dom und ebenfalls die Dome von Naumburg und Merseburg und weiter hinüber nach Südwesten der Dom von Bamberg. Der Bamberger Reiter, die Uta von Naumburg sind Bildwerke, zu denen Bewunderer aus aller Welt aufsehen. Warum aber haben nicht die Markgräfin Reglindis im Naumburger Dom und die Kaiserin Adelheid im Dom zu Meißen den gleichen Zulauf? Doch nicht etwa, weil sie lächeln? Sie sind beide von einer solchen fröhlichen Anmut, die Markgräfin verschmitzt, die Kaiserin voll weiblicher Lebensfreude, als hätten sie gerade dem Minnesang Heinrich Frauenlobs zugehört, als applaudierten sie den Preisrichtern, verhalten freilich, unter den weiten Mänteln.

Um etwas Ähnliches wie den großartigen Dom zu besitzen, suchten die Prinzen Ernst und Albrecht, beide Wettiner, nach einem Baumeister, der ihnen die Burg in Meißen standesgemäß erneuern sollte. Sie fanden ihn in dem genialen

Um das Jahr 1500 schuf ein unbekannter Meister für den Meißner Dom diesen Dreikönigsaltar. Als Bethlehems Stall dient eine Burgruine. Auf den Seitenflügeln sind vier Apostel abgebildet. Petrus ist immer am Schlüssel zu erkennen.

Auf dem Burgberg von Meißen steht auch der Dom, errichtet zwischen dem 13. und dem 15. Jahrhundert. Links: Die Nordseite des Domes mit dem Großen Wendelstein, einem kunstvoll aufgeführten Treppenaufgang. Rechts: Der Innenraum, hier der Ostlettner, rechnet zu den Höhepunkten der deutschen Gotik.

Baumeister Arnold von Westfalen. Arnold war Steinmetz, ein Geselle auf Wanderschaft, wie es üblich war. Er hielt sich schon einige Zeit in Sachsen auf. Vielleicht hatte er hier und dort bereits gezeigt, wie außerordentlich er mit dem Sandstein umzugehen verstand, vielleicht war es gerade der leicht zu bearbeitende Stein des Elbsandsteingebirges, der ihn in Sachsen festhielt, vielleicht erkannte er, daß dieser Stein sein Material war.

Auf jeden Fall, was er damit aus der Albrechtsburg machte, ist von einer solchen Schönheit, von einer solchen Meisterschaft, daß man es kaum fassen kann. Die Wendeltreppen, Wendelsteine genannt, scheinen zu schweben, die Zellengewölbe mit ihren scharfkantigen Graten im Licht- und Schattenspiel sind überirdisch. Es ist, als ob Arnold die Figuren des klassischen Balletts in Stein gehauen hätte.

Übrigens wirkte er nicht nur auf der Burg in Meißen. Er war ständig unterwegs, ritt von Baustelle zu Baustelle,

Die Figuren im Dom schufen Meister aus Naumburg um das Jahr 1260. An der Nordwand des Hohen Chores befinden sich Standbilder Kaiser Ottos I. und der Kaiserin Adelheid. Links: Porträtausschnitte.

immer in kurfürstlichem Auftrag. Die Wettiner waren nämlich inzwischen von Markgrafen zu Kurfürsten aufgestiegen. Zu seiner Entlohnung gehörte in jedem Jahr ein neues Hofgewand, dazu erhielt er einen Wochenlohn von fünfzehn Groschen, daneben ein Jahresgehalt von zweiundzwanzig Gulden, was im Jahr zusammen eintausendzweihundertzweiundvierzig Groschen ausmachte. Im Vergleich dazu: Ein Paar Stiefel kostete damals achtzehn Groschen.

Was nun die damaligen Arbeitsverhält-

Auch Ludwig Richter war von dem kolossalen Meißner Burgberg fasziniert. Er radierte ihn um 1820.

nisse betrifft, so hatte er mit seinen Maurern und Steinmetzen ebensoviel Ärger wie die Meister heutzutage. Die Leute waren aus Schwaben und Franken angeworben worden, und es ging immer eine Zeitlang gut. Eines Morgens aber ließ sich keiner mehr auf der Baustelle sehen. Sie hatten, weil ihnen irgend etwas nicht paßte, die Arbeit hingeworfen. Trotzdem brachte Arnold, der Baumeister aus Westfalen, alles zu einem guten Ende. Es ist noch heute zu bewundern. Seine Bauten vermitteln einen Eindruck von der Bedeutung, die Meißen einmal besaß. Meißner-Sächsisch galt als vorbildliches Deutsch, und hier arbeiteten die Kanzlisten, die es durch ihre Schriftstücke über ganz Deutschland verbreiteten.

Meißen! Für viele verbindet sich mit diesem Namen die Vorstellung von gekreuzten, blauen Schwertern als Zeichen feinsten Porzellans. Dieses Porzellan, das Meißensche, ist wiederum auf das engste mit der Albrechtsburg verbunden. Bis jedoch beides zusammengebracht werden konnte, war es noch ein Stück Weg.

1645, Dreißigjähriger Krieg. Die

Albrechtsburg wird von den Truppen des schwedischen Generals Königsmarck erstürmt. Sie führen sich auf, wie es unter Siegern üblich ist. Danach will niemand mehr etwas von dem Bauwerk des westfälischen Arnold wissen, bis es, im Jahre 1705, eine ganz besondere Bedeutung erhält.

Johann Friedrich Böttger, der Goldmacher, wird auf die Albrechtsburg gebracht, um dort auf Biegen und Brechen Porzellan zu erfinden. Sein ursprüngliches Vorhaben, aus minderem Metall hochkarätiges Gold zu schmelzen, hatte August der Starke längst als Unsinn abgetan. Aber irgend etwas sollte Böttger erfinden, etwas, das die Kassen füllte, und das war zu dieser Zeit Porzellan. Es gab nur chinesisches und japanisches Porzellan, es kam in ganzen Schiffsladungen an, und in Europa riß man sich darum. Die Leute von Stand waren bereit zu intrigieren, die geheimen Abmachungen ihrer Fürsten zu verraten, ihre Töchter und die ewige Seligkeit zu verkaufen. Und das alles, um diese feine, lichtdurchlässige, zerbrechliche Ware, Porzellan genannt, in ihren Besitz zu bringen.

Also, Porzellan mußte her, Punktum. Der König war entschlossen, seinen falschen Goldmacher nicht eher wieder von der Albrechtsburg herunterzulassen, bis er das Arkanum gefunden hatte. Die Albrechtsburg! Es gab keinen besseren Ort, im geheimen zu experimentieren, als diesen alten, weitläufigen Bau, der nur ein einziges Tor hatte, das leicht zu sperren und immer besetzt zu halten war.

Hier konnten die Brennöfen Tag und Nacht bullern, ohne daß jemand gleich neugierige Fragen stellte und herumgehorcht wurde.

Ja, der König war mit sich zufrieden, daß ihm die Albrechtsburg eingefallen war, denn auch an anderen Orten in Europa wurde ja experimentiert, um hinter das Geheimnis des Porzellans zu kommen. Johann Friedrich Böttger oben auf der Albrechtsburg aber wußte, daß er hinter dieses Geheimnis kommen mußte, wenn er jemals wieder in Freiheit leben wollte. Der König hatte ihm den Mathematiker und Naturwissenschaftler Tschirnhaus geschickt, dem es gelungen war, mit Hilfe von Brennspiegeln und Linsen hohe Temperaturen zu erreichen, die Böttger dringend brauchte, um die Erden zum Schmelzen zu bringen, um Formen zu brennen. Außerdem hatte der König fünf erzgebirgische Bergleute auf die Albrechtsburg beordert, die Böttger bei seinen Experimenten helfen und ihm die groben Arbeiten abnehmen sollten.

Einer von ihnen, Paul Wildenstein, hat dreißig Jahre später von seiner Zeit mit Böttger berichtet: *1706 bin ich zu dem Baron nach Meißen gekommen ins Geheime Laboratorium und bin mit ihm allda achtzehn Wochen eingesperrt gewesen, daß sogar die Fenster über die Hälfte vermauert gewesen, und ist der Herr von Tschirnhausen oft in Dresden bei uns gewesen ... Wir haben ein Laboratorium von vierundzwanzig Öfen gehabt, und hat der Herr Baron und*

Der Alchimist Johann F. Böttger erfand im Jahre 1708 das europäische Porzellan.

Tschirnhausen auch schon immer in rotem Porzellan Proben gemacht von Täfelchen und marmorierten Fliesen.

Von der verzweifelten Niedergeschlagenheit Böttgers schreibt sein Gehilfe nichts, von ihr hat er nur erzählt: *Manchmal hat der Baron sich überhaupt keinen Rat mehr gesehen, wenn wieder alles aus dem Brennofen kam und nicht zu gebrauchen war und wieder keine Hoffnung, endlich aus der Burg zu kommen. Ach, Leute, das war schlimm, aber es ist lange her, und in so einem Gemäuer leben – das Reißen hat er sich geholt, daß er manchmal nicht wußte, wie er liegen sollte. Ja, es ist lange her, aber die Hitze um die Brennöfen, das vergißt man sein Leben nicht. Und der Baron saß und probierte und probierte im Laboratorium, und der Tschirnhausen brachte wieder neue Erde, und wir mußten sie anrühren, dick und dünn. Der Baron schlug chinesisches Porzellan kaputt, und wir mußten es mahlen. Er roch an dem Pulver und kostete es, er machte neue Proben, und es war wieder nichts. Und das eine Mal, Leute, ich weiß es noch wie heut, da war er so verzweifelt, da hat er ein Probierglas nach dem anderen an die Wand geschmissen. Und weil einer von uns gelacht hat, der Köhler war's, hat ihn der Baron so verdroschen, wie ihr es euch nicht vorstellen könnt. Aber der Köhler hat's verstanden und ertragen. Und dann hat sich der Baron ins Bett gelegt und hat geheult und geflucht, bis er eingeschlafen ist. Ich weiß nicht, ob er zwei Tage liegengeblieben ist oder drei, es ist ja alles schon so lange her, Leute. Aber dann ist er aufgestanden und hat sich wieder ins Laboratorium gesetzt.*

Als der Schwedenkönig mit seinen Truppen auf Sachsen zumarschiert, muß Böttger samt Gehilfen und Laboratorium das Gefängnis wechseln. Die Albrechtsburg ist August dem Starken zu unsicher. Die Festung Königstein aber ist uneinnehmbar. Dorthin zieht das Laboratorium mit dem lebenden und toten Inventar in größter Geheimhaltung um. Ein Jahr wird auf dem Königstein weiterexperimentiert, dann findet noch einmal ein Umzug statt, diesmal nach Dresden in die Venusbastei. Das ist ein Teil der Dresdner Festung, am linken Elbufer gelegen, im Volksmund schlicht die Jungfer genannt.

Natürlich sind wieder alle Beteiligten Gefangene, denn das Porzellan ist noch immer nicht erfunden. Böttgers Gehilfe Wildenstein schreibt dreißig Jahre später: *Unterdessen war für uns auf der sogenannten Jungfer ein Haus gebaut worden. Da wir nachher runterkamen und alles recht wilde in den Gewölben aussah, haben wir recht arbeiten müssen, daß es nachher einem Laboratorium ähnlich sähe, und haben ich und Köhler fast täglich vor dem großen Brennglase stehen müssen und Mineralien davor probiert, dabei ich meine Augen verderbe, daß ich in der Ferne wenig erkennen kann...*

Im Januar 1708, vier Monate später also, zeigt sich endlich ein Erfolg. Vier Versuche haben ergeben, was Böttger schriftlich festhält: einen weißen, lichtdurchlässigen Scherben. Wie so oft, stellt sich

Meißner Kaffeekanne, um 1730.

Meißner Augustus-Rex-Vase, um 1730.

gleich ein zweiter Erfolg ein. In Aue, im Erzgebirge, wird schwerspathaltige, weiße Erde entdeckt. Sie liefert bestes Kaolin, die Grundlage für feinstes Porzellan. Natürlich muß weiterexperimentiert werden, aber der Weg ist gefunden.

Tschirnhaus erlebte den Erfolg nicht mehr, er starb im Oktober 1708. Johann Friedrich Böttger arbeitete allein weiter, was ihm vermutlich nicht unlieb war. Nun würde alle Anerkennung ihm allein zugute kommen. Das muß für einen Menschen, der sich einmal vorgenommen hatte, Gold zu machen, eine große Genugtuung gewesen sein. Andererseits, Tschirnhaus durfte in all den Jahren frei leben, während Böttger auch jetzt noch ein Gefangener war.

Am 23. Januar 1710 erschien, viersprachig und in allen bedeutenden Zeitungen des Auslandes nachgedruckt, das königliche Dekret, in dem der erstaunten Öffentlichkeit angezeigt wurde, daß in Dresden eine Porzellanmanufaktur gegründet worden sei. Das Aufsehen war ungeheuerlich, und an allen europäischen Höfen wurde August der Starke darum beneidet. Bereits im Frühjahr wurde sie nach Meißen verlegt, und damit hatte sich die erste Porzellanmanufaktur in Europa etabliert.

Böttger bleibt weiter ein Gefangener. Jeder Schritt, den er tut, wird bewacht. Die Albrechtsburg ist von Soldaten besetzt, als wären Kriegszeiten im Lande, denn jetzt, seit Europa von dieser Erfindung weiß, ist die Gefahr von Werkspionage riesengroß.

Es dauert noch einige Jahre, bis das Meißner Porzellan sich mit dem chinesischen messen kann, bis es Jahr für Jahr auf die Leipziger Messe geschickt wird. Noch hat es in Europa keine Konkurrenz gefunden – und noch verbleiben Böttger einige Jahre, in denen er immer schönere Formen herstellen läßt. Endlich, im Jahre 1714, erhält er seine volle Bewegungsfreiheit wieder, bis zu seinem Tod – es sind nicht mehr als fünf Jahre. Die Aufenthalte in den Burgen, die Gefängnisaufenthalten glichen, haben seine Gesundheit schwer geschädigt. Das Reißen, von dem sein treuer Mitarbeiter Wildenstein schreibt, war nicht das Schlimmste. Er hatte sich, zwischen den kalten Burgmauern und den heißen Brennöfen hin- und herpendelnd, aber auch im Auf und Ab zwischen Hoffnung und Niedergeschlagenheit, verbraucht. Siebenunddreißig Jahre war er, als er starb.

Zuletzt lebte er in Dresden und kam nur noch zur Inspektion auf die Albrechtsburg. Stets war seine Reisekutsche von einer Kavalkade von Bewachern umgeben, und die Leute unterwegs blieben stehen und sagten: *Böttger kommt!* Und sie dachten: Was für ein Mann! Er hat das Arkanum gefunden, den Stein der Weisen.

Obwohl August der Starke Dreiviertel der Produktion für sich beanspruchte, floß in die Kassen des sächsischen Hofes von Jahr zu Jahr mehr Geld aus der Meißner Manufaktur. Und so viel Porzellanmanufakturen auch im Laufe der nächsten Zeit dazugekommen sind, *das Meiß-*

ner, das mit den gekreuzten, blauen Schwertern auf der Unterseite, hat seinen Ruf bis auf den heutigen Tag erhalten als das Feinste, das Vollkommenste, und es ist bis auf den heutigen Tag eine hervorragende Einnahmequelle für den Staat geblieben.

Böttgers alchimistische Anfänge erinnern an Samuel Hahnemann, der im Jahre 1755 in Meißen geboren wurde. Die Lehre, die er begründete, die Homöopathie, steht noch heute im Ruf, eine Geheimwissenschaft zu sein. Zwischen Dresden und Hamburg führte er jahrzehntelang ein unruhiges, unglückliches Leben, als Scharlatan verschrien und von den Apothekern gehaßt, weil er seine Tropfen selber zubereiten wollte. Schließlich nahm ihn der Fürst von Dessau als Leibarzt auf, und im hohen Alter feierte Hahnemann in Paris wahre Triumphe.

Oben in der Albrechtsburg ist hinter dem Tor, an einem ehemaligen Ritterhof, eine Gedenktafel angebracht. Sie erinnert daran, daß in den Jahren von 1828 bis 1835 Ludwig Richter hier lebte. Damals war er noch nicht der berühmte Ludwig Richter, der Maler des Bildes von der *Überfahrt zum Schreckenstein*. Damals war er erst vierundzwanzig Jahre alt, aber immerhin schon Zeichenlehrer an der Manufaktur, was beweisen soll, daß sich die verantwortlichen Leiter immer nur die besten Künstler, Entwerfer und Maler nach Meißen geholt haben. Auch das gilt bis auf den heutigen Tag.

Für die Besten und Fähigsten gab es in Meißen noch einen anderen Platz, es war St. Afra, die Fürstenschule. Der Kurfürst von Sachsen hatte sie gegründet. Sie war untergebracht in einem ehemaligen Kloster, wozu gesagt werden muß, daß Sachsens Kurfürsten die ersten des deutschen Reiches waren, die sich zu Luthers Lehre bekannten. Fürst Moritz, jung, fortschrittlich, wollte den begabten Söhnen armer Eltern mit den Fürstenschulen neue Bildungsstätten schaffen. Zu Anfang hieß das nichts anderes, als daß die Schüler in Griechisch und Latein unterrichtet wurden, im Internat lebten und alle ein und denselben *ehrlichen Rock* trugen, damit die Standesunterschiede nicht zu erkennen wären, denn nur ein Drittel der Schulplätze war dem Adel vorbehalten, alle anderen Kinder kamen *aus dem Volk.*

Zwei Schüler in Meißen haben St. Afra berühmt gemacht. Einer von ihnen war der Pastorensohn Christian Fürchtegott Gellert, der andere war Gotthold Ephraim Lessing. Lessing bildete sich über das geforderte Pensum hinaus mit allem, was ihm geboten wurde. Seine Lehrer sagten von ihm: *Er ist ein Gaul, der die doppelte Portion Hafer braucht.* Sechs Jahre blieb Lessing an der Fürstenschule zu Meißen. Später hat er geschrieben, es wären die einzigen Jahre gewesen, in denen er glücklich gelebt hätte. Ich bin überzeugt, daß es nur wenige Schulen in der Welt gibt, zu denen sich Schüler in solcher Weise bekennen.

In Meißen befand sich auch die berühmte Fürstenschule St. Afra, in der begabte Kinder mittelloser Eltern gefördert wurden, so zum Beispiel Lessing (links) *und Gellert* (rechts). *Christian Fürchtegott Gellert (1715–1769) war ein berühmter Theologe und Schriftsteller der Aufklärung. Seine Fabeln werden noch heute gelesen. Gotthold Ephraim Lessing (1729–1781) war ein Musterschüler von St. Afra. Später studierte er Medizin und Theologie, bevor er sich ganz der Literatur zuwandte. Durch seine theoretischen und dramatischen Werke wurde er der Wegbereiter der deutschen Klassik.*

St. Afra gibt es immer noch. Jetzt ist es ein Bau aus dem 19. Jahrhundert, schlicht, um es nicht kasernenhaft zu nennen. Heute ist es eine Hochschule für Landwirtschaft.

Meißen. Noch einmal ein Blick über die Elbe hinüber und hinauf zur Burg, wo alles angefangen hat. Es ist Abend geworden, und jetzt legt die untergehende Sonne schweres Gold auf die Türme der Burg und die Dächer der Stadt. Golden der Felsen, auf dem die Burg steht, vergoldet der Fluß, die Schleife, die er unter der Brücke hinweg durch die Stadt zieht. Was wäre ein Fluß ohne die Brücken? Nirgendwo ist es so leicht, in Gedanken zu versinken wie auf einer Brücke, beim Anblick des dahinfließenden Wassers. Zuerst mag es die Mitte des Flusses sein, die den Blick fesselt, ein paar Blasen, die aus der Tiefe hochgluckern. Dann sind es kleine Wellen, denen der Blick nachgeht, von Steinen und Unebenheiten im Flußgrund verursacht. Auf das Ufer zu ist es der Tang, seine Mähnen hängen im

Wasserlauf, grün und grau. Schließlich kommt das Ufer, Schilf und Weiden.

Ein Angler hat sich auf dem rechten Ufer niedergelassen, auf dem linken sind es zwei; sie sitzen und warten, und jeder hat einige Ruten im Wasser hängen. Manchmal gehen die Blicke hinüber und herüber. Alle hoffen sie. Wen wird Petrus den ersten Zug tun lassen? Wird es ein großer oder ein kleiner Fisch sein?

Um Meißen herum mag es noch gehen mit dem Angeln, aber dann, weiter elbabwärts, wo die Industrie sich angesiedelt hat, bei Riesa vor allem, wo das große Walzwerk ist! Industrie, Industrie, und mit ihr auf das engste verbunden der Strom, der ungefragt alles aufnehmen muß, was sie loswerden will. Er kann sich nicht wehren, und die Industrie braucht ihn. Ist den Anglern bei Riesa zu raten, den Köder auf die Haken zu stecken und die Angeln in den Fluß zu werfen? Wie vielen Fischarten war die Elbe durch Jahrhunderte Brutstätte gewesen und Lebensraum. Sie kann sich nicht wehren, sie muß hinnehmen, was ihr angetan wird.

Bevor die Elbe an der alten wehrhaften Stadt Torgau vorüberfließt, aus deren Mitte die Türme von Schloß Hartenfels weithin sichtbar herausragen, durchzieht sie in sanften Windungen ein weites Wiesenland. Einzelne uralte Pappeln stehen dort als Wahrzeichen einer vergangenen Zeit. Hier, nicht weit vom östlichen Flußufer, jenseits des Elbdammes, liegt Graditz, mein Geburtsort. So beginnt Hans Graf von Lehndorff den Bericht über seine Kindheit.

Graditz hat nicht nur von seinem Ortsnamen her einen gewissen Anklang an das böhmische Pardubitz, Graditz hat auch mit Pferden zu tun. Aber in Graditz werden nicht die besten Pferde ermittelt wie beim Steeple Chase in Pardubitz, in Graditz geht es um züchterische Höchstleistungen, das Rennen kommt später. Staatsgestüt seit 1686, wird in Graditz die Tradition bis zum heutigen Tag fortgesetzt: Hier werden englische Vollblutpferde gezüchtet. Zuerst kurfürstlich-sächsisch, wurde Graditz später preußisches Hauptgestüt und stellte damit einen Machtfaktor sondergleichen dar, als es noch keine andere Möglichkeit gab, sich fortzubewegen als zu Pferde.

Graditz war immer etwas Besonderes, eine Augenweide unter den Elbdämmen, mit seinen Ställen, den Koppeln, auf denen Stuten, Fohlen, Jungpferde und Hengste grasten und galoppierten. Die Gestütsleiter von Graditz waren außerordentlich wichtige, hochangesehene Persönlichkeiten. Zu ihnen gehörten Großvater und Vater des Grafen Lehndorff, der von seiner Kindheit an der Elbe erzählt:

Die Elbwiesen hatten von meiner frühesten Kindheit an eine derartige Anziehungskraft auf mich, daß ich es kaum ertragen konnte, wenn jemand dorthin fuhr und mich nicht mitnahm . . . Wenn die Schneeschmelze kam und die Elbe über ihre Ufer trat, wurde es auf den Elbwiesen aufregend. Dann schlugen die vom Frühlingssturm gepeitschten Wellen gegen den Damm, und man stand vor einer unübersehbaren Wasserfläche, aus der die Bäume manchmal nur noch mit der Krone herausragten. Wilde Gänse und Enten trieben hoch am Himmel oder tief über den Schaumkronen dahin, und große Greifvögel, die man sonst nicht sah, jagten nach Beute ...

Wenn das Wasser anfing zu steigen und die Wiesenflächen noch nicht ganz davon bedeckt waren, fuhren wir manchmal mit einem Kahn zu den etwas höher gelegenen Stellen, um Hasen zu retten, die sich dorthin zurückgezogen hatten. Oft fand man sie einzeln oder sogar zu mehreren in einem hohlen Baumstamm, der schon allseitig von Wasser umgeben war. Meistens ließen sie sich leicht fangen, weil sie die Aussichtslosigkeit ihrer Flucht schon eingesehen hatten. Wenn wir sie dann irgendwo auf sicheres Gelände gesetzt hatten, reckten sie sich erst, machten Männchen, schüttelten sich und hoppelten dann mit vorgelegten Löffeln noch unentschlossen hin und her, ehe sie sich für eine bestimmte Richtung entschieden. Dann zogen sie immer schneller ihres Weges ...

Die vom Wasser bedrohten Mäuse schlossen sich manchmal zu Tausenden zusammen und schwammen, eng aneinandergedrängt, auf das Ufer zu. Es sah dann so aus, als wenn eine graue Decke angetrieben würde, und man traute seinen Augen nicht, wenn diese Decke über den Damm weiterrollte und auf der trokkenen Seite in den Büschen verschwand ...

Als ich das erste Mal allein an der Elbe stand, war dies mit einem besonderen Erlebnis verbunden. Es war an einem trüben Spätherbst-Nachmittag. Die Dorfkinder, mit denen wir zu spielen pflegten, liefen unruhig zwischen den Ställen umher und sammelten sich schließlich zu einer größeren Gruppe. Ohne den Grund ihrer Aufregung zu kennen, schloß ich mich ihnen an, und bald trieben wir als lange Kette durch den Park, über den Damm hinweg und auf die Elbe zu. Es begann schon zu dämmern, als wir eine bestimmte Stelle erreicht hatten ... Je mehr wir uns dem Ufer näherten, um so langsamer wurde der Zug. Immer mehr Kinder blieben zurück. Am Weidengestrüpp des Ufers war nur noch ein Junge neben mir und wies mit dem Finger auf das Ende einer Buhne, die dort ins Wasser hinausragte. Ich wußte nicht, was das Ganze zu bedeuten hatte, und da ich nichts Besonderes sah, ging ich ruhig weiter, wobei mir der Junge in einigem Abstand folgte. Als ich das Ende der Buhne erreicht hatte, wandte ich mich nach ihm um und sah, daß er ganz aufgeregt neben meine Füße zeigte. Ich blickte zu Boden und sah plötzlich unmittelbar vor mir ein Menschengesicht, das von verwirrten Haaren umgeben war. Halb vom Wasser bespült lag dort ein Toter. Auf seiner Brust war eine kleine Lampe befestigt. Für einen Augenblick erstarrte ich. Aber der Reflex des Davonlaufens wurde durch die Gegenwart der offenbar genauer orientierten anderen Kinder gebannt. Ich blieb so

Begegnung in Torgau

Stadt und Festung Torgau waren einst bedeutend dank ihrer Lage an einem Elbübergang.
Am 25. April 1945 begegneten sich hier zum ersten Mal amerikanische und sowjetische Truppen.

lange stehen, bis einige von ihnen sich zögernd genähert hatten. Dann zogen wir uns alle miteinander wortlos zurück. Auf dem Heimweg durch die immer dunkler werdenden Wiesen empfand ich so etwas wie eine neue, ganz persönliche Beziehung zu dieser Landschaft. Und als ich später einmal der Frage nachging, warum eigentlich, wenn ich darüber nachdenke, was Leben ist, gerade diese Stelle an der Elbe so oft aus meinem Unterbewußtsein auftaucht, stand plötzlich das Bild jenes Toten vor meinen Augen, und mir wurde klar, daß dies Erlebnis am Elbufer zu einem Orientierungspunkt meines Daseins geworden war.

Auf Torgau zu sind die Elbufer flach, nur in der Ferne hebt sich das Land, blaßblau, mäßig, empor, so, als wären der Elbe ein paar Wellen bei einem Sturm davongelaufen und fest geworden. Wiesen breiten sich aus im Osten und im Westen, ein Kirchturm, ein paar Häuser darum, drängen sich hüben und drüben dazwischen. Schilf am Ufer und Enten und ein Storch, der, den Kopf gesenkt, durch die Wiesen stakt, rotbeinig, voller Würde.

Jetzt hält er an. Hat er einen Frosch entdeckt, eine Blindschleiche, oder äugt er zu dem langgestreckten Kahn herüber, der sich elbaufwärts müht?

Breit ist die Elbe geworden, sie wirkt auf einmal behäbig, bäuerlich. Das ist merkwürdig, denn breit ist sie ja schon in Dresden, aber dort färbt wohl die Eleganz der Stadt etwas auf sie ab. Die Elbe, so heißt es, hat immer auf die Sachsen eine besondere Anziehungskraft ausgeübt. Sie sind ihrem Lauf gefolgt, hinunter bis zum Meer, und sollen im alten Reich die besten Matrosen geworden sein. Einer von ihnen wurde hier in der Nähe geboren, in Wurzen an der Mulde, Hans Bötticher, den die Nachwelt aber nur unter seinem Künstlernamen Joachim Ringelnatz kennt.

In der Ferne ist die Stadt Torgau zu sehen, am rechten Elbufer liegt Schloß Hartenfels, dahinter die Stadt. Davor, nicht weit von der Elbbrücke entfernt, ist ein Denkmal errichtet. Genau hier, an dieser Stelle, an der sich am 25. April 1945 die Spitzen der 58. Gardedivision der Roten Armee mit Einheiten der amerikanischen Armee trafen. Damals war die Elbbrücke gesprengt, und die US-Soldaten setzten im Schlauchboot über. Die Fotos, auf denen sich Amerikaner und Russen die Hände entgegenstrecken, haben die Menschen in der ganzen Welt gesehen. Zur Erinnerung an diesen Augenblick steht das Denkmal am Elbufer. Über der Elbe befindet sich ein Friedhof mit zweihundert Gräbern sowjetrussischer Soldaten.

Vergessen ist, wie tief in den letzten Kriegswochen amerikanische und britische Truppen in Sachsen und Thüringen eingedrungen waren. Vergessen ist, daß sie die Hälfte aller Bezirksstädte eingenommen hatten. In Vergessenheit geraten ist auch, wie dieses Gebiet zum sowjetisch besetzten Territorium geworden ist und wie es zur Grenze innerhalb Deutschlands kam. Das Faustrecht des Krieges sagt: Wer ein Gebiet erobert hat, nimmt es in Besitz. In diesem Fall aber war die Grenzregelung bereits im Herbst 1944 getroffen worden, ein halbes Jahr vor Kriegsende.

Damals hatten Vertreter Großbritanniens, der USA und der Sowjetunion in London ein Protokoll unterzeichnet, in dem die Grenzen ihrer Besatzungszonen nach dem Krieg festgelegt worden waren. Und so räumten nach Kriegsende, im Sommer 1945, die amerikanischen Truppen jenes Gebiet, das sie erobert hatten, und die sowjetrussischen Truppen rückten nach.

Schloß Hartenfels am rechten Elbufer hat einen Wendelstein wie die Albrechtsburg in Meißen. Was die Albrechtsburg nicht hat, ist ein Bärengraben. Den hat Schloß Hartenfels, und der heißt nicht nur so, in ihm leben wirklich ein Dutzend Bären, die sich von den Torgauern bewundern und verwöhnen lassen. Wer hat denn das aber auch heute noch, einen Bärengraben wie in mittelalterlichen Zeiten? Und wer besitzt denn noch ein so mittelalterliches Stadtbild, unverschandelt von vielstöckigen Hochbauten? Wo gibt es denn noch Kopfsteinpflaster in den schmalen Straßen, zwischen den engbrüstigen Häusern?

Gewiß, noch sind nicht alle Häuser restauriert, noch längst nicht, es hat ja auch immer geheißen, Torgau wäre ein verschlafenes Nest, Leipzig und Halle dagegen – dort rühre sich etwas. Aber in Torgau! Alles noch so »wie zu Kurfürstens Zeiten«. Aber jetzt, jetzt wissen alle, wie gut es war, daß die alten Häuser geblieben sind, auch wenn sie vorerst mit Brettern vernagelt werden müssen, bis genug Material da ist, sie wieder herzurichten. *Torgau, jung und schön durch den Sozialismus!* Keiner hat die Spruchbänder vergessen, die zur Tausendjahrfeier überall aufgespannt und angenagelt waren. Es gibt ja auch immer wieder neue, ähnliche.

Der alte Mann, der den Bären im Graben zusieht, der jeden Tag kommt, weil er die Zeit dazu hat, lächelt, wenn er daran denkt. Torgau ist alt, älter als tausend Jahre, eine schöne Stadt mit einer bewegten Vergangenheit. Er ist Lehrer gewesen, Deutsch, Geschichte, vor allem Geschichte. In seinen Geschichtsstunden ist es viel weniger um die Jahreszahlen gegangen, als um die Menschen, die hinter diesen Zahlen stehen. Die leben wollten, wie immer dieses Leben auch aussehen mochte.

Friedrich der Große und die aussichtslose Schlacht bei Torgau gegen den österreichischen Marschall Daun. Der eine

Schloß Hartenfels in Torgau gehört zu den bedeutendsten Renaissancebauten Deutschlands.

verbrachte die Nacht, niedergeschlagen und knapp dem Tod entronnen, auf den Altarstufen der Kirche von Süptitz, Marschall Daun verbrachte sie in Schloß Hartenfels in Torgau. Unter großen Schmerzen, denn er war am Fuß verwundet worden, diktierte er schon die Siegesmeldung. Was er nicht wußte, war, daß in dem Augenblick, als er sich vom Schlachtfeld fortbringen ließ, der alte, krummbeinige General Zieten mit seinen Husaren die Schlacht für Preußen entschied, am 3. November 1760, als es bereits auf den Abend zuging.

Die Schlacht hatte den ganzen Tag gedauert, und das war es, was den alten Lehrer, der hier am Bärengraben stand, durch die Jahre beschäftigt hatte. Hier Österreicher, drüben Preußen. Immer wieder war er dorthin gewandert, wo sie gegeneinander gekämpft hatten. Es war Gras darüber gewachsen, Wiesen und Felder. Das war der Punkt. So schnell wuchs Gras darüber. Ein Jahreslauf, und niemand wollte sich mehr daran erinnern. Das Leben geht weiter, hieß es. Er mochte dieses Wort nicht.

Und so war dem alten Mann manche Geschichtsstunde gar nicht geraten, wie sie eigentlich nach Plan geraten sollte. Er hatte immer den einzelnen Menschen vor sich gesehen, den mit dem schweren Ge-

Ein kleiner Frachtkahn unterwegs bei Torgau auf der Elbe.

wehr, den Marschierenden, den Rennenden, den Keuchenden, den, der töten sollte hüben und drüben. Er hatte sie immer vor sich gesehen, wie sie frierend und durchgeweicht an diesem 3. November im Jahre 1760 zu den Feuern krochen, in der Nacht, als alles entschieden war. Wärme, ein bißchen Wärme. Sie sprachen dieselbe Sprache, die Preußen und die Österreicher. Die Österreicher hatten noch ein Stück Brot, und sie teilten es mit den hungrigen Preußen, aber Stunden vorher hatten sie einander niedergehauen. Darüber war der alte Mann nie hinweggekommen, und deshalb war ihm manche Geschichtsstunde mißraten. Jeder hatte an ihm etwas auszusetzen, ob er 1939 unterrichtete oder später. Richtig machte er es nie. Dabei hatte er nichts weiter gewollt, als auf den Einzelnen hinzuweisen, auf jeden Einzelnen, der hineingezwungen wird in die Politik, in die Kriege. Und der viel lieber in Ruhe gelassen werden möchte, um sein eigenes Leben zu leben. Aber gerade das muß der Obrigkeit der schlimmste Dorn im Auge sein.

Die Gewohnheit des alten Mannes ist es, vom Bärengraben hinunter zur Elbe zu wandern und ein Stück mit ihr zu gehen. Auf wunderbare Weise macht ihn das fließende Wasser jetzt gelassen. Auch er hat seine Träume gehabt. Es hat Zeiten gegeben, in denen die Elbe für ihn das Symbol des freien Lebens gewesen ist. Weite, Ferne. Er hat nicht daran gedacht, wo sie herkommt, er hat immer nur gesehen, wo sie hinfließt, fort, fort. Und dort, wo sie endet, hat er gedacht, wird es ein Schiff geben, irgendeins, das ihn mit sich nimmt in die Welt.

Geblieben ist Torgau, Schloß Hartenfels mit dem Bärengraben und der verfehlte Geschichtsunterricht, der niemand gepaßt hat. Dazu die Spruchbänder in der Stadt und die Grenze, deutsch hüben, deutsch drüben. Er wird das nicht begreifen, bis an sein Lebensende nicht.

Südwestlich von Torgau liegt Leipzig. Bei einem Abstecher nach Leipzig führt der Weg über Schildau. So klein diese Stadt ist, so sehr hat sie als Schilda von sich Reden gemacht. Es soll die Heimatstadt jener Leute sein, die in der ganzen Welt als große Deppen bekannt sind, aber nur auf den ersten Blick. In Wirklichkeit hatten sie die Weisheit geradezu mit Löffeln gefressen und saßen als Ratgeber an Kaiser- und Königshöfen. Bis eines Tages die Frauen von Schilda, die Schildbürgerinnen, ihre Männer zurückhaben wollten, was auch geschehen ist. Und so kann man die Dummerhaftigkeit, die von den heimgekehrten Männern an den Tag gelegt wurde, nicht anders denn als Tarnung auslegen zu dem Zweck, nicht wieder in alle Welt geholt zu werden.

Leipzig ist keine Stadt, die ihren Besuchern zu Füßen liegt, ob sie aus Ost, West, Nord oder Süd kommen. Leipzig ist eine Stadt in der Ebene. Auf dem Weg nach Leipzig geht einem vieles durch den Kopf. Die Gründung der Universität durch die davongezogenen Lehrer und Studenten aus Prag, Johann Sebastian

Bach, der Thomanerchor, die Völkerschlacht und die Leipziger Messe. Frankfurt am Main und Leipzig waren die großen deutschen Messestädte seit dem Mittelalter, die Handelsstädte, in denen sich traf, was in Wirtschaft und Handel, Handwerk und Kunsthandwerk Rang und Namen hatte. Das Leben, auch das geschäftliche, war damals nach dem Kirchenjahr eingeteilt, und so traf man sich in Leipzig zum Oster- und Michaelismarkt. Das ist bis heute in etwa so geblieben, nur sagen wir heute Frühjahrs- und Herbstmesse.

Zweierlei hatte in Leipzig seinen Schwerpunkt: Bücher und Pelze. Leipzig war der Treffpunkt der Buchhändler und Kürschner. In Leipzig konzentrierte sich alles, was mit Büchern zu tun hatte, in Leipzig wurde angeboten, was an Fellen aus ganz Osteuropa kam. Inzwischen ist viel Zeit darüber vergangen. Leipzig ist auch heute noch eine Messestadt. Nur die zentrale Bedeutung, die es einmal durch seine Lage mitten in Deutschland gehabt hat, ist verlorengegangen.

Im Jahre 1765 ließ sich Johann Wolfgang von Goethe, in Frankfurt am Main geboren, in Leipzig an der Universität einschreiben. Der Ruf dieser Universität und dieser Stadt war bedeutend, und was stand einem jungen Frankfurter entgegen, sich in Leipzig immatrikulieren zu lassen? Nichts, auch wenn es viele Grenzen innerhalb Deutschlands gab und viel Zoll gezahlt werden mußte.

Ein anderer, der ähnliches beweist, ist Johann Sebastian Bach. Er war im thüringischen Eisenach geboren, ging mit fünfzehn Jahren an die Michaelisschule nach Lüneburg, danach an die Weimarer Hofkapelle, einige Jahre später unternahm er eine Studienreise nach Lübeck zu dem berühmten Orgelmeister Buxtehude und ließ sich schließlich im Jahre 1723 in Leipzig nieder, wo er Kantor an der berühmten Thomaskirche wurde und gleichzeitig Musikdirektor. Fünfundsechzig Jahre alt wurde er, er war zweimal verheiratet und hatte elf Söhne und neun Töchter. Damals war das so.

Willst du dein Herz mir schenken,
so fang es heimlich an,
daß unser beider Denken
niemand erraten kann . . .

Ich sehe den Liedtext in der Sütterlinschrift meiner Mutter vor mir. Es war ihr Lieblingslied, und man muß sich das Cembalo dazudenken. Die Musik ist nicht von Johann Sebastian Bach, sie ist von seinem ältesten Sohn Friedemann. Außer ihm sind noch drei Bach-Söhne bedeutende Musiker geworden. Der leichteren Unterscheidung wegen heißen sie nach den Städten, in denen sie gewirkt haben: der Hamburger Bach, der Bückeburger Bach und der Londoner Bach. Sie waren hochangesehene Persönlichkeiten.

Universität, Messe, Bach, das allein wären genug Gedanken auf dem Weg an die Elbe zurück. Aber die Industrialisierung darf nicht übergangen werden, die vor runden einhundertfünfzig Jahren wie überall, aber besonders in Sachsen, eingesetzt hat. Mit ihr kam ein neuer Stand in die Welt: der Arbeiter. Ein Stand, der keine Gesetze hatte, für den niemand sprach, auf den infolgedessen niemand hörte. Es waren Massen von Menschen, die täglich hinter den Fabriktoren verschwanden und abends aus ihnen hervorquollen.

Um diesem neuen Stand eine Stimme zu geben, gründete Ferdinand Lassalle in Leipzig 1863 den Allgemeinen Deutschen Arbeiterverein. Karl Liebknecht wurde in Leipzig geboren, nachdem sein Vater aus dem Londoner Exil zurückgekehrt war, in das er nach der Revolution von 1848 hatte emigrieren müssen. Beide, Vater und Sohn, waren für die Arbeiterschaft tätig und, nicht zu vergessen, der Drechslermeister August Bebel. Diese sozialistischen und sozialdemokratischen *Umtriebe*, die von Leipzig ausgegangen sind und sich immer wieder in Leipzig konzentriert haben, brachten nicht nur der Stadt, sondern dem ganzen Land den Beinamen *das rote Sachsen* ein.

Ein Stück südlich von Leipzig ist der Schwedenkönig Gustav Adolf gefallen. Der Löwe aus dem Norden, wie er genannt wurde, der Lutheraner, der den Dreißigjährigen Krieg beenden wollte. Er besiegte Wallenstein, er besiegte Tilly, und vielleicht wäre der Krieg wirklich eher zu Ende gewesen, wenn Gustav Adolf nicht bei Lützen gefallen wäre. Den Frieden wollte ja, wie schon berichtet, auch Wallenstein, aber der Tod hatte es sich mit beiden anders gedacht.

Der Schwedenkönig wurde auf einer langen Reise heim nach Stockholm gebracht, und mit ihm sein Pferd, das ihn im Augenblick des Todes getragen hatte. Dieser Braune, Streif genannt, steht aufgezäumt und gesattelt in der Königlichen Leibrüstkammer in Stockholm. Die letzte Reise des Königs zur Ostsee, wo vor Stralsund die schwedische Flotte ankerte, ging über Wittenberg.

Wittenberg, Lutherstadt Wittenberg heißt es heute.

»Wo liegt eigentlich diese Stadt, dieser Ort, aus dem der Aufrührer kommt, dieses Wittemberg oder Wittenberg?« fragte Kaiser Karl V. seinen Geheimsekretär.

»Euer Majestät, es liegt in Sachsen, es gehört zum Territorium des Kurfürsten Friedrich, der von seinen Untertanen ›der Weise‹ genannt wird. Wittenberg soll ein absolut unbedeutender Ort sein, verstaubt, hinter jeder Entwicklung zurück.«

»Aber wieso?« unterbrach der Kaiser den Geheimsekretär. »Es hat doch eine Universität.«

»Euer Majestät, erst seit kurzem. Der Kurfürst hat ihre Gründung im Jahr 1502 befohlen. Es ist die erste Universität an diesem Fluß, der mitten durch Sachsen fließt, Elbe geheißen.«

»Und schon ist aus dieser jungen Universität ein solcher Aufrührer hervorgegangen? Wie hat es denn soweit kommen können?«

Der Geheimsekretär des Kaisers hob die Schultern.

»Du kannst gehen, ich möchte mich noch ein wenig auf die Anhörung und Fragen dieses Mönches Martinus Luther vorbereiten.«

Dieses Gespräch könnte in den frühen Nachmittagsstunden des 18. April 1521 in Worms stattgefunden haben. Um sechs Uhr sollte sich Martin Luther vor Kaiser und Reich verantworten und – er sollte widerrufen. Er sollte widerrufen, was er mit seinen fünfundneunzig Thesen, vier Jahre vorher an das Tor der Schloßkirche zu Wittenberg angeschlagen, in die Welt gesetzt hatte: die gereinigte christliche Lehre.

Den Kaiser fröstelte. Er ging zum Kamin, lehnte sich mit dem Rücken dagegen. Ihn fröstelte immer, wenn er in diese nördlichen Länder reiste. Jetzt aber hatte es noch einen anderen Grund. Auf diesem Reichstag in Worms ging es um etwas Außerordentliches, um etwas, das am Bestand des ganzen Reiches rütteln konnte, wenn es nicht unterbunden würde. Das war keine gereinigte Lehre, nein, das war Ketzerei! Ketzerei, die verdammt werden mußte, ausgerottet.

Zur selben Zeit hatte sich Martin Luther in einer Herberge von seinen Freunden zurückgezogen. Er wollte sich auf die große Auseinandersetzung im Reichstag vor Kaiser und Kirchenfürsten vorbereiten. Vorbereiten hieß für ihn immer, in inbrünstigem Gebet das Gleichgewicht, Trost und Frieden finden. Auch ihn fröstelte, und er preßte die Kutte mit beiden Armen eng an sich. Sein bisheriges Leben zog an ihm vorüber. In Eisleben war er geboren worden, am Ostfuß des Harzes, nicht weit von der Saale entfernt, und am Tag darauf getauft. Die Mutter hatte ihm oft davon erzählt. Schon nach einem halben Jahr hatten die Eltern die Stadt verlassen. Was er in diesem Augenblick der Besinnung nicht ahnen konnte, war, daß er auch in Eisleben einmal sterben würde, dreiundsechzigjährig.

Ich bin eines Bauern Sohn, hatte er geschrieben, *mein Vater, Großvater, der Ahnherr, sind rechte Bauern gewesen. Danach ist mein Vater gen Mansfeld gezogen und darselbst ein Berghauer geworden; daher bin ich.*

Luthers Vater muß ein praktisch denkender Mann gewesen sein, denn als sich die Begabung seines Sohnes Martin herausstellte, wollte er ihn zum Juristen ausbilden lassen.

Auf dem Weg von Mansfeld nach Erfurt wurde der Student Luther von einem Gewitter überrascht. Weit und breit kein Unterschlupf zu sehen, in dem der einsame Wanderer hätte Zuflucht finden können. Plötzlich schlug ein Blitz mit solcher Gewalt neben ihm ein, daß er zur Seite geschleudert wurde. In seiner Todesangst rief er die heilige Anna um Beistand an und gelobte, ein Mönch zu werden.

Erinnert sich Martin Luther jetzt an diesen Augenblick, als das Feuer vom Himmel neben ihm in die Erde fuhr? Wohin wird er diesmal geschleudert werden von Kaiser und Kirche? Oder wartet das Feuer auf ihn?

Der einsame Mönch betet. Vielleicht

Der Beginn der Reformation

Die Lutherstadt Wittenberg. Blick über den Marktplatz auf Schloßkirche und Schloß.

Wittenberg im 19. Jahrhundert.

hat er laut gebetet, so wie damals: *Hilf mir, Herr Jesus, hilf mir, laß mich die richtigen Worte finden, laß die Herren begreifen, daß ich kein Ketzer bin, daß es mir nur um den rechten Glauben geht. Um den gereinigten Glauben, um den Glauben, daß Gott allein den Menschen von seinen Sünden erlösen kann, allein Gott. Kein Priester kann Sünden vergeben, nicht einmal der Papst. Wie tief ist diese Kirche gesunken, daß sie den Menschen einreden will, sie könnten sich für Geld von ihren Sünden freikaufen, daß sie einen Mann durchs Land ziehen läßt, der Ablaß verkauft.*

»Sobald das Geld im Kasten klingt, die Seele aus dem Fegefeuer in den Himmel springt.«

Nein, er wird nicht widerrufen, auch wenn der Papst über ihn den Bann ausspricht, auch wenn er für vogelfrei erklärt wird, er wird nicht widerrufen.

Martin Luther ist siebenunddreißig Jahre alt, als er sich vor dem Reichstag zu Worms verantworten muß. Vierzehn Jahre vorher ist er zum Priester geweiht worden, seit zehn Jahren ist er Lehrer an der Universität in Wittenberg, seit neun Jahren Doktor der Theologie. Und obwohl er ein asketisches Leben führt, quält er sich damit, ob er jemals von seinen Sünden erlöst wird. Oben in der Turmstube des Klosters hat er gesessen, gelesen, gegrübelt und gelesen. *Der Gerechte wird aus dem Glauben das Leben erhalten, das ewige Leben.* Er war überzeugt, daß die Erlösung des Menschen allein durch Gottes Barmherzigkeit und Gnade geschehen konnte.

Lange hatte er alles für sich behalten, immer wieder hatte er geprüft, was in der Bibel stand, immer wieder hatte er vor dem Kruzifix gekniet. Schließlich fing er an, Thesen auszuarbeiten. Es wurden fünfundneunzig daraus, und wie es üblich war, soll er sie an die Tür der Schloßkirche angeschlagen haben. Diese Tür diente den Professoren der Universität

Marktplatz mit Rathaus und Stadtkirche.

als eine Art Schwarzes Brett. Wer etwas zur Diskussion zu stellen hatte, nagelte es dort fest. Das Weitere ergab sich unter Lehrern und Studenten.

Doch diesmal kam das Echo aus dem Volk. Das war das Neue, das Außerordentliche, das Gefährliche. So sah es die Kirche. Und es griff um sich.

Was daraus geworden ist, weiß jeder, und jeder kennt Luthers Wort, mit dem er seine Verteidigungsrede auf dem Reichstag zu Worms beendet haben soll. *Hier stehe ich, ich kann nicht anders, Gott helfe mir.*

Die Kirche sprach den Bann über ihn aus, das hieß, er war vogelfrei. Galt das kaiserliche Wort des freien Geleits diesmal? Es war der Kurfürst von Sachsen, Luthers Landesherr, der diesem Wort am wenigsten traute. Er hatte Vorsorge getroffen.

Martin Luther als Junker Jörg, porträtiert von seinem Freund Lucas Cranach d. Ä.

Auf dem Weg zurück nach Wittenberg wurde Luther mit seinen Getreuen plötzlich von Reisigen überfallen. Es sah nach allem anderen als nach Schutz aus. Er wurde auf die Wartburg gebracht, um vor jedem Zugriff sicher zu sein. Wie sehr Schlimmes zu befürchten war, läßt sich daran ermessen, daß Luther sich zur Tarnung die Haare wachsen ließ und einen Bart dazu. Und so lebte Martin Luther im Schutz des sächsischen Kurfürsten zehn Monate lang auf der Wartburg als Junker Jörg. In der Zeit dieser Haft übersetzte er, um sich sinnvoll zu beschäftigen, das Neue Testament aus dem Griechischen ins Deutsche. Gegen den Willen des Kurfürsten verließ er die Wartburg und kehrte nach Wittenberg zurück. Jetzt wagte niemand mehr, ihn anzurühren.

Zu dieser Zeit war Lukas Cranach der Ältere in Wittenberg Bürgermeister. Er hat Luther mit Haarschopf und Bart, so wie er von der Wartburg kam, gemalt. Früher hatte er ihn als Mönch mit Tonsur und Kutte in Kupfer gestochen.

In Wittenberg überarbeitete Luther die

Tetzels Ablaßhandel löste die Reformation aus. Auf diesem Spottbild reitet er auf einem Esel und bietet seine geistliche Ware feil.

Übersetzung des Neuen Testamentes zusammen mit Melanchthon. Melanchthon war in Wittenberg Professor für griechische Sprache und wurde Luthers engster Mitarbeiter. Sie stehen gemeinsam auf dem Marktplatz, unter einem steinernen, gotischen Baldachin. Vereint und doch ein Stück voneinander entfernt, so wie im Leben.

Beide haben geklagt, in was für ein elendigliches Nest das Schicksal sie verschlagen hatte, als sie an die Universität nach Wittenberg berufen wurden. Dreißig Jahre später hatte sich das geändert. Wittenberg war eine geistige Hochburg innerhalb des Deutschen Reiches geworden, blieb es allerdings nicht lange, auch wenn immer wieder bedeutende Persönlichkeiten den Ort besuchten. Selbst Prinz Hamlet von Dänemark soll sich eine Zeitlang in Wittenberg aufgehalten haben. Er ist nicht der einzige, von dem heutzutage ein weißes Porzellanschild mit schwarzer Schrift an einem Haus verkündet, wer hier gewohnt hat. Auch von anderen kann man sie finden, von Peter dem Großen, Zar von Rußland, von Lessing und Novalis.

Nicht vergessen werden soll, daß es in Wittenberg zu Zeiten Luthers einen wohlhabenden Mann gab, der nicht unbeträchtlich zum Aufbau der Universität beigetragen hat. Niemand weiß seinen Namen, er hatte keine leiblichen Nachkommen. Das war der Grund, weshalb er, nach einer Legende, eines Tages einen jungen Mann in seinem Haus aufnahm, der an der Universität studieren wollte. Er hieß Faust, Johannes Faust. Sein Gönner legte dem Studenten keinen Zwang an und ließ ihn studieren, in welche Richtung er wollte. So kam es, daß sich Faust immer mehr in die Magie vertiefte, in die

In der Stadtkirche St. Marien zu Wittenberg predigte Luther 30 Jahre lang. Rechts die Kanzel. Im Hintergrund der berühmte Flügelaltar von Lucas Cranach d. Ä. (siehe Seite 150). Sehenswert ist auch das bronzene Taufbecken von Heinrich Vischer d. Ä. Die Kirche wurde vom 13. bis 15. Jahrhundert erbaut.

Geheimnisse der Schwarzen Kunst. Und eines Tages, wie hätte es anders sein können, stand der Teufel seinem Schreibtisch gegenüber.

Das letzte, das große Geheimnis wirst du nie erfahren, Junker Faust, du kannst studieren, solange du willst, es sei denn, du vertraust dich mir an.

Die Gestalt, die Faust gegenüberstand, war so unsympathisch nicht, auch wenn ein penetranter Schwefelgeruch von ihr ausging. Sie sahen einander eine Weile

an, der eine vor dem Schreibtisch, der andere dahinter. Und Fausts Gaumen wurde trocken vor Neugier, vor Wißbegier.

Es sei, sagte er, und so wurde der Pakt zwischen ihm und dem Teufel geschlossen.

Immer wieder soll der Doktor Faust in Halle, Erfurt, Leipzig und Wittenberg aufgetaucht sein, immer dort, wo sich Studenten trafen. Denn es war ja so, daß ihm der Teufel von Zeit zu Zeit eine neue Seele abverlangte, und die wird am leichtesten unter jungen Leuten zu finden gewesen sein.

In Auerbachs Keller in Leipzig hat er oft gesessen und die Leute damit verblüfft, daß er in die weißgescheuerten

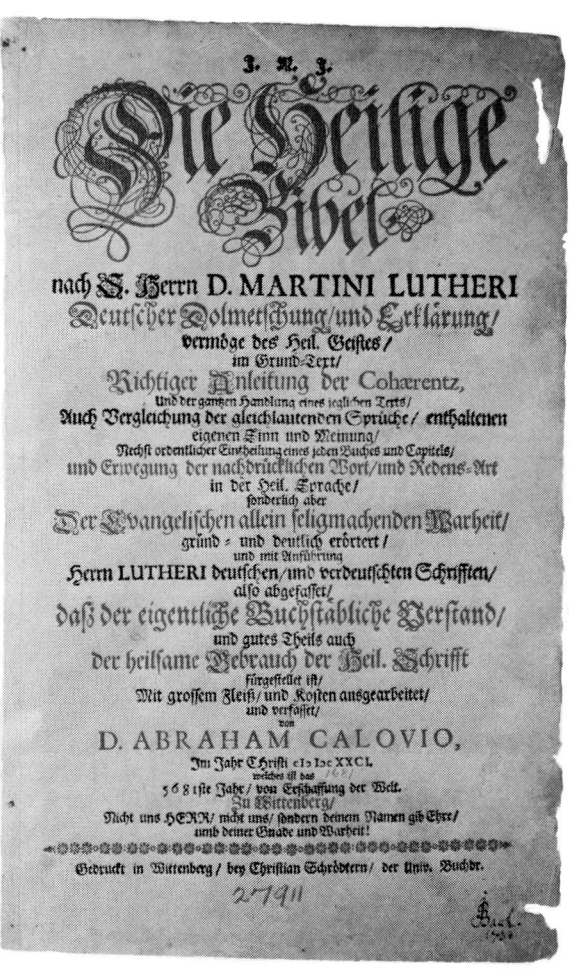

Oben: *Bachs Exemplar der Luther-Bibel.* Oben links: *Herzog Georg von Sachsen, Luthers entschiedenster Gegner.* Links: *Luther als des Teufels Blasrohr.* Gegenüber: *Auf dem Altarbild von Lucas Cranach d. Ä. ist Luther in der Mitte als Apostel und unten als Prediger dargestellt, Melanchthon links als Täufer.*

Das Lutherdenkmal auf dem Karl-Marx-Platz zu Wittenberg.

In Wahrheit war Faust wahrscheinlich weder in Wittenberg noch in Leipzig. Die Sage hat sich seiner bemächtigt. Auerbachs Keller war noch gar nicht gebaut, als er dort getafelt haben soll. Die Datierung, die dort als Beweis gezeigt wird, gehört zu den berühmten, aber längst enttarnten Fälschungen.

Und heutzutage? Wer sich Wittenberg aus dem Magdeburgischen nähert, dem kommt der Gedanke, die beiden hätten sich hier aufs Altenteil gesetzt: Priesteritz VEB Stickstoffkombinat, Schwefel, dicke Luft, dickste Luft. Ein Rätsel, wie es die Geranien auf den Balkons der volkseigenen Arbeiterwohnungen fertigbringen, zu wachsen und zu blühen. Alles andere, das Mittelalter, das noch zu besichtigen ist, zu dem die Touristen aus aller Welt kommen, wird es den teuflischen Schwefeldunst von Wittenbergs Vorstadt Priesteritz überleben?

Einer der wichtigsten Bahnhöfe im Berlin der früheren Zeit war der Anhalter Bahnhof. Die Eisenbahnlinien liefen sternförmig auf die ehemalige Reichshauptstadt zu, und so ergab es sich, daß die Namen einiger Bahnhöfe bereits die Richtung angaben, aus der die Züge kamen.

Also Anhalt, Dessau, fürstliche Residenz. In Dessau spätestens ist Sachsen vergessen. Die Elbe fließt durch eine andere Landschaft, die Mark Brandenburg liegt in der Luft mit mageren Feldern, Sandwegen, Kiefern und Birken.

Dessaus Fürsten stammten von Vätern und Vorvätern aus Brandenburg, von den

Tische vier Löcher bohrte, in jedes einen Zapfhahn hineinsteckte und Wein daraus fließen ließ. Es mag in vorgerückter Stunde nicht mehr aufgefallen sein, wie sehr es um diesen Doktor Faust nach Schwefel roch. Der Teufel war nämlich immer an seiner Seite, als Pudel, von damals her, in Wittenberg.

Askaniern, die lange vor den Hohenzollern das Land regiert haben. Der Askanier Albrecht hat das Land nördlich der Elbe für das Deutsche Reich erobert und christianisiert. Er wurde Albrecht der Bär genannt, der Bär war das Wappentier der Askanier, und bis zum heutigen Tag ist er das Wappentier der Stadt Berlin.

Also Dessau und seine askanischen Fürsten. Sie waren mit halb Europa verwandt und verschwägert, wie üblich aus Staatsgründen. Aber nicht nur. Derjenige, der sich später den Beinamen der Alte Dessauer verdiente, hat aus Liebe geheiratet, und dazu eine Bürgerliche, eine Dessauer Apothekerstochter, gegen den Willen seiner Mutter – und das paßte zu ihm.

Sein Vater ein Mannsbild, nach dem sich noch heutigentags die Frauen umdrehen würden, käme er die Straße entlang. Aber er war nicht nur ein schöner Mann, er war auch durch und durch Soldat. Er trat in die Dienste des Großen Kurfürsten von Brandenburg, als es galt, mit ihm bei Fehrbellin zu fechten. Er war bei Wien dabei, als es gegen die Türken ging, *mit ansehnlichem Kommitat und in Begleitung einer Garde von fünfundzwanzig einheimischen Reitern.* Ganze fünfundzwanzig also, so sah das damals aus. Er kam mit reicher Beute zurück:

Die Elbbrücke bei Dessau im 19. Jahrhundert.

Fahnen, Roßschweife, Bogen, Köcher, und ganz Dessau blieb angesichts solcher türkischen Beute die Spucke weg.

Sein Sohn Leopold ist also im Laufe seines Lebens der Alte Dessauer geworden. Er war das, was man sich unter einem Haudegen vorstellt, und wenn es sich nicht zu übertrieben anhörte, müßte man sagen, er war es von seiner Geburt an bis zu seinem Tod. Seine Soldaten nannten ihn den Schnurrbart, sie waren ihm treu ergeben, egal, wo er sie hinführte und vor ihnen herfocht. Wo es aber zu fechten gab, da war er. In Turin traf er mit dem Prinzen Eugen zusammen, und der Edle Ritter wurde sein Vorbild.

Auf dem Weg nach Turin begegnete er, so wird erzählt, einer Pilgerschar, die singend der Stadt entgegenzog. Die Melodie des Liedes beeindruckte ihn so sehr, daß er sie für sich und seine Soldaten umarbeiten ließ. Daraus wurde jener Marsch, der bis zum heutigen Tag bekannt ist:

So leben wir, so leben wir,
so leben wir alle Tage...

Vierzig Jahre später hat es noch einmal einen Marsch gegeben zu Ehren des Alten Dessauers. Es war der *Kesselsdorfer,* zum Gedenken an die Schlacht im Zweiten Schlesischen Krieg unter Friedrich dem Großen, in der dieser alte Soldat, achtzigjährig, die Österreicher fürchterlich schlug.

In Dessau selbst wußte man nie so recht, wem man die größte Ehre zuteil werden lassen sollte, ihm oder seiner Frau, der Anna Luise, die er *meine Anneliese* nannte und die, was Land und Stadt betraf, die Hosen anhatte. Es war eben Liebe zwischen den beiden, eine richtige Liebe. Eine Liebe, die immer inniger wurde, je mehr Jahre dahingingen. Der Kaiser selbst hat diese bürgerliche Frau zur Reichsfürstin erhoben, und das war sie nach ihrer Haltung und ihrer Gesinnung. Aus der Toleranz den niederen Ständen gegenüber, in der sie ihre Kinder erzog, heiratete der älteste Sohn, der Erbprinz, eine Bauerstochter, Sophia Herr. Auch diese Frau wurde zur Reichsgräfin von Anhalt erhoben. Alle ihre Söhne dienten Friedrich dem Großen, alle brachten es zu hohen Ehren, und viele bezahlten dafür mit dem Leben.

Plötzlich aber schlägt das Soldatische um, plötzlich haben diese Nachfolger der Askanier keinen Sinn mehr für die Kriegskunst, plötzlich entscheiden sie sich für ihre Stadt Dessau, für ihr Land Anhalt. Plötzlich werden sie musisch. Sie entdecken die Kunst der Stadtplanung, der Parks, der Gartenkunst. Was für Vater und Großvater eine Spielerei gewesen ist, nehmen sie auf, führen es weiter und widmen sich der Umgebung von Dessau.

Um der jährlichen Überschwemmung der Elbe entgegenzuwirken, legen sie Dämme an. Dahinter entstehen Parks, immer weiter hinausgedehnt bis nach Wörlitz, wo sie sich das alte Flußbett der Elbe zunutze machen. Das alles dauert seine Jahre, aber dann wird der Park von Wörlitz weltberühmt.

Am 14. Mai 1778 hat Goethe einen Brief geschrieben, in dem es heißt: *Mich hat's gestern abend, wie wir durch die Seen, Kanäle und Wege schlichen, sehr gerührt, wie die Götter dem Fürsten erlaubt haben, einen Traum um sich zu schaffen. Es ist, wenn man so durchzieht, wie im Märchen.*

In Dessau war möglich, was in Hamburg nicht möglich war. In Dessau begründete der Hamburger Pädagoge J. Bernhard Basedow im Jahre 1774 eine neuartige Schule, Philantropin genannt: Schule der Menschenfreunde. Eine Schule, an der eine frohe Atmosphäre herrschte, die Kinder spielend lernten, der Religionsunterricht weder katholisch noch evangelisch war und vieles andere. Das alles hatte den Zweck, aus Kindern wirkliche Menschenfreunde zu machen. Die Schule hielt sich nur neunzehn Jahre lang.

Unter ihren Lehrern ist Joachim Campe zu nennen, der später in Hamburg die pädagogisch gereinigte Fassung des Robinson Crusoe verfaßte. So, wie Campe den Robinson erzählt hat, ist er übersetzt worden, um den ganzen Erdball gegangen und zum Klassiker der Jugendliteratur geworden.

Ein anderer Lehrer, nicht am Philantropin, aber immerhin in Dessau, war Wilhelm Müller. Seine Liebe gehörte den Griechen und den Volksliedern. Keine unglückliche Liebe, das muß man sagen. *Am Brunnen vor dem Tore – Das Wandern ist des Müllers Lust –* das sind Lieder, die auch heute noch gesungen werden. Was nicht zuletzt dem Komponisten Franz Schubert zu danken ist, der sie in den Zyklen *Die schöne Müllerin* und *Winterreise* vertont hat.

Was die Elbe betrifft, so hat es im Jahre 1583 bereits eine erste steinerne Brücke in Dessau gegeben, zum Wohle des Handels zwischen Wittenberg und Magdeburg. Eine wichtige Brücke, und wie alle wichtigen Brücken und Handelsplätze war Dessau in kriegerischen Zeiten gefährdet. Diese Zeiten kamen über Dessau, als es sich für Luther entschieden hatte und der Dreißigjährige Krieg das Land überzog: Tilly, Wallenstein, die Sprengung der Elbbrücke, eine jahrelange Belagerung. Ja, dieses Land in der Mitte Deutschlands, rechts und links von der Elbe gelegen, hat viel zu ertragen gehabt, Brände und Pest, Verarmung und Wiederaufbau.

Und eines Tages dann Junkers, Junkerswerke, Flugzeugbau: Hugo Junkers, der bereits den Gasbadeofen erfunden hatte und als Motorenkonstrukteur weltberühmt war, baute im Jahre 1910 das erste Nurflügelflugzeug, 1915 das erste verspannungslose Ganzmetallflugzeug mit freitragenden Flügeln, die J 1. Die Passagierversion für vier Personen flog unter dem lieben Namen *Anneliese* 1919 zum ersten Mal. Und so ging es weiter: Im Jahre 1923 nahm seine Verkehrsfluglinie den Betrieb auf, aus der sich 1926 die Deutsche Lufthansa entwickelte. 1928 überquerte zum ersten Mal ein Junkers-Flugzeug den Atlantik von Ost nach West. 1929 bot Junkers für 16200 RM ein zweisitziges Reise- und Sportflugzeug in Zeitungsanzeigen an. Für den Vertrieb suchte er *gut eingeführte Autohändler*. 1930 wurde das größte Landverkehrsflugzeug der Welt fertig, die viermotorige Ju 38. Kurz darauf entstand das berühmteste Flugzeug der Vorkriegszeit, die *gute alte Tante* Ju 52. Gesucht worden war eigentlich ein *moderner Möbelwagen der Luft*, aber was sich daraus entwickelte, war ein Verkehrsflugzeug, das bis Kriegsende 1945 am häufigsten gebaut wurde.

Das Unglück nahm für Dessau seinen Anfang, als Ingenieure der Junkers-Werke nicht nur den Sturzkampfbomber entwickelten, *Stuka* genannt, sondern ab 1942 auch das Strahltriebwerk für die ersten Düsenjäger der Welt. Damit war Dessau zu einem Zentrum der Rüstungsindustrie geworden und ein Ziel für feindliche Bomber. Dessau wurde zu vierundachtzig Prozent zerstört.

Aber auch das Bauhaus gehört zu Dessau, die bedeutendste Kunstschule des 20. Jahrhunderts. Aus Weimar vertrieben – moderne Kunst hatte es schon immer schwer –, fand das Bauhaus in Dessau 1925 eine neue Heimat, bis es 1933 der nationalsozialistischen Diktatur zum Opfer fiel. In Dessau wurde nach den Prinzipien dieser Schule ein Gebäude errichtet, das heute noch steht. In ihm sollten nach dem Vorbild der mittelalterlichen Bauhütte alle Künstler an einer neuen Zukunft mitarbeiten. Geleitet wurde das Bauhaus von so berühmten Männern wie Walter Gropius und Mies van der Rohe. Lehrende und Lernende waren, um wenigstens einige zu nennen, Lyonel Feininger, Wassili Kandinsky, Paul Klee, Oskar Schlemmer.

Gelegentlich höre ich mittags die Wasserstandsmeldungen der Elbe und Saale, zufällig, weil ich die Presseschau nicht verpassen will, die um 12.50 Uhr beginnt. Eine Minute vorher hört sich das so an: *Es folgen jetzt die Wasserstandsmeldungen für Elbe und Saale. Oberelbe: Dresden: zwei, drei, sieben, plus fünfundzwanzig. Torgau: zwei, sechs, neun, plus sechsundzwanzig. Dessau: zwei, fünf, fünf, plus siebzehn. Barby: zwei, sechs, vier, plus zwanzig. Magdeburg: zwei, eins, sieben, plus elf. Wittenberge: zwei, acht, null, plus achtzehn. Saale . . .*

Bei Barby hake ich mich immer fest. Barby, das paßt so gar nicht rein. Aber es hat mir keine Ruhe gelassen. Nur, Barby bietet nicht viel. Natürlich hat es seine

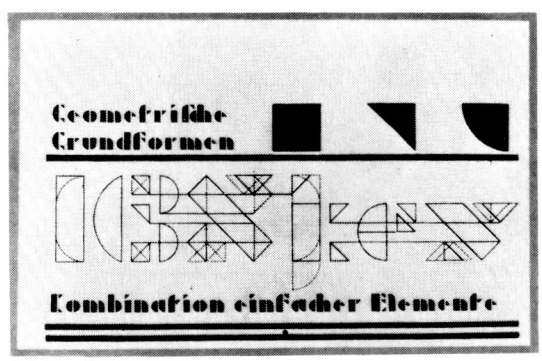

Das Bauhaus, im Jahre 1919 in Weimar gegründet, wurde 1925 nach Dessau verlegt. Der Architekt Walter Gropius (links) *war sein erster Direktor, die Maler Paul Klee* (Mitte) *und Wassili Kandinsky* (rechts) *gehörten zu seinen berühmtesten Lehrern. 1933 wurde das Bauhaus aufgelöst.*

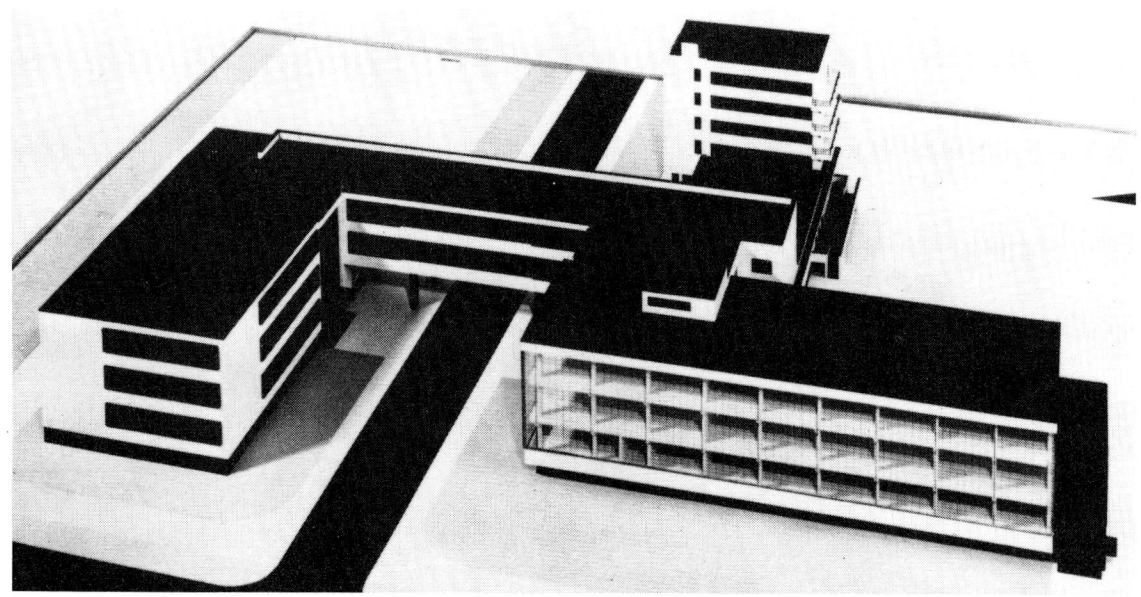

Modell des Bauhauses in Dessau, entworfen und gebaut von Walter Gropius. Der Bauhaus-Stil setzte sich nach 1933 in der ganzen Welt durch, besonders in den USA.

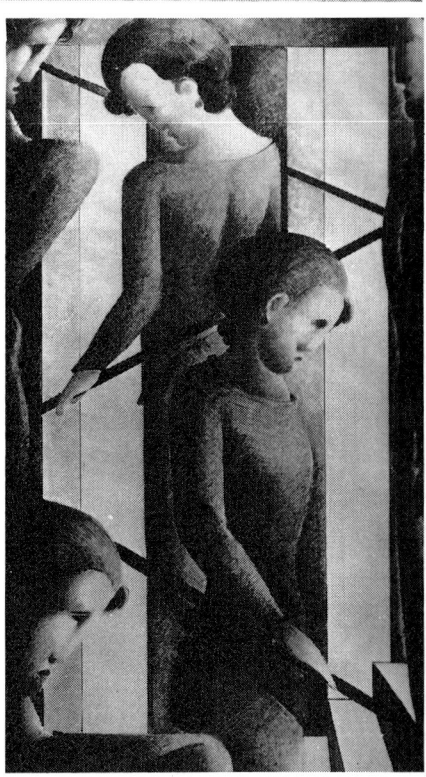

Ganz oben: *Bild von Paul Klee.* Oben rechts: *Bild von Wassili Kandinsky.* Oben: »Jachtrennen« des Deutschamerikaners Lyonel Feininger. Rechts: »Treppenszene« von Oskar Schlemmer.

Geschichte mit Slawensiedlung und Burg, die später zum Schloß umgebaut wurde, aber mit der Ausstrahlung über das Ost- und Westufer der Elbe hinaus ist es nicht weit her. Von der Elbfähre und den Frühjahrshochwassern abgesehen. Trotzdem ist Barby nicht unwichtig. Es hat eine Eisenbahnbrücke über die Elbe hinweg, und unterhalb der Stadt mündet die Saale in die Elbe.

An der Saale hellem Strande
stehen Burgen stolz und kühn,
ihre Dächer sind verfallen,
und der Wind pfeift durch die Hallen,
Wolken ziehen drüberhin.

So dichtete der Romantiker Franz Kugler. Auf eine dieser Burgen, auf die Saaleck, flüchteten sich im Jahre 1922 die beiden Mörder des deutschen Außenministers Walter Rathenau, als man sich wieder einmal über Deutschlands Zukunft stritt. Den einen erschoß dort die Polizei, der andere brachte sich selber um.

Es ist nicht alles romantisch gewesen, was die Saale gesehen hat. Wer ihrem Lauf folgt, kommt durch ein Herzland deutscher Geschichte. Der längste Nebenfluß der Elbe entspringt im Fichtelgebirge, etwa dort, wo auch die Eger und der Weiße Main ihre Quelle haben. Die Eger fließt nach Osten, ebenfalls der Elbe entgegen, die sie bei Leitmeritz aufnimmt. Der Main fließt nach Westen, dem Rhein entgegen. Und die Saale fließt nach Norden, an der Stadt Hof vorbei, durch Jean-Paul-Land. In Hirschberg, dem Grenzort in der DDR, erreicht sie Thüringen.

Über die Saale und ihre Nebenflüsse allein ließe sich ein dickes Buch schreiben. Martin Luther und Thomas Müntzer sind hier zu Hause gewesen. Goethe und Schiller und die Romantiker. In Jena wurden die deutschen Burschenschaften gegründet – mit den Farben Schwarz-Rot-Gold der Lützower Jäger: Das sind heute die Farben der Bundesrepublik Deutschland.

Zwischen zwei Nebenflüssen der Saale, der Wipper und der Helme, soll Kaiser Barbarossa im Kyffhäuser immer noch vor sich hin träumen. Im Innenraum des monströsen Denkmals, das Kaiser Wilhelm I. seinem Vorgänger errichtet hat, sind einige Verse eingraviert: die Nationalhymne der Deutschen Demokratischen Republik, die ihr erster Kulturminister, der Lyriker Johannes R. Becher, gedichtet hat. Die DDR-Bürger lesen sie mit Verwunderung, denn sie dürfen diese Strophen gar nicht mehr singen. Es ist darin zuviel die Rede von der deutschen Nation. Wenn die Elbe die Nordsee erreicht hat, treffen ihre allerletzten Wellen eine Felseninsel, Helgoland. Im Jahre 1841, als die Insel noch zu England gehörte, schrieb Hoffmann von Fallersleben sein *Lied der Deutschen,* heute die Nationalhymne der Bundesrepublik, von der bei offiziellen Anlässen allerdings nur die dritte Strophe gesungen wird. So tun sich beide deutsche Staaten schwer.

Die Magdeburger nennen ihre Stadt *Machteburch*, warum auch nicht. Jede Gegend hat schließlich ihre eigene Sprache. Nur, in diesem Fall ist es schade, weil die *Magd* verlorengeht. Eine Frauensperson in einem Städtenamen und in einem Stadtwappen ist selten. Die Forscher rätseln, ob diese Magd, dieses Mägdlein deshalb hineingekommen ist, weil die Stadt nach alten Urkunden Maideburg geheißen haben soll. Die Slawen nannten den Ort Mädeburu, das bedeutet Honigheide. Das ist für die flache Landschaft am rechten Elbufer gewiß nicht unpassend gewesen. Auf jeden Fall drückt es etwas Liebliches, Süßes aus. Zudem war von dieser Heide nicht nur Honig zu haben, sondern auch Bienenwachs, und das ließ sich, drüben über der Elbe bei den deutschen Händlern, gut an den Mann bringen, ebenso Teer und Felle und Bernstein. Man konnte dafür Salz eintauschen, Töpfe, Messer, Silber und Kupfer.

Zweierlei war jedoch nicht dafür zu haben. Durch kaiserlichen Erlaß war es den deutschen Kaufleuten verboten, *den Slawen Helme und Waffen zuzuführen mit der Drohung,* so berichtet der Chronist, *daß, wenn sie darauf ertappt würden, ihre Waren confisciert werden sollten.* Trotzdem, der Handel florierte in Magdeburg außerordentlich gut. Und wie immer, ließ die Politik nicht lange auf sich warten. Zu Kaiser Karls des Großen Zeiten waren das linke Elbufer und die Saale die Grenze des Reiches gewesen, sein Hauptinteresse hatte dem Land östlich

des Rheins gegolten. Seine Nachfolger wollten weiter, weiter nach Osten. Der kaiserlichen Eroberungspolitik stand die Kirche zur Seite. Das Glück, mit dem christlichen Glauben die ewige Seligkeit zu gewinnen, mußte doch auch den Slawen in die Köpfe zu predigen sein. Aber entlang der Elbe erhoben sich die Stämme wieder und wehrten sich. Aus heutiger Sicht ist das durchaus zu verstehen. Andererseits aber, was wäre das polnische Volk heute ohne die Kirche, ohne den christlichen Glauben? In diesem Fall ist Geschichte geradezu bestürzend nahe, in diesem Fall ist mitzuerleben, welche Folgen sich an Ereignisse knüpfen, die tausend Jahre zurückliegen.

Das Standbild des Goldenen Reiters ist das Wahrzeichen der Stadt Magdeburg. Wäre er nicht vergoldet, könnte man denken, der Reiter aus dem Dom zu Bamberg hätte seinen Standort gewechselt. Diesem hier schreiten zwei holdselige Mägde voran, außerdem bewahrheitet sich bei ihm, daß nicht alles Gold ist, was glänzt. Der echte, blattvergoldete, steht heute im Museum, der Luftverschmutzung wegen. Zu bewundern ist jetzt ein Abguß aus Bronze.

Immerhin, die Magdeburger müssen sich etwas dabei gedacht haben, als sie im Jahre 1240 dieses Standbild am Alten Markt haben aufrichten lassen. Was, darüber gehen die Meinungen freilich auseinander. Die einen sagen, mit dem ritterlichen Reiter wollten die Magdeburger ihre Verehrung für Kaiser Otto I. ausdrücken. Dieser Kaiser hat Magdeburg

Zentrum Magdeburg

Der Breite Weg teilte die Stadt Magdeburg in eine östliche und in eine westliche Hälfte.

nicht nur zur Residenz mit aufwendiger Hofhaltung gemacht, sondern mit Kloster, Dombau und großzügigen Schenkungen Magdeburgs Ruhm und Wohlhabenheit begründet.

Für andere Historiker versinnbildlicht der Reiter vor dem Rathaus einen ritterlichen Abgesandten des Kaisers, ausgeschickt, um der Stadt besondere Rechte und Privilegien zu überbringen. Diese Auslegung paßt haargenau zu der selbstbewußten Haltung der Magdeburger, deren Stadt zu jener Zeit eine enorme Bedeutung erreicht hat. Magdeburgs wirtschaftliche und geistliche Bedeutung war gleichzusetzen mit der Bedeutung der Stadt Köln. Darüber hinaus aber hatte sich in Magdeburg eine Rechtsprechung herausgebildet, die hoch gerühmt wurde. Nach Magdeburger Recht wurde bald in allen bedeutenden Städten des Ostens Recht gesprochen, in Böhmen ebenso wie in Polen und darüber hinaus bis nach Kiew und weiter in das große russische Reich hinein: *Nach Magdeburger Recht leben, bedeutet, nach deutscher Art in persönlicher Freiheit leben. Vor Gott finden Arme und Reiche die gleiche Gerechtigkeit, danach soll auch das Recht streben und im Dienst der Wahrheit stehen.*

Die dritte Auslegung für die Aufstellung des Goldenen Reiters ist diese: Die Magdeburger haben Kirche und Geistlichkeit vor Augen führen wollen, daß es in der Stadt auch noch ihren Stand, das Bürgertum, gab.

Auch diese These paßt gut zu den Bewohnern dieser Kaufmannsstadt, zu ihrer Sachlichkeit, zu ihrem Magdeburger Recht.

Als im Laufe der Zeit die Kritik an den kirchlichen Zuständen immer berechtigter wurde, der Verkauf von Ablaßzetteln immer penetranter, kam den Magdeburgern Martin Luther mit seinen fünfundneunzig Thesen gerade recht. Und so wurde Magdeburg die erste norddeutsche Stadt, die sich der Reformation anschloß, ohne jeden Vorbehalt. Wie ernst es den Bürgern mit dem neuen Glauben war, haben sie mehr als einmal beweisen müssen. Reichsacht ist für uns heute kein Wort mehr, das uns Schauer über den Rücken jagt. Zur damaligen Zeit hieß das, sich wappnen, bewaffnen, Vorräte anlegen.

Die kaiserlichen Truppen ließen auch nicht lange auf sich warten.

Gen Magdeburg von Braunschweig her
Des Krieges Wolken ziehen schwer;
Das fünfzehnhundertfünfzigst' Jahr,
Nach Christus zählt man, das ist wahr.

So beginnt Wilhelm Raabe seine Erzählung *Unseres Herrgotts Kanzlei*, in der er die Belagerung der Stadt Magdeburg beschreibt. Obwohl die kaiserlichen Truppen ganz Sachsen besetzt hatten, Magdeburg gab nicht auf. *Die Pfeffersäcke steckten nicht die weiße Fahne.* Und so kam es zum Vergleich zwischen der protestantischen Stadt und Karl V., Kaiser des Heiligen Römischen Reiches Deutscher Nation. Es war, wie sich denken läßt, ein ehrenvoller Vergleich, und das ganze Reich horchte auf, sang und sagte: *In Magdeburg hat die Magd dem Kaiser den Tanz versagt.*

Für diesmal zumindest. Um so schlimmer sollte es der Stadt achtzig Jahre später ergehen, der Dreißigjährige Krieg stand ja noch bevor. Anfangs brachte es Magdeburg fertig, sich mit Geld die Neutralität zu erkaufen. Schließlich wurde das Gebot, dem lutherischen Glauben abzuschwören, immer dringender. Das aber war mit magdeburgischer Rechtsauffassung nicht zu vereinbaren.

Und plötzlich waren zuerst Wallensteins Truppen vor der Stadt und nach ihnen Kaiserliche unter General Tilly. Sie belagerten Magdeburg sechs Wochen lang. Als sich die Bewohner immer noch nicht ergeben wollten, ließ Tilly die Stadt stürmen, und seine Soldateska feierte mit Magdeburg eine Feuerhochzeit. Es hätte ebenso Bluthochzeit heißen können, denn Magdeburg brannte nicht nur, zwanzigtausend Menschen wurden auf fürchterliche Weise umgebracht.

Die Vernichtung einer Stadt und ihrer Bürger in wenigen Stunden hatte es bis zu diesem Zeitpunkt nicht gegeben, und wie es heißt, horchte die Welt damals auf. Horchte sie wirklich auf? Ich habe meine Zweifel, denn jede Hinrichtung war zu dieser Zeit ein Volksfest.

Immerhin hat sich Tilly zu rechtfertigen versucht. Er hätte das Feuer nicht gewollt, im Gegenteil, er hätte alles darangesetzt, es zu löschen. Überliefert ist aber auch, daß er angesichts des Doms, der verschont geblieben war, seinen Hut abnahm und die Hände faltete. *Der Herr hat mir vergönnt,* sagte er zu den versammelten Offizieren, *dieses Heiligtum der wahren Kirche zurückzugeben. Mein Herz ist voller Dank.*

Zwanzigtausend Tote und eine verbrannte Stadt waren für Magdeburg so leicht nicht aufzuholen, auch wenn Handel und Wandel wieder anfingen, denn es gab ja immer noch die Elbe, dieses Wasser des Lebens, das weiterfloß und Kähne trug.

Inzwischen war Magdeburg an Preußen gefallen. Mit Friedensverträgen gehen neue Grenzen ja Hand in Hand. Und so stand der Stadt Magdeburg ein Aufschwung bevor, den sie sich nicht hatte erträumen können. Der neue Landesherr, Friedrich Wilhelm von Brandenburg, hob mit dem Potsdamer Edikt die Schlagbäume an seinen Landesgrenzen, und zwanzigtausend Franzosen, Hugenotten, wegen ihres Glaubens verfolgt, strömten in das Brandenburgische Land. Fünfzehnhundert von ihnen kamen nach Magdeburg, und der aufgeschlossene Kaufmannsgeist dieser Stadt erleichterte ihnen Ansiedlung und Einleben. Sie bereicherten das Handwerk in hohem Maße, und die Arbeiten der Hut- und Handschuhmacher, der Schneider, Juweliere und Uhrmacher wurden zu vielbegehrter Ware.

Diese Réfugiés waren zudem die treuesten preußischen Untertanen, ohne ihre französische Herkunft aufzugeben, ihre Sprache, ihren Gottesdienst, ihre Eigenarten in Sitte und Brauchtum. Nicht erst mit Friedrich dem Großen wurde es in Preußen Gesetz, daß jeder nach seiner Fasson selig werden könnte. Dieser Grundsatz galt bereits zu Zeiten seines Großvaters. Der holte auch schon verfolgte Juden und Pfälzer in sein Land. Dahinter mag noch so viel wirtschaftspoliti-

Seite 164/165:

Magdeburg galt als uneinnehmbar. Doch im Jahre 1631, während des Dreißigjährigen Krieges, gelang es dem kaiserlichen Feldherrn Tilly, die Stadt zu erobern. Ihre Einäscherung blieb aller Welt im Gedächtnis haften. Das Ereignis entsprach etwa der Bombardierung Hamburgs und Dresdens im 2. Weltkrieg.

Tillys Bluthochzeit

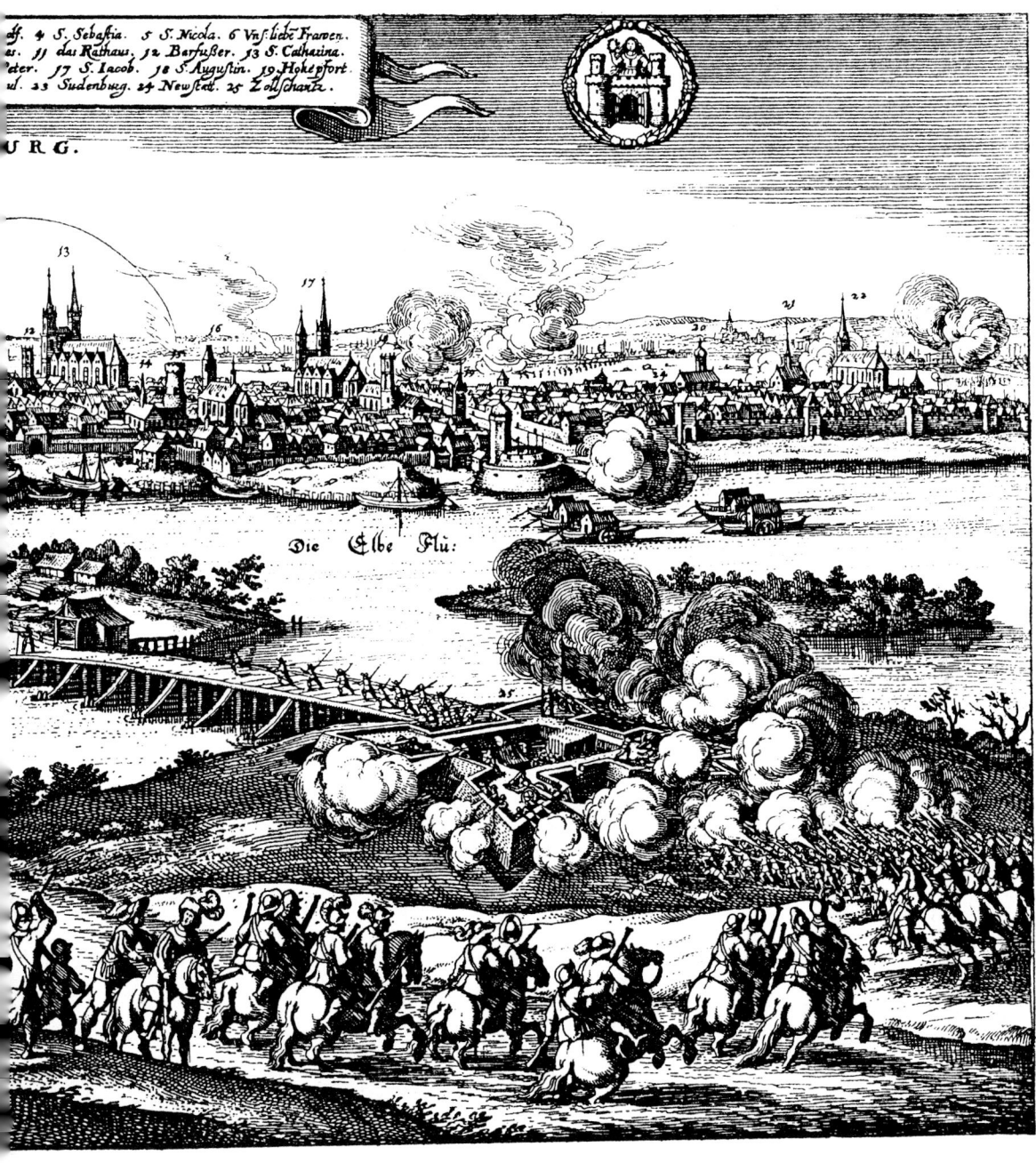

sche Berechnung gestanden haben, man wird ihm nicht den Ruf versagen können, ein liberal gesinnter Mann gewesen zu sein.

Die Hugenotten in Brandenburg und Preußen blieben so lange preußisch-französische Untertanen, bis Napoleon kam. Dann waren sie nur noch Preußen mit französischen Namen. Ich frage mich, was diese Hugenotten in Magdeburg empfunden haben, als 1806 in der Schlacht bei Jena und Auerstedt das preußische Heer vollkommen geschlagen wurde und Magdeburg, das als uneinnehmbare Festung galt, kapitulierte. Es gibt einen Stadtplan aus dieser Zeit, darauf ist Magdeburg wie ein Igel aus Befestigungsmauern, Bollwerken und Basteien anzusehen. Trotzdem, es kapitulierte und ging für Preußen verloren.

Siebeneinhalb Jahre später war Napoleon ein geschlagener Mann. Selbst Frankreich war ihn leid. Er wurde auf die Insel Elba verbannt, und Magdeburg gehörte wieder zu Preußen.

Vom Jahre 1837 an saß Fritz Reuter aus Mecklenburg, damals verurteilter Student, in der Festung Magdeburg ein. Aus den Erfahrungen dieser jahrelangen Haft ist die Dichtung *Ut mine Festungstid* geworden. Obwohl die Zeit in Magdeburg die schlimmste seiner Haft war, hat er sie so beschrieben, daß *aus Tränen und Wunden Veilchen und Rosen erblühen.*

Einige Jahrzehnte später war Magdeburg eine Hochburg der deutschen Sozialdemokratie und blieb es bis zum Jahre 1933. Die Nationalsozialisten konnten hier nur schwer Fuß fassen, und Hitler verabscheute die Stadt. Ernst Reuter war zwei Jahre vorher Oberbürgermeister von Magdeburg geworden. Er warnte die Bürger der Stadt immer wieder vor Hitler. *Dieses Regime, das heraufzieht, bedeutet Krieg. Das ist der Sinn dieses Regimes.* Er hat vergebens gewarnt, und es war für ihn sicher keine Genugtuung, daß er nach den sechs furchtbaren Kriegsjahren in Berlin Regierender Bürgermeister geworden ist.

Am 16. Januar 1945 bombardierten achthundert amerikanische und englische Flugzeuge die Stadt Magdeburg. Und legten sie innerhalb von vierzig Minuten in Trümmer. Tillys Soldateska hatte immerhin noch zwölf Stunden dazu gebraucht. Inzwischen waren gut dreihundert Jahre vergangen, und die Naturwissenschaften, zum Fetisch erhoben, hatten das möglich gemacht.

Dieser Magdeburger Chronik soll zweierlei nachgetragen werden. Otto von Guericke, einst Bürgermeister der Stadt und dazu Physiker, war der Erfinder der Luftpumpe und der Magdeburger Halbkugel. Und gelegentlich wird heutzutage noch, in historischen Kostümen, versteht sich, die Guerickische These demonstriert: *Daß mehrere starke Pferde nicht imstande seien, zwei luftleer gepumpte, hohle Halbkugeln auseinanderzureißen.* Die Wahrheit der Behauptung hatte Guericke auf dem Reichstag von Regensburg im Jahre 1654 einer erstaunten Zuschauerschaft glücklich vorgeführt.

Die wesentlichen Teile des Magdeburger Domes wurden während der Hochgotik erbaut.

Der andere berühmte, in Magdeburg tätig gewesene Mann ist Doktor Eisenbart, *Oculist, Stein- und Bruchschneider.* So nannte er sich. Ein Mann, der die Leute auf seine Art kurierte. Kein Mensch weiß heutzutage mehr, was Dichtung und Wahrheit um seine Person gewesen ist. Er zog, wie es üblich war in seiner Zeit, auf den Jahrmärkten herum und führte alle möglichen Operationen und marktschreierische Praktiken vor. Er hatte Erfolge und Mißerfolge mit seiner Kunst. Was hat sich daran bis zum heutigen Tag in der Medizin geändert?

An der Stelle, wo Doktor Eisenbarts stattliches Anwesen stand, befindet sich noch immer der Eisenbartbrunnen, auf dem der sagenumwobene Wunderdoktor zu bestaunen ist.

Die weitläufige Magdeburger Burganlage ist auf einem Felsen erbaut, der bis an das Ufer der Elbe heranreicht. Auch die Burg in Tangermünde steht noch einmal auf einem Felsen, und jetzt hat die Elbe bei Magdeburg die norddeutsche Tiefebene erreicht. Jetzt geht der Blick weit in das Land hinein, nach rechts und nach links, ungehindert bis an den Horizont. Jetzt muß der Himmel der Landschaft zugeordnet werden mit seiner Wolkenbildung, mit seiner Wolkenfärbung. Die Erhebungen sind die Elbdämme, dahinter ist Weide, weites Feld, Fruchtbarkeit.

Vierzehn Kilometer nördlich von Magdeburg liegt das Schiffshebewerk Rotensee. Es ist von großer Bedeutung. Hier erreicht der Mittellandkanal, der im Rhein beginnt, die Elbe. Die Schiffe, die hier ankommen und weiter wollen, überwinden in einem fünfundachtzig Meter langen und zwölf Meter breiten *Trog* einen Höhenunterschied von sechzehn Metern. In der Binnenschiffersprache heißt das Niveauunterschied.

Der weitere Wasserweg nach Osten, nach Potsdam und Berlin hinein, geht über die kanalisierte Havel, den Plaue-Kanal und den Ihle-Kanal. Beide hat bereits Friedrich der Große bauen lassen.

Mit Tangermünde und seiner Burg kommt Preußen ins Spiel, denn die Zeit, in der Kaiser Karl IV., der Luxemburger, der Prag zur Hauptstadt des Heiligen Römischen Reiches gemacht hatte, der weitblickende Sammler, der in Tangermünde die Burg gebaut hatte, seine Zeit war lange vorüber.

Jetzt stand ein anderer in der Burg, oben hinter der Mauer. Er sah auf die breite, ruhig dahinströmende Elbe hinunter und weit in das flache Land hinein. Er sah den Kähnen nach, die talwärts fuhren, sah zu den Kirchtürmen in der Ferne, die aus dem abendlichen Licht auftauchten und die strohgedeckten Häuser um sich versammelten. Leichter Dunst stieg von der Elbe hoch, bedeckte die Ufer, legte sich auf die Wiesen wie eine dichtlagernde Schafherde. Ein friedlicher Anblick. Die Menschen in den Häusern konnten beruhigt schlafen. Er hatte nach vielen Kämpfen für Recht und Gerechtigkeit im Lande gesorgt. Er hatte die Willkür, die Zügellosigkeit der Ritter

Die Burg von Tangermünde

Ansicht von Tangermünde im 19. Jahrhundert.

gebrochen, die über die Dörfer herfielen, wann es ihnen beliebte. Jahrelang war das so gegangen. Der Wind fuhr dem Mann in seine langen, blonden Haare, und er drückte sich den Hut mit der breiten, gewölbten Krempe tiefer in die Stirn. Was für eine fremde Landschaft, dachte er. Er kam aus Nürnberg. Der Kaiser hatte ihm die Mark Brandenburg verliehen. Hier regierten die Ritter, die Bauern wie Vieh behandelten, den Bürgern in den Städten Steuern abpreßten und Widersetzlichkeiten ohne Recht und Gesetz mit dem Tode bestraften.

Wie kann ein Land nur so eben und platt sein, dachte er. Und doch lag ein ungeheurer Reiz über dieser Landschaft, die irgendwo in der Ferne mit dem Himmel zusammenstieß. Sie forderte neue Gedanken heraus. Nichts hinderte diese Gedanken, sie liefen einem davon in eine weite Zukunft.

Der Mann, der von der Burg in Tangermünde über die Elbe hinweg ins Land sah, war Friedrich von Hohenzollern, ehemals Burggraf von Nürnberg, jetzt der erste Markgraf und Kurfürst von Brandenburg. Mit ihm begann der Weg der

Hohenzollern, zuerst in Brandenburg, danach in Preußen, zuletzt in Deutschland. Sie stellten Kurfürsten, Könige und Kaiser und – sie dankten ab, als ihre Zeit um war.

Recht und Gerechtigkeit für jedermann, dieser Grundsatz des ersten Markgrafen von Hohenzollern hätte Tangermünde viel Unglück erspart, wenn er auch bei den Ratsherren gegolten hätte. Das Unglück der Stadt ist zugleich das Schicksal der Bürgerstochter Grete Minde, und es ist so erbarmungslos wie eine griechische Tragödie.

Die Mindes waren im 16. Jahrhundert eine der angesehensten Familien von Tangermünde. Hans Minde bewohnte als hoher markgräflicher Forstbeamter eins der Freihäuser vor dem Schloß. Unter seinen Enkeln war einer, der sich um Gott und die Welt nicht scherte, weder um den Markgrafen noch um das Ansehen und die Herkunft seiner selbst. Betrunken hatte er im Streit einen Menschen erschlagen. Er flüchtete aus Tangermünde, und, wie es damals üblich war, wenn einer nicht wußte, wohin, ließ er sich anwerben. Soldaten wurden ja immer und überall gebraucht. In der Fremde heiratete er. Das Mädchen war arm, aber es liebte ihn zärtlich, und als den beiden eine Tochter geboren wurde, hätte für sie ein normales Leben beginnen können, wenn nicht der Tod dazwischengetreten wäre. Peter Minde starb, und seine Witwe machte sich mit Heiratsurkunde und Tochter auf den Weg nach Tangermünde, um das Erbe in Empfang zu nehmen, das bei dem Gericht der Stadt niedergelegt war.

Sie hatte aber nicht mit dem Einfluß ihres Schwagers, des Ratsherrn Heinrich Minde, gerechnet. Er zweifelte die Heiratsurkunde an und verstand es, die *hergelaufene Person* mitsamt ihrem Kind als eine Lügnerin hinzustellen. Darüber hinaus ließ er in Umlauf setzen, seinem Bruder wäre schon damals, als er fort mußte, das gesamte Erbe ausgezahlt worden. Und so blieb Peter Mindes Frau nichts anderes übrig, als mit ihrem Kind davonzugehen.

Wer hat von dem Schwur gewußt, den sie ausgesprochen hat, als sie durch das Stadttor ging? Und wer erinnerte sich ein, zwei, drei Jahre später noch an diese Frau? Mein Gott, ob ihr Recht oder Unrecht geschehen war, die Sache war erledigt.

Aber sie war es nicht.

Viele Jahre später tauchte plötzlich ihre Tochter Grete in Tangermünde auf. Ihre Mutter war gestorben, aber vorher hatte sie der Tochter eingehämmert, auf das Erbrecht nicht zu verzichten. Mag sein, daß sie bei Gericht Gehör gefunden hat, denn immerhin hat Heinrich Minde, ihr Onkel, ihr einige Male Geld auszahlen lassen. Vielleicht wäre sie letzten Endes doch in den Besitz des gesamten Erbteils gekommen, wenn sie sich nicht in einen jungen Soldaten verliebt hätte. Verliebt ist sicher nicht das richtige Wort, sie muß eine leidenschaftliche Liebe für ihn empfunden haben. Auf jeden Fall, sie brachte es fertig, ihn zur Heirat zu bewegen, und die beiden wurden getraut.

Wie ihre Mutter, trug sie diesen Trauschein immer bei sich und erzählte ihrem Mann immer wieder, welches Recht sie beide auf ein Wohlleben in Tangermünde hätten. Ihr Mann, leichtsinnig, wie er war, kündigte den Soldatendienst auf, ernährte sich und seine Familie von Diebstahl, kleinen Überfällen und großen, wenn es sein mußte, wobei es ihm auch auf ein Menschenleben nicht ankam. Zu seiner Frau, die ihn so sehr liebte, kam er nur gelegentlich zurück. Sie mußte sehen, wie sie sich und ihr Kind durchbrachte.

Es war eine abergläubische Zeit damals, und die erleichterte es ihr, mit aller möglichen geheimnisvollen Arznei, die sie aus Kräutern und Wurzeln braute, sich durchzuschlagen; immer im Bannkreis der Stadt Tangermünde. Sie weissagte den Leuten aus der Hand und mag manche barmherzige Seele gefunden haben, die sie für eine Zeit mit dem Kind aufgenommen hat, in einer Kammer oder im Stall. Aber jedesmal tauchte dann ihr Mann auf, dieser unheimliche, unehrliche Mensch, dem niemand traute, den niemand auf seinem Anwesen haben wollte. Dann zogen sie zu dritt weiter, irgendwohin.

Im Jahre 1617 führte sie der Weg nach Apenburg. Dort wurden Grete Minde und ihr Kind schwer krank, aber auch hier fanden sich barmherzige Seelen, die sie aufnahmen und ihr jeden Tag eine Mahlzeit brachten.

Genau zu dieser Zeit brach in Tangermünde an drei Stellen zugleich Feuer aus. Ein Feuer von solcher Gewalt, wie es die Stadt noch niemals erlebt hatte. Es sprang in ungeheurer Eile über die ganze Stadt, und das Schlimmste daran war, vor dem Roßtor, durch das die Menschen hätten zur Elbe gelangen können, wüteten die Flammen am ärgsten. Vierhundertsechsundachtzig Wohnhäuser und dreiundfünfzig Scheunen voller Getreide verbrannten, der Turm der Stephanskirche stürzte ein, Altar und Orgel wurden ein Raub der Flammen.

Eineinhalb Jahre später kam Grete Minde mit ihrem Mann und ihrem Kind wieder einmal nach Tangermünde. Ihr Onkel, der ihrer Mutter das Erbe verweigert hatte, war gestorben. Voller Hoffnung wandte sie sich mit ihrer Erbforderung an den neuen Bürgermeister.

Wer weiß denn schon, was in einem Mann vorgeht, der das Unrecht sieht und es ändern möchte und es aus Rücksicht auf sein eigenes Ansehen und auf die Leute, die ihn gewählt haben, nicht ändern kann? Immerhin, er wollte den ersten Schritt tun. Er wollte diesem Ehemann der Grete Minde eine Arbeit verschaffen, die der ganzen Familie Auskommen und Unterkunft bot.

Auf dem Weg zum Rathaus begegnete Gretes Mann einer Frau, die er nicht lange zuvor in brutaler Weise beraubt hatte. Sie erkannten einander, und in panischer Angst verließ Grete Mindes Mann die Stadt. Und damit leitete er die Tragödie ein.

Die Frau, die ihn erkannt hatte, benachrichtigte den Bürgermeister, und Grete Mindes Mann wurde von reitenden Stadtknechten eingeholt und verhaftet. Auf einmal wird ihm zu dem Raub auch noch der Brand der Stadt Tangermünde angehängt. Es ist die alte Geschichte, wenn die Ursache einer Katastrophe nicht aufzuklären ist: Endlich ist ein Schuldiger gefunden.

Dieser Mann aber, an den die unglückliche Grete ihre Liebe gehängt hatte, bezichtigte seine Frau als die Urheberin des Brandes. Sie sei es gewesen, die ihn dazu angestiftet habe, um sich an der Stadt Tangermünde zu rächen, durch die nicht nur ihr, vor allem auch ihrer Mutter so viel Unrecht geschehen war. Hatte er gehofft, sein Leben damit zu retten, oder wollte er nichts weiter, als seine Frau mit hineinreißen in das eigene Schicksal?

Sie haben beide in der Folter gestanden. Das war allerdings von vornherein klar, die Folter hielt keiner durch. Wer sie lebend überstand, war zu jedem Schuldbekenntnis bereit. Trotzdem dauerte der Prozeß einige Monate. Sogar der Schöppenstuhl, das höchste Gericht von Brandenburg, wurde für diesen Rechtsspruch bemüht, weil unter den Tangermünder Ratsherren so viele ein schlechtes Gewissen hatten. Die anderen, die sich endlich dieser unbequemen Mahnerin entledigen wollten, behielten recht. Und so wurden Grete Minde und ihr Mann am 22. März 1617 zum Tode verurteilt. Ein Dritter kam noch dazu, ein Müllerknecht, der mit der ganzen Sache überhaupt nichts zu tun hatte.

Es war Frühlingsanfang, die Weiden an der Elbe leuchteten silbern in den blauen Himmel mit ihren pelzigen Kätzchen, und auf den Wiesen, hinter den Elbdämmen, hatten die Schafe ihre ersten Lämmer gesetzt. Grete Minde und der Müllerknecht haben ihre Unschuld beteuert, bis ihnen das Leben erlosch, und das dauerte lange, denn sie wurden vom *langsamen Feuer* verbrannt: Glühende Zangen bekamen sie immer wieder auf den Leib gedrückt.

In Tangermünde aber läuteten noch bis vor hundert Jahren an jedem Jahrestag des großen Brandes die Glocken, am Nachmittag, eine Stunde lang. Von Grete Minde war nicht mehr die Rede. Ihres Schicksals haben sich zwei Dichter angenommen, Theodor Fontane und Ricarda Huch.

Es gibt ein indisches Märchen, erzählt sie in ihren »Städtebildern«, *von Shandra, einer Jungfrau, deren Haare feurig wurden, wenn sie in Zorn geriet. Als man verräterischerweise ihren Geliebten ermordet hatte, setzte sie mit den Flammen, die von ihrem Haupte wehten, die Stadt in Brand, wo ihr das geschehen war, und brannte sie zu Asche.*

Kann damit das Rätsel des Tangermünder Brandes gelöst sein?

Bei Tangermünde ist die Elbe inmitten der Mark Brandenburg. Links der Elbe liegt die Altmark. Der Name deutet darauf hin, daß es sich hier um das älteste Stück Brandenburgs handelt. Hier saßen

Tangermünde gehört zu den reizvollen alten Städtchen, deren Blütezeit mit der »Backsteingotik« zusammenfällt. Oben links: *Im Hintergrund die Schmuckgiebel des spätgotischen Rathauses.* Rechts: *Die spätgotische Pfarrkirche St. Stephan mit barockem Turmhelm.*

Der Ostflügel des spätgotischen Rathauses von Tangermünde, erbaut um 1430, gehört zu den schönsten deutschen Backsteinbauten.

Blick auf Stendal, den Geburtsort Winckelmanns, des ersten Archäologen und Kunsthistorikers.

die Askanier, bevor Brandenburg dem Markgrafen Friedrich von Hohenzollern verliehen wurde. Sie waren nicht alle aufrecht und gut, die zur Sippe der Askanier gehörten. Die Zeiten, in denen Albrecht der Bär Siedlungspolitik betrieben hatte, waren lange vorbei. Albrecht der Bär hatte die Stadt Stendal gegründet, und Stendal wurde die Hauptstadt der Altmark. Das hatte nun wiederum mit der nahen Elbe zu tun, auf der die aus dem Hinterland gestapelten Waren schnell verschifft werden konnten.

Stendals Handelsbeziehungen reichten über die Elbe bis nach England und Flandern hin, und was die Stadt selbst betrifft, ihre Kirchen und Tore, so fällt auf, daß es spätestens ab hier keinen Sandstein mehr gibt. Jetzt führt der rote Backstein das große Wort, und das wird so bleiben, bis die Elbe bei Cuxhaven die Nordsee erreicht. Schon von Tangermünde an sind rechts und links der Elbe die Ziegelbäcker zu Hause, denn im Urstromtal der Elbe gibt es große Tonvorkommen. Wie in Sachsen der Sandstein gebrochen wird, so werden hier die Ziegel gebrannt. Es grenzt ans Wunderbare zu sehen, welche bizarre Gotik mit diesen kleinen, unegalen, roten Rechtecken zustande zu bringen ist. Hoch, himmelhoch der Dom von Stendal, die Marienkirche, die beiden Stadttore. Es ist eine eigenartige Gotik, und in Stendal geht es erst los damit.

Stendal – der Name ist nur um ein h kürzer als der des französischen Schriftstellers Stendhal, und tatsächlich haben beide etwas miteinander zu tun. Aus Stendal stammt nämlich Johann Joachim Winckelmann, der dort als armer Schusterjunge aufwuchs, aber einen enormen Lerneifer zeigte, besonders für Kunst und Altertümer. Auf dem Umweg über die Dresdner Antikensammlung wurde er schließlich zum Kustos über alle Schätze in und um Rom. Und außerdem zum Begründer zweier Wissenschaften, der Archäologie und der Kunstgeschichte. 1768 wurde er zufällig das Opfer eines Raubmordes. Sein Werk erlangte in aller Welt solchen Ruhm, daß Henri Beyle seinen Namen ablegte und sich nach Winckelmanns Geburtsort fortan Stendhal nannte. Unter diesem Pseudonym sind seine Romane erschienen; zu den wichtigsten zählen *Rot und Schwarz* und *Die Kartause von Parma*.

Rechts der Elbe zieht sich das Havelland hin, bis über die Stadt Potsdam nach Berlin, wo die Havel die Spree aufnimmt. Die Havel entspringt nördlich von Berlin, nahe dem Müritzsee. Auf einer Länge von dreihunderteinundvierzig Kilometern hat sie nur neununddreißig Meter Gefälle – Grund genug, immer wieder neue Seen zu bilden, zum Beispiel den Tegeler See oder den Wannsee. Was würden die Westberliner ohne diese beiden Seen anfangen? Der Taxifahrer, der mich zur Pfaueninsel fährt, sagte: *Durch disse Seen und det ville Jrün hat Berlin überlebt.*

Den schönsten Blick über das Havelland hat man links der Elbe vom Steilufer bei Arneburg aus: Magere Wiesen, Sand, Moore und Seen, Gräben, Kanäle, Kiefern und Birken und wieder Sand. Das war der Boden, auf dem Kienäppel gesät wurden, Kiefernzapfen, auf dem der bescheidene Hafer gedieh, die Gerste und die Kartoffeln. Was für ein Segen, daß Friedrich der Große die Kartoffel eingeführt hatte. Sie war für jeden Hunger gut. Ich habe den schlimmsten Hunger nach Kriegsende jahrelang mit Kartoffeln und Salz gestillt, deshalb weiß ich, wovon ich rede.

Im Havelland war auch Michael Kohlhaas zu Hause, der eine Bauernwirtschaft und einen Pferdehandel betrieb und dem ein sächsischer Ritter so übel mitspielte, daß er zum Rebellen wurde. Heinrich von Kleist hat das Schicksal dieses Mannes beschrieben, der mit dem Unrecht, das ihm angetan worden war, nicht fertig wurde.

Michael Kohlhaas, der Mann, der alles einsetzt und alles verliert in einem Prozeß gegen die Ritter, gegen die Fürsten. Der Unrecht tut, weil ihm unrecht geschehen ist, und dem erst vor dem Richtblock, neben dem Scharfrichter stehend,

Recht zuteil wird. Nur, es hilft ihm nichts mehr, er hat zuviel auf sich geladen.

Dieser Prozeß fand übrigens im Jahr 1533 in der Burg von Bad Düben an der Mulde statt, die aus dem Erzgebirge kommt und der Elbe zufließt. Dort hielt sich 1631 auch der Schwedenkönig Gustav Adolf vor der Schlacht bei Breitenfeld auf, und schließlich verbrachte hier Napoleon die *»vier schrecklichsten Tage meines Lebens«* während der Völkerschlacht von Leipzig.

Im Havelland gibt es einen Ort, der Ribbeck heißt, und in Ribbeck gibt es eine Gaststätte, die den Namen *»Zum Birnbaum«* trägt. Ribbeck – Zum Birnbaum – Fontane. Theodor Fontane hat in seiner Ballade die Geschichte von dem alten, gütigen Herrn von Ribbeck erzählt, der in jedem Jahr, wenn die Birnen in seinem Garten reif wurden, am Zaun stand und die Kinder damit beschenkte, die aus der Schule kamen.

. . . und kam in Pantinen ein Junge
daher,
So rief er: »Junge, wiste ne Beer?«
Und kam ein Mädel, so rief er:
»Lütt Dirn,
Kumm man röwer, ick hebb ne Birn.«

Eines Tages starb der alte Ribbeck auf Ribbeck im Havelland. Sein letzter Wunsch war es gewesen, daß man ihm eine Birne mit ins Grab legte. Denn er ahnte, daß sein hartherziger Sohn nicht eine einzige Birne verschenken würde.

Und im dritten Jahr aus dem stillen
Haus
Ein Birnbaumsprößling sproßt
heraus.

Und die Jahre gehen wohl auf und ab,
Längst wölbt sich ein Birnbaum über
dem Grab,
Und in der goldenen Herbsteszeit
Leuchtet's wieder weit und breit.
Und kommt ein Jung übern Kirchhof
her,
So flüstert's im Baume:
»Wiste ne Beer?«
Und kommt ein Mädel, so flüstert's:
»Lütt Dirn,
Kumm man röwer, ick gew di ne
Birn.«
So spendet Segen noch immer die Hand
Des von Ribbeck auf Ribbeck
im Havelland.

Mit dieser Ballade hat Theodor Fontane die Haltung des brandenburgischen Adels umrissen. Viele dieser Adligen, dieser oft geschmähten Junker rechts und links der Elbe, haben sich für die Bauern, für die Landarbeiter, für die Lehrer und die Schulen, für die Kirchen und ihre Gemeinden verantwortlich gefühlt und verantwortungsbewußt gehandelt.

Was sich seitdem im Havelland geändert hat, schildert ein Rentner in einem Rückblick auf sein Leben so: *Meine Eltern, Großeltern, Urgroßeltern waren alle Werderaner Obstzüchter. Ich kam gleich nach der Schulzeit mit in den elterlichen*

Betrieb. Meine Lehrausbilder waren meine Eltern. Sie hatten fünfundzwanzig Morgen Obstland, also eine große Wirtschaft, aber sie ist dann kaputtgegangen.

Ich habe ganz allein wieder angefangen, mir drei Morgen Land gekauft. 1957 hatte ich ein geschlossenes Grundstück von sechs Morgen, damit haben wir uns durchgekrabbelt. Wir hatten siebzig Süßkirschbäume, hundert Bäume Schattenmorellen, hundert Pflaumen, fünfzig Äpfel, darunter wuchsen Erdbeeren und alles mögliche.

Dann kam die Genossenschaft. Wir wurden vorgeladen, mußten rein, immer vier Mann, zum Unterschreiben ... das war ein Schlag für mich. Was man sich mühselig geschaffen hat, ist ja schwer herzugeben ...

Wir haben in der Brigade unsere Grundstücke gemeinsam bearbeitet, dann wurde das unrentabel, die Flecken wurden den großen Betrieben gegeben. Mein Grundstück gehört jetzt der LPG Groß Kreuz, die Bäume sind herausgerissen, ich will es gar nicht mehr sehen. Obwohl, die Bäume wären jetzt fünfzig Jahre alt, da müssen sie ja raus sein.

Im Laufe der Zeit merkte ich: Einfacher ist es gemeinsam. Wenn früher eine schlechte Ernte war, mußte man sehen, wie man das Jahr durchkam ... Solche Probleme hatte man nun nicht mehr. Wir kriegten alle vier Wochen unser Geld, das konnten wir verleben, und was man nebenbei machte, konnte man wegpakken ... und ab 1971 hatten wir schöne Jahresendauszahlungen, das ist ja, was den Menschen, wenn er arbeitet, am meisten interessiert.«

In gerader Linie über die Elbe hinweg, auf Potsdam zu, gibt es ein Dorf wie viele am Elbelauf. Gemeint ist das Dorf Schönhausen. In Schönhausen wurde am 1. April 1815 auf der Gutsherrschaft des Ferdinand von Bismarck ein Sohn geboren und am 15. Mai in der Dorfkirche getauft. Das war natürlich eine große Sache, und die Taufpaten gehörten den besten Familien des Landes an. Aber wer ahnt schon bei so einer Taufe, was aus dem Kind einmal wird. Was dann letztlich daraus geworden ist, kann man in Hamburg St. Pauli, in den Hafenanlagen über der Elbe begrüßen oder ablehnen, wie man will. Aber er steht dort, hoch und steinern: der Kanzler des Deutschen Reiches Otto von Bismarck. Sein Geburtsort Schönhausen liegt von der Elbe ein paar Kilometer weiter entfernt als das berühmte Denkmal, das ihm in Hamburg errichtet worden ist.

In Schönhausen fing also Bismarcks Leben an. Im Sachsenwald, in Friedrichsruh, nördlich der Elbe, ging es zu Ende. Was zwischen Geburt und Tod lag, schloß Höhen und Tiefen im Leben dieses Mannes ein, dem auch seine erbittertsten Gegner und Hasser die Genialität und Größe nicht absprechen können.

Er diente, wie es heißt, einem König und drei Kaisern, und das Zweite Deutsche Reich war seine Idee. Nach seinem eisernen Willen kam es zu jenem Ereig-

Ansicht von Sandau, zwischen Arneburg und Havelberg gelegen, im 19. Jahrhundert.

nis, das auf dem berühmten Bild in Versailles dargestellt ist: die Kaiserproklamation. Er war es, der die Neugründung des Reiches betrieben hat, der sie dem preußischen König geradezu aufnötigen und dem bayrischen König abkaufen mußte.

In Schönhausen an der Elbe war er Landrat, ein politisch sehr engagierter, das stimmt. Er war Landtagsabgeordneter, aber auch Deichhauptmann, und Deichhauptmann war ein wichtiges Amt, das jedem, der es ernsthaft ausübte, großes Ansehen einbrachte bei all denen, die zu seiner Deichhauptmannschaft gehörten. So soll festgehalten sein, wie gewissenhaft Otto von Bismarck dieses Amt ausgeübt hat.

Am 1. Februar 1847 schrieb er an seine Braut:

Die Elbe liegt noch trüb und mürrisch in ihrem Eisbann; des Frühlings Ruf, sie zu sprengen, ist ihr noch nicht laut genug. Ich sage zu dem Wetter, ach, daß du kalt oder warm wirst, aber du stehst fortwährend auf Null, und so kann es sich in die Länge ziehen.

Wer wie ich an der Niederelbe zu Hause ist, der weiß, daß sich bis zum heutigen Tage nichts daran geändert hat.

Aber dann kommt Bismarcks Brief vom 17. Februar:

Daß es nicht bis zum 11. April Schnee und − 10 Grad bleibt, zeigt der Augenschein. Und vermutlich von Freitag an kannst Du daran denken, wie das zerstreute Fähnlein Deines Ritters und Knechts im nächtlichen Sturm und Regen am Rande der aufrührerischen Fluten flattert, auf einem braunen Pferde, das Ohr spitzend und schnaubend seinen Schrecken über den donnernden Lärm der Schlacht zu erkennen gibt, die sich die riesigen Eisfelder übereinander liefern, wenn sie sich in Zwietracht gelöst haben, und ihre mächtigen Trümmer sich im Strudel auftürmen und zersplittern. Hast Du nie den Eisgang eines großen Stromes gesehen? Es ist eines der imposantesten Schauspiele in der Natur.

Diese großartige Naturbeschreibung gab der einsame Deichgraf Otto von Bismarck seiner vielgeliebten Braut, und er berichtete ihr getreulich, wie er mit den Bauern in der Nacht und am Tage unterwegs war, um das Ufer der Elbe so sicher wie möglich zu machen für den Augenblick, in dem das böhmische Eis seinen Weg nordwärts nahm.

23. Februar ... in der Nacht war es noch ganz leidlich gewesen und ein prächtiger Mondschein. Es war übrigens ein schönes Schauspiel, denn die großen Eisfelder, die sich erst mit kanonenartigem Krachen schwerfällig in Bewegung setzten, sich aneinander zersplittern, bäumen, unter- und übereinander schieben, sich haushoch auftürmen und mitunter Wälle quer durch die Elbe bilden, vor denen der Strom sich aufstaut, bis er sie mit Toben durchbricht. Jetzt sind sie alle im Kampf zerbrochen, die Riesen, und das Wasser ganz dicht bedeckt mit Schollen, deren größte einige Quadratruten halten, und die es eilig mit mürrischem Klirren, wie gebrochene Ketten, der freien See zuträgt. Dies wird noch etwa drei Tage so anhalten, bis das Eis aus Böhmen durch ist, das schon seit einigen Tagen die Dresdner Brücke passiert.

Es hat jahrzehntelang immer neuer Regulierungsarbeiten bedurft, um die Überschwemmungen einzudämmen, die durch den Eisgang angerichtet worden sind.

Auf dem rechten Steilufer der Elbe, kurz vor jenem Knie, mit dem sie zum letzten Male ihre Richtung ändert, um von nun an nordwestwärts bis in die Nordsee zu fließen, liegt auf dem hohen Elbufer die alte Stadt Havelberg. Dort oben, wo heute der Dom steht, befand sich ein Tempel, ein wendisches Hauptheiligtum. Hier lagerten im Schutz der geschnitzten Götter die Lanzen, Schilde und Feldzeichen, immer für den Kampf bereit. Und hier haben sich die Wenden auch besonders hartnäckig gegen die Eroberer aus dem Westen gewehrt.

In trotzigem Mut,
gastfrei und gut,
haben für ihre Götter und Sitten
sie wie die Märtyrer gelitten.

So sinnt Fontane diesen tapferen Menschen nach. Was für ein karges Leben haben sie geführt, welch karges Land haben sie verteidigt! Der Boden taugte auch damals nur für Hafer und Gerste, für Birke und Kiefer, und er ist damals so moorig oder sandig gewesen wie heutzutage.

Am linken Elbufer dagegen, im Elbschwemmland, ist es fruchtbar, fast böhmisch-paradiesisch, und das bis hinunter nach Arneburg. Hier dominiert der Obstanbau, Kirschen und Äpfel und Pflaumen und Flieder. Wenn alles blüht, wird die Gegend zum Ausflugsziel für die Leute aus der ganzen Umgebung. Nicht viel weiter als einhundert Kilometer elbabwärts wird das fruchtbare Schwemmland noch einmal für den Gemüse- und Obstanbau genutzt. Davon wird noch die Rede sein.

Weiter geht es mit der Elbe, Wittenberge entgegen. Von Wittenberge und seinem Wasserstand ist jeden Tag im Norddeutschen Rundfunk die Rede. Wittenberge ist in der Tat ein wichtiger Umschlaghafen für die Ostseestädte Rostock und Wismar, nicht erst in unserer Zeit. Aber in den letzten Jahrzehnten vermehrt, weil die DDR insbesondere

Rostock zu einem großen Überseehafen ausgebaut hat. Alles, was nun nicht mehr in Hamburg gleich auf Kähne geladen und elbaufwärts gebracht wird, muß jetzt in Wismar oder Rostock auf Eisenbahnwaggons umgeladen und nach Wittenberge gebracht werden, wo es schließlich doch auf Kähnen seinen Weg elbaufwärts nimmt.

Auch hier ist es wieder der Backstein, der das Stadtbild prägt. Ob er sich aus einer leichten Schneedecke mit seinem warmen Rotbraun hoch erhebt, ob ihm im Frühling die lila Veilchen zu Füßen liegen und die weißen Birkenstämme ihm einen Hauch von Jugend geben, ob ihn das üppige Blättermeer der sommerlichen Buchen und Eichen fast verdeckt oder das herbstliche Blattgold der Bäume eine kostbare Fassung gibt, es ist der Backstein, der diese Städte prägt.

Der jahrtausendealte Lauf der Elbe hat mit Lehm und Ton und Sand in seinem alten Bett das Rohmaterial dafür geschaffen.

Elbe, Wasser des Lebens, sie hat jetzt einen langen Weg hinter sich.

Vom Elbbrunnen im Riesengebirge hinunter durch Böhmen, an der böhmischen Grenze vorbei, hat sie sich durch das Elbsandsteingebirge zwängen müssen. Dresden, Meißen, Wittenberg, Magdeburg, Tangermünde, sie hat viel gesehen, und jetzt wird sie diesen Knick nach links machen, nach Westen.

Warum hat sie sich den Weg nicht in die Ostsee gesucht, warum hat sie sich für die Nordsee entschieden? Auf diese Weise aber ist sie nun in unserer Zeit zum Grenzfluß geworden. Jetzt steht ihr etwas Außerordentliches bevor, etwas, das ihr in keiner anderen Zeit widerfahren ist, soviel auch an ihren Ufern geschehen sein mag. Hinter Wittenberge, bei Schnackenburg, wird sie zur Grenze, zu einer anderen als vor tausend Jahren. Zu einer Grenze, die Deutsche von Deutschen trennt. Es war dieser verlorene Krieg, es war der Beschluß der Sieger in London, ein halbes Jahr bevor dieser Krieg zu Ende ging, daß diese Grenze gezogen wurde. Aber auch als Grenze muß sie weiterfließen, immer weiter. Das ist für viele, die an ihren Ufern stehenbleiben, ein Angebot, eine Hoffnung, eine Zuversicht.

Ich sehe sie fließen, die Elbe, langsam und stetig, und ich weiß: nichts ist für immer, alles geht weiter, weiter, weiter.

In Wittenberge werden die Güter aus dem Ostseehafen Rostock auf die Elbe umgeschlagen.

Schnackenburg ist das erste Städtchen elbabwärts in der Bundesrepublik Deutschland.

Vom Wendland
bis zur Alten Liebe

Stromkilometer 472, Schnackenburg. Vor der Einfahrt zum Hafen steht auf dem linken hohen Elbufer das Zollhaus. Unten auf dem Wasser liegt das Zollboot. Zwei Beamte sitzen darin, abfahrbereit. Das Zollhaus hat ehemals adeligen Damen zum Aufenthalt gedient, es ist ein herrschaftliches Haus mit Park und alten Bäumen davor.

Über Funk meldet sich bei den Beamten in den nüchternen Amtsstuben ein tschechischer Schleppzug an. Durch die Fenster sehen sie über die Windungen der Elbe hin, flußabwärts. Nein, er ist noch nicht zu sehen. Also ist es noch Zeit, zum Boot hinunterzugehen. In Höhe der Buhnen wird der Tscheche vor Anker gehen und auf die Abfertigung warten. Als er sich schließlich in der Strommitte nähert – es ist ein Motorfrachtschiff, das einen Frachtkahn im Schlepp hat – und auf Ankerkurs geht, nehmen die Zollbeamten ihre Mützen – staatlich-hoheitliche Ordnung muß sein – und gehen zum Boot hinüber. Während der Tscheche sich in die richtige Position manövriert, nähert sich ihm bereits das deutsche Zollboot.

Durch das Fernglas beobachte ich, wie die Zollbeamten an Bord gehen. Wie lange dauert so eine Abfertigung, frage ich mich und warte. Inzwischen nimmt ein Storch meine Aufmerksamkeit in Anspruch. Er stakt an diesem steinigen Elbufer entlang auf die Zollstation zu, fährt mit seinem roten Schnabel zwischen die Steine. Er kommt näher, vielleicht, weil er nichts Eßbares findet. Jetzt bleibt er stehen und stochert. Was hat er gefunden? Durch das Glas sehe ich, daß er an einem Fisch herumhackt. Es ist ein hartnäckiger Fisch, der den Storch sehr beschäftigt.

Inzwischen hat sich auf dem tschechischen Schlepper nichts getan, und die Beamten sind noch nicht wieder aufgetaucht, um an Bord des Frachtkahns zu gehen. Aber jetzt kommen sie, steigen um in das Zollboot und legen kurz darauf bei dem Frachtkahn an. Sie gehen unter Deck, und ich habe wieder Zeit, den Storch zu beobachten, der an dem Fisch seinen Hunger stillt.

Ich habe auch Zeit, meinen Blick auf den Zaun zu richten, drüben, ein Stück hinter dem gegenüberliegenden Elbufer, dort, wo die Grenze verläuft zwischen Deutschen und Deutschen. Man sieht diesem Metallgitterzaun von hier aus weder die Höhe an noch die tödliche Gefährlichkeit. Aus erhöhter Sicht ist zu erkennen, daß es außer diesem Zaun weitere Abgrenzungen gibt, Hindernisse, und durch das Glas sind auch mehr Beobachtungsstellen auszumachen als nur die hochaufgerichteten Türme.

Dann ein Dorf hinter dem Zaun mit Kirchturm und Hausdächern, nahe genug, daß man versucht ist, die Hände um den Mund zu legen und *hallo, hallo* hinüberzurufen. Zeigen würde sich niemand. Kein Auto ist zu hören, kein Pferdewiehern, nichts.

Das ist die Grenze, die sich hinter dem rechten Elbufer von Schnackenburg bis Lauenburg hinzieht und die ein halbes Jahr vor Kriegsende in London festgelegt worden ist. Sie reicht im Norden bis in die Lübecker Bucht, im Süden bis zum Fichtelgebirge. An der Elbe verläuft sie ganze dreiundneunzig Kilometer lang, und doch ist es in Mode gekommen, *diesseits und jenseits der Elbe* zu sagen, wenn von beiden deutschen Staaten die Rede ist. Grenzen trennen immer. Diese Grenze trennt die Menschen auf eine besonders tragische Weise.

Mein Blick geht wieder zum Zollboot. Es legt jetzt ab, ich sehe auf die Uhr. Zwanzig Minuten. Dauert eine Zollabfertigung immer so lange?

Der Zollbeamte sagt: »Nein, so lange dauert es nicht immer, aber hier war etwas mit dem Diesel nicht in Ordnung, das mußte kontrolliert werden. Außerdem, bei uns fehlt heute einer.« Sie sind sonst immer zu dritt, und im Team hat jeder seine eigene Kontrollaufgabe. Auf meine Frage, was der Tscheche geladen hatte, sagt er: »Sojabohnen hat er in Hamburg abgeholt, Viehfutter aus Amerika, er fährt bis Melnik.«

Was heißt heutzutage Zoll? Der Beamte sagt: »Wir kontrollieren die Papiere, wir überprüfen, ob Ladung und Papiere übereinstimmen. Zoll heißt nicht mehr Geld kassieren.« Er lacht. »Aber Zollkontrolle von einem Land zum anderen muß sein, wie eh und je.«

Wie geht es weiter mit diesen tschechischen Elbschiffern? Der Beamte sagt: »Nach fünf Kilometern Bergfahrt wiederholt sich das, drüben, bei dem Ort Kumlosen. Dort werden sie von Beamten der DDR kontrolliert.« Von der Plattform aus, auf der ich stehe, ist trotz des Glases der Ort nicht zu sehen. Aber der Gitterzaun, die Grenze hinter Schnackenburg, die mitten im Grün der Wiesen verläuft, ist gut zu erkennen.

Der Elbzoll war in früheren Zeiten für alle Staaten und Städte, die an den Elbufern lagen, eine enorme Einnahmequelle. Zoll und noch einmal Zoll, in Böhmen, in Sachsen, in Preußen, in Anhalt, in Hannover, in Mecklenburg und in Hamburg. Selbst Dänemark kassierte Elbzoll für Lauenburg und Holstein. Im alten Deutschen Reich haben die Elbkähne fünfunddreißigmal und dann auch noch in verschiedenen Währungen zahlen müssen. Hinzu kam in den Städten, die Stapelrecht hatten, das Ausladen und Anbieten des Ladegutes. Erst wenn es nicht verkauft worden war, konnte die Fahrt weitergehen. Es muß ein mühsames Vorwärtskommen gewesen sein.

Nach der schweren napoleonischen

Zeit wurde im Jahre 1815 auf dem Wiener Kongreß auch der Elbzoll geregelt. Aber gemach, gemach. Es dauerte vier Jahre, bevor in Dresden die Elbe-Schiffahrtskommission zusammentrat, und es dauerte weitere zwei Jahre, bis der Kontrakt ausgehandelt war, in dem festgeschrieben wurde, daß die Elbschiffahrt von Melnik bis in die offene See frei zu sein hätte.

Das hörte sich gut an für alle, die mit der Elbschiffahrt zu tun hatten. Trotz der langwierigen Verhandlungen aber waren alle Beteiligten noch immer nicht unter einen Hut gebracht. Vor allem Hannover spielte nicht mit. Wieder traten die Kommissionen zusammen, wieder wurde verhandelt – es zog sich bis zum Jahre 1844 hin, dann waren sich Österreich, Preußen und Sachsen über die Abgabe pro Schiff anstelle des Elbzolls einig, und sie waren sich über die Verpflichtung aller Staaten einig, die an der Elbe lagen, daß die Fahrrinne für die Schiffahrt auszubaggern und stets freizuhalten sei, um eine regelmäßige Schiffahrt zu gewährleisten.

Es hat noch Jahre gedauert, bis die Übereinkünfte allen in die Köpfe gegangen waren. Und erst im Jahre 1861 hob das Königreich Hannover seine letzte Zollstation in Stade auf. Es erhielt von den anderen Elbanliegern eine Entschädigung in Höhe von 3 857 388 Talern. An dieser Summe ist zu erkennen, wie groß die Einnahmen aus dem Elbzoll für alle Kassen gewesen sind.

Das Ende des Elbzolls war es immer noch nicht ganz. In Wittenberge wurde er noch neun Jahre lang weiterkassiert. Erst am 1. Juli 1870 hatten alle Elbschiffer freie Fahrt. Wenn ich diese Berichte lese, laufen mir die Gedanken in unsere Zeit davon. EG – Brüssel – Kommissionen – Zusammenkünfte – wie sich das ähnelt.

Ich frage den Zollbeamten, wie viele Schiffe es sind, die täglich in Schnackenburg vorbei müssen.

»Im Durchschnitt sind es vierzig pro Tag«, sagt er.

»Und wo kommen sie her, was sind das für Schiffe?«

»Unsere vor allem. Sie kommen von Hamburg und fahren über Potsdam nach Berlin. Hinter Wittenberge gehen sie dann in die Kanäle. Dann kommen natürlich Schleppzüge aus der DDR und die Tschechen. Sie haben es ja gesehen. Polen kommen auch.« Ohne daß ich ihn gefragt habe, sagt der Zollbeamte: »Ja, und wenn wir sehr niedrigen Wasserstand haben, kann es vorkommen, daß keine Schiffahrt mehr möglich ist.«

Daran habe ich nun überhaupt nicht gedacht. Ist die Elbe nicht so reguliert, durch Kanäle, Staubecken und Baggerfahrzeuge, daß die Schiffahrt immer gewährleistet ist? Darum ist es doch vor hundertfünfzig Jahren bei den Zollverhandlungen auch schon gegangen. Nein, auch heute ist es vom Regen abhängig, ob die Schiffe berg- und talwärts fahren können.

Wirklich vom Regen? Der Zollbeamte nickt. »In trockenen Sommern kann die

Fahrrinne so niedrig werden, daß nichts mehr geht. Wir haben hier eben noch Flußschiffahrt. Dann müssen die Schiffe durch den Elbe-Seitenkanal, aber dann dauert die Fahrt für sie drei Tage länger bis zum Zielhafen, und Zeit ist Geld, wie immer und überall.«

»Und wie ist es mit dem Schmuggel?« frage ich ihn.

»Ja, den gibt es auch, wie an jeder Grenze.«

Ich denke an das, was meine Mutter manchmal erzählt hat und meine Verwandten.

»Und was wird geschmuggelt?«

»Zigaretten und Spirituosen. Das kaufen die Schiffer bei sich drüben in den Intershopläden ein.«

»Haben Sie schon einmal erlebt, daß die Elbe richtig zugefroren ist?«

Ja, er hat es erlebt. »Es kommt selten vor. Das letzte Mal haben sich mehr als dreißig Schwäne an unser Ufer gerettet, und wir haben sie gefüttert, damit sie durchkamen. Manche sind richtig zahm geworden. Mit dem einen haben wir uns einen Spaß gemacht, den haben wir immer weiter mit nach Schnackenburg hineingelockt, und schließlich ist er mit uns sogar in die Gastwirtschaft gegangen, für gute Kost.«

»Da war die Elbe richtig zu?«

»Ja, so war es, aber es passiert nicht oft, fließendes Wasser gefriert so leicht nicht. Die Elbe gefriert hier vom Grund her, Grundeis. Ich habe das nicht glauben wollen, aber eines Tages haben sie es mir gezeigt. Hier oben floß das Wasser noch ungehindert, dann haben sie einen Eimer hinuntergelassen, und in der kurzen Zeit, bis der Eimer wieder nach oben gezogen wurde, war das Wasser darin zu Eis geworden.«

Auf meinen erstaunten Blick sagte er: »So ist es wirklich. Deshalb können bei solchen Temperaturen die Schiffe auch nicht Anker werfen. Sie werfen ihn zwar, aber das Grundeis treibt den Anker wieder in die Höhe.«

Ach, Elbe, denke ich, was bist du für ein zauberischer Fluß. Ich weiß zwar, daß es dafür eine physikalische Erklärung gibt, aber wenn ich mir das Riesengebirge vergegenwärtige, aus dem die Elbe kommt, die Elbwiesen mit dem Wind darüber, dem eigenartigen, singenden, dann kommt sie mir doch sehr rätselhaft und geheimnisvoll vor. Ich nehme mein Fernglas und sehe dem tschechischen Schleppzug nach. Er ist kaum noch zu erkennen.

»Heutzutage wird ja ganz anders gefahren«, sagt der Zollbeamte. »Heutzutage wird viel weniger geschleppt, so wie es der Tscheche macht. Heute gibt es Schubfahrzeuge, die schieben zehn, zwölf Kähne vor sich her.«

Ein Dutzend Kähne vor sich, wie geht denn das?

»Die Kähne sind fest miteinander verbunden. Treibstoff ist teuer.«

Über diesen rationalisierten Massentransport auf der Elbe kommen wir auf die alten Zeiten zu sprechen.

»Gibt es hier noch irgendwo den Leinpfad, den Weg der Bomätscher?«

»Nein«, sagt er, »die Wege sind nicht mehr da, aber natürlich sind diese Treidler oder Bomätscher hier gegangen.«

In Hamburg gibt es den Leinpfad noch, aber wer denkt dabei zurück an die Zeiten, als diese Männerkolonnen, diese Schiffszieher, die Bomätscher genannt wurden, die schwer beladenen Kähne elbaufwärts gezogen haben? Was für eine Arbeit, was für ein sauer verdientes Brot haben sie gegessen! Bei Wind und Wetter gegen den Strom, bei Kälte und Nässe und Sommerhitze. Zwei Dutzend oder drei Dutzend Männer, die sich in die Leine spannten, die vom Schiff bis ans Ufer herüberreichte. Jeder von ihnen trug den breiten Zuggurt über der Schulter, jeder von ihnen hatte einen festen Handstock bei sich, auf den er sich stützen konnte, wenn es den Fluß hinaufging, Schritt für Schritt. Einer sah auf den Rücken des anderen, einer trat in die Fußstapfen des anderen, und jeder ging in einer Ordnung, die sich die Kolonnen selbst gegeben hatten.

Vorneweg ging der *König*. Er hatte den Takt und den Schritt anzugeben. Er war ebenso wichtig wie der letzte Mann, der Leinewächter genannt wurde. Das Amt des Leinewächters war es, darauf zu achten, daß sich die Leine nicht am Ufergestrüpp verhakte, an Kopfweiden, an Jungholz hängenblieb. Er besorgte das mit einer langen Holzgabel, mit der er die Leine darüber hinweghob. Kein Aufenthalt sollte entstehen, und vor allem sollte die Kolonne nicht im Gleichschritt gestört werden. Dem gleichmäßigen Schritt dienten auch die Bomätscherlieder. Wenn alle zum Aufbruch bereit waren, sang der König:

Huo, hopp, bis an Knopp,
daß man siehet, wie er ziehet,
huo, hopp, bis an Knopp.

Wenn sie dann auf dem Weg waren und Stunde um Stunde dahinging, sangen sie manchmal dieses Lied:

Solange es keine Motoren gab und der Wind nicht ausreichte, mußten die Schiffe flußaufwärts getreidelt (gezogen) werden. Und solange Menschen billiger waren als Pferde, war das Treideln Aufgabe der Bomätscher.

Heia, hebei, hebei, heia,
Schifflein fahre sanft und wahre
uns vor nassem, kühlen Bad.
Heia, hebei, hebei, heia,
Schifflein schwimme, unsere Stimme
soll die Marschtrompete sein.

Große Elbkähne, die bis fünftausend Zentner Tragkraft hatten, wurden meistens an zwei Leinen dahingeschleppt, und es kam auch vor, daß die Schiffszieher von der Last ins Wasser gezogen wurden. Deshalb der beschwörende Vers: *Schifflein fahre sanft und wahre uns vor nassem, kühlen Bad.*

Das ist schon so etwas gewesen mit dieser Schiffahrt auf der Elbe, bevor der Strom im 19. Jahrhundert reguliert worden ist. Alle paar Jahre bot die Elbe neue Überraschungen. Nach harten Wintern mit schwerem Eisgang, nach viel oder wenig Regen brachte sie es fertig, ihr Bett zu verlegen, Sandbänke anzuschwemmen und Inseln aufzuschütten. Deshalb war es nötig, den Schleppkähnen ein Ruderboot vorauszuschicken, in dem ein Mann saß, der die Fahrrinne auf Hindernisse abstakte. Manchmal war der Wasserstand so niedrig, daß ein Ruderknecht den Schleppkähnen mitten in der Elbe vorangehen konnte.

Nachts wurde nie gefahren. Dann warfen die Kähne Anker, und die Schiffsleute schlugen am Ufer ihr Quartier auf. Später gab es dann Budenkähne. Sie gehörten Schiffern, die am Elbufer ihre Schuppen hatten, in denen auch die Flößer nächtigten. Ein Dach über dem Kopf und vier Wände, die vor Wind und Regen schützten, das war alles.

Zudem gab es noch Schiffsmühlen. Mühlen, die von Ort zu Ort fuhren, deren Räder der fließende Strom antrieb, und die so lange an einer Stelle liegenblieben, wie es etwas zu mahlen gab. Vor diesen Schiffsmühlen mußten sich die Elbschiffer besonders in acht nehmen, *damit nicht das Mühlrad die Leine ertappe, weil sonst solches Rad das Schiff bis an die Mühle hinzöge und dadurch, sofern man die Leine nicht bald abkappte, großes Unheil verursachen würde.*

Es ist mit diesen Schleppkähnen freilich auch flußabwärts gesegelt worden. Jede Erleichterung wurde ausgenutzt. Die Elbkähne fuhren mit dem Rah- oder mit dem Sprietsegel, und es war ein schönes Bild, wenn sie dicht an dicht auf dem breiten Strom dahinzogen. Trotzdem, ein Vergnügen war auch das Segeln nicht, allein wegen der vielen Hindernisse, die im Strom lagen. Bei schlechtem Wetter oder starkem Wind mußten die Schiffe Anker werfen und abwarten. Und so war auch das Segeln ein mühsames Geschäft.

Schließlich aber gab es einen großen Fortschritt: die Dampfkraft. Für die Schiffahrt hieß das: Dampfschiffe. Für die Elbschiffahrt hieß es: Kettenraddampfer. Im Jahre 1869 wurde auf den Grund der Elbe eine Kette gelegt. Zuerst nur zur Probe, zwischen Magdeburg und Hamburg. Schließlich aber war diese Elbkette achthundert Kilometer lang und reichte bis nach Böhmen hinein. Und so

Modell eines Budenkahns mit Rahsegel, auf der Elbe und ihren Kanälen zwischen 1700 und 1840 in Gebrauch.

Kettenraddampfer, in Betrieb zwischen 1866 und (in Böhmen) 1945. Mit Hilfe der auf dem Elbgrund liegenden und über die Trommeln geführten Ketten wurde das Schiff elbaufwärts gezogen.

Modell des Seitenrad-Schleppdampfers »Herzog«, Baujahr 1911.

hangelten sich die Schleppdampfer über ihre Zahnräder an der Elbkette dahin, bergwärts und talwärts, und jetzt zogen sie die Lastkähne hinter sich her. Eine neue, sehr geräuschvolle Zeit der Elbschiffahrt hatte begonnen.

Und die Bomätscher standen am Ufer, hörten das ohrenbetäubende Rasseln, das von den Ketten ausging, und lachten. Das sollte so bleiben? Das dort sollte sie ersetzen? Sie, die Menschen, die, solange einer denken konnte, zu den Elbschiffen und zur Elbe gehörten? Wer von den Schiffern sollte diesen Krach ertragen, Tag für Tag?

Und was war denn schon so eine Kette? Verrosten würde sie, reißen würde sie. Zwei, drei Jahre höchstens, dann waren sie wieder dran. Sie mit ihrem gleichmäßigen Schritt und mit ihren Liedern. Sie gehörten doch zu den Elbufern. Ihnen hörte der Schäfer zu, der seine Herde auf den Elbdämmen weidete, und der Bauer dahinter, der sein Feld pflügte, nickte, wenn er ihr *Heia, hebei, hebei, heia* hörte, und die Frauen in den sommerlichen Gärten wiegten ihr Kind danach: *Hebei, heia, Schifflein fahre sanft und wahre uns vor nassem, kühlen Bad.*

Sie waren alle miteinander verbunden, die Menschen, die an der Elbe lebten und denen die Elbe das Brot gab. *Hebei, heia, Schifflein schwimme, unsere Stimme soll die Marschtrompete sein.* Jawohl, und nicht dieses Rasseln, das einen taub machte. Es gehörte nicht zur Elbe. So dachten die Bomätscher, so redeten sie und waren überzeugt davon, daß sie recht behalten würden.

Aber sie behielten nicht recht. An wieviel mehr Krach haben sich die Menschen seit dem Jahre 1869 gewöhnt, als die Schiffskette gelegt wurde, und immer hat die Maschine das letzte Wort behalten.

Ich denke, daß diese Bomätscher ihr Leben mehr als einmal verflucht haben, wenn ihnen der Regen die Jacken durchgeweicht hat und die Kälte ihnen in die Knochen gedrungen ist. Daß sie halb

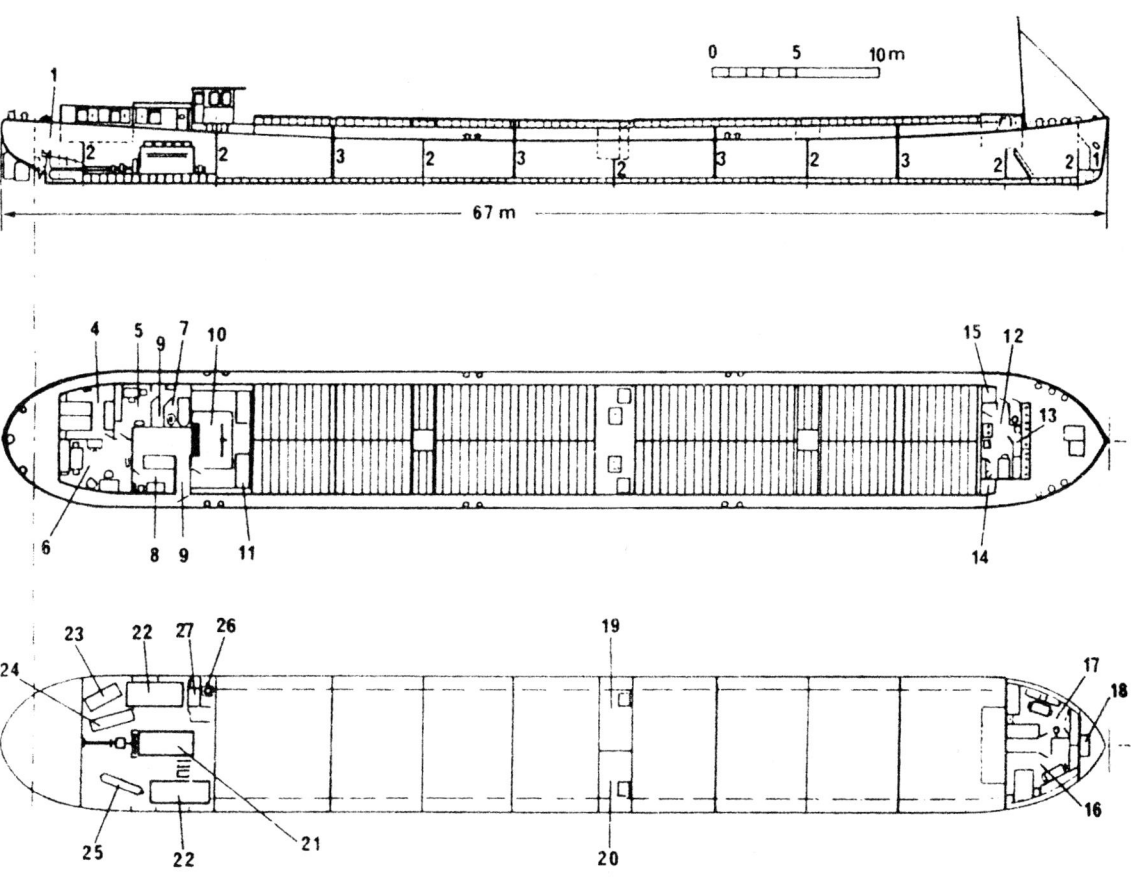

Motorgüterschiff »Gustav Koenigs«. Die Ziffern haben die folgende Bedeutung:

1 Ballast
2 Schott
3 herausnehmbares Holzschott
4 Schlafzimmer
5 Küche
6 Wohnzimmer
7 Bad und WC
8 Gäste- oder Lotsenzimmer
9 Niedergang
10 Steuerhaus
11 Herftluke
12 Küche
13 Niedergang
14 Kohlen
15 Holz
16 Kajüte für verheirateten Decksmann
17 Kajüte für 2 Decksleute
18 Kettenkasten
19 Waschküche
20 Werkstatt
21 Antriebsmotor
22 5 t Brennstoff
23 1,5 m³ Trinkwasser
24 Hilfsaggregat
25 Preßluftflaschen
26 Heizofen
27 Koks

ohnmächtig in der Sommerhitze den Herrgott angerufen und ihn gefragt haben, warum ihnen so ein Leben zugedacht sei. Jetzt aber, mit der Kettenschiffahrt, jetzt erschien ihnen dieses Leben gar nicht mehr so verfluchenswert. Jetzt standen sie auf einmal mit leeren Händen da. Jetzt konnten sie den Stock, auf den sie sich jahrelang gestützt hatten, daheim in der Kate mit dem reetgedeckten Dach in die Ecke stellen. Jetzt konnten sie aus dem Fenster sehen, hinüber auf die Elbe oder in ihre leeren Hände. Jetzt war ein Leben zu Ende, ohne daß der Tod kam.

Im Elbschiffahrtsmuseum in Lauenburg ist ein Stück dieser Elbkette aufbewahrt. Sie ist faustdick, nicht mehr. Und an dieser Kette sind wahrhaftig die schweren Lastkähne berg- und talwärts gezogen worden?

Die Zeit ist vorübergegangen, die nächste kam. Sie brachte der Elbschiffahrt die Schaufelraddampfer, die zehn große Elbkähne und mehr schleppen konnten und die damit viel mehr leisteten als die umständliche, rasselnde Kettenradschiffahrt. Fünfunddreißig Jahre waren die Kettenschiffe gefahren, jetzt wurde die Elbkette Stück für Stück wieder hochgenommen. Nur in Böhmen blieb sie, wie zum Andenken, auf einer kurzen Strecke noch bis zum Jahre 1945 erhalten.

In den Jahren nach dem Ersten Weltkrieg begann wieder eine neue Zeit für die Elbschiffahrt. Der Dieselmotor machte die Fahrt einzelner Lastschiffe möglich. Unabhängig vom Schleppschiff geworden, konnte jetzt Elbschiffer werden, wen es aufs Wasser zog.

Von der Elbe und ihrem Schiffsvolk berichtet Karl Meyer: *Die Planken seines Kahnes sind dem Schiffer mehr als eine bloße Heimat. In der kleinen Kajüte, unter der am Achter die Wellen planschen, wird er geboren. Seine Kindheit verbringt er zwischen den Tauen, den Ankerketten, den Winden, den Kisten der Schiffsladung, und nur auf einige Jahre verläßt er – auch das ist nicht die Regel – den Kahn seines Vaters, um sich in irgendeiner Schifferschule das anzueignen, was er selbst als der von aller Welt fast abgeschlossene Flußfahrer braucht: Schreiben und ein wenig Rechnen. Dann kehrt er wieder auf das Boot zurück, wird Schiffsjunge für drei Jahre, Bootsmann und ist, wenn er darauf das Steuermannspatent erwirbt, berechtigt, selbst einen Kahn über die deutschen Binnengewässer zu führen . . .*

Es ist nicht ganz einfach, die schmale Treppe hinabzusteigen, die in die ›Wohnung‹ des Schiffseigners führt. Sie besteht nur aus einer kleinen Küche und einem zweiten Raum, der Schlaf- und Wohnraum zugleich ist. Auf dem kleinen Puppenherd in der Küche, die nur so groß ist, daß die Hausfrau ein wenig in ihr hantieren kann, wird gerade das Mittagessen bereitet. Der Herd ist auch der Backofen, und stolz weist die Frau auf den braunen Pfingstkuchen, den sie selbst in dieser Küche gebacken hat. Ein kleiner Küchenschrank, ein paar Simse

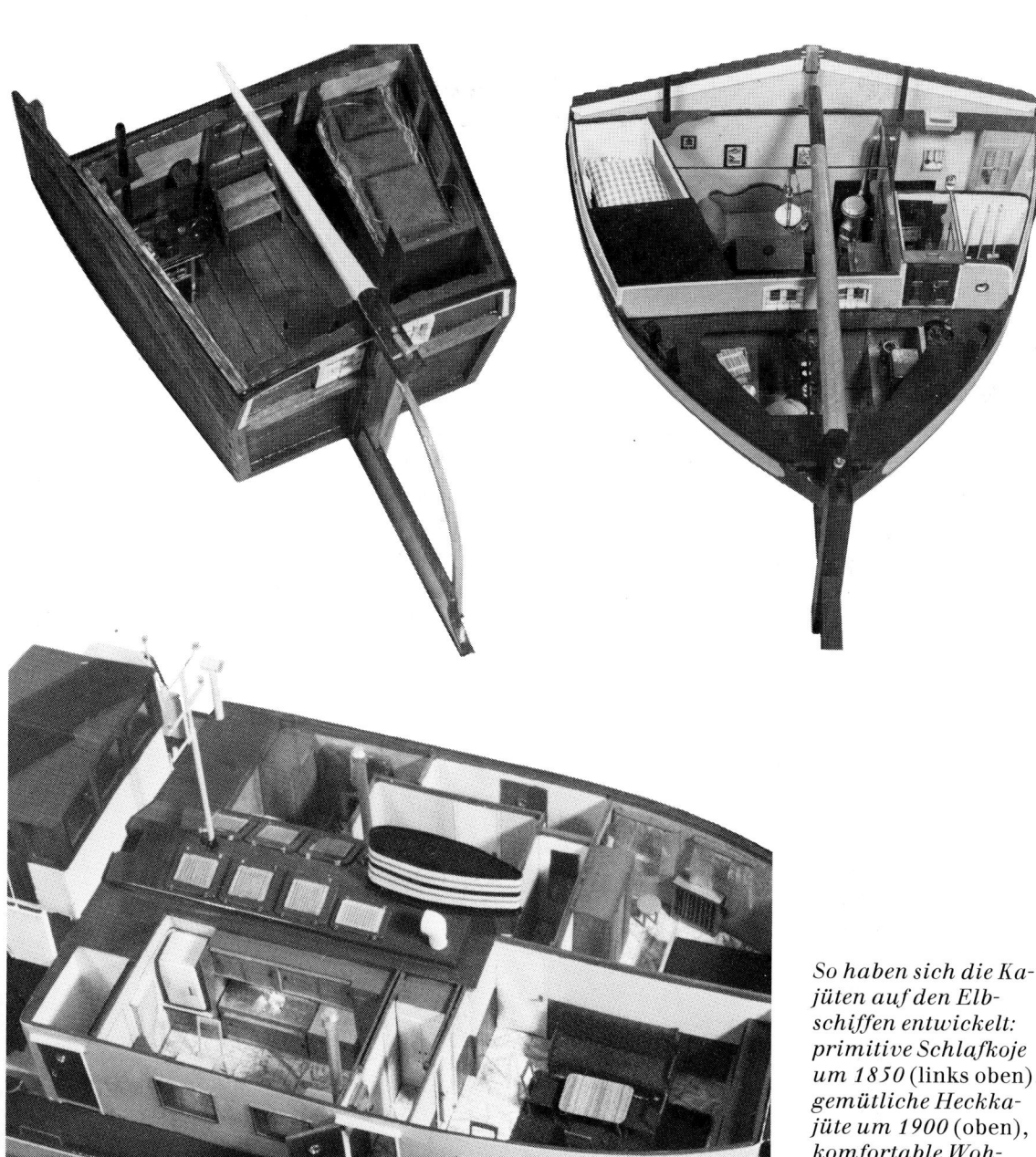

So haben sich die Kajüten auf den Elbschiffen entwickelt: primitive Schlafkoje um 1850 (links oben), *gemütliche Heckkajüte um 1900* (oben), *komfortable Wohnung um 1970* (links).

mit Geräten der Hauswirtschaft – das ist so ziemlich alles, was der Besucher in diesem Raum zu entdecken hat. Auch von dem anderen Zimmer kann man nicht behaupten, daß es geräumig sei. Zwei Betten an der Seite, ein Sofa, ein Tisch, zwei kleine Wäscheschränke mit altmodischen Schub- und Schreibladen, ein paar Stühle – und schon ist das ganze Inventar der Schifferwohnung aufgezählt. Auf dem Sims an der Wand liegt ein Stoß Bücher, denen man ansieht, daß sie fleißig benutzt wurden . . .

Der Schiffer ist sein eigener Schlosser, Maler, Zimmerer und Tischler. Man darf nicht glauben, daß diese Leute, wenn sie ›auf Fahrt‹ sind, den ganzen Tag über nichts zu tun hätten. Da ist immer etwas an dem schwimmenden Haus auszubessern, der Anstrich zu erneuern, eine morsche Planke durch eine frische zu ersetzen, ein Nagel einzuschlagen oder ein Brett zu flicken . . .«

Manches hat sich geändert seit damals. Die Schiffer haben heute auf ihren Kähnen ein komfortableres Zuhause als noch vor Jahren. Geblieben ist für die Schleppzüge wie für die Einzelschiffe der Dieselmotor. Und der Elbe die regenbogenfarbenen Schlieren des Dieselöls.

Der Lauenburger Packhof mit Zollstelle und Kran.

Im Lauenburger Hafen

Die Lauenburger Palmschleuse mit dem alten Zollhaus (rechts, heute Gaststätte) und der Mühle (Mitte, nicht erhalten), ersetzte die alten unwirtschaftlichen Stauschleusen. Sie heißt nach dem Schleusenmeister Palm, der hier die älteste Kammerschleuse Europas baute. Ihre Ringmauern sind noch erhalten.

Drüben liegt Mecklenburg, und die Elbschiffer fahren nicht nur zwischen Mecklenburg und Niedersachsen dahin, sie fahren an der Grenze eines geteilten Landes entlang.

Vor ein paar Stunden bin ich noch im Wendland gewesen, habe die Rundlingsdörfer gesehen, bewundert, und bin weitergefahren. Wendland, habe ich gedacht, Wenden und Deutsche, das zieht sich den ganzen Elbelauf entlang, ganz gleich, ob diese Stämme Wenden oder Sorben heißen, ob es einmal Liutizen oder Obotriten waren. In grauer Vorzeit waren die Elbgermanen, wie man die germanischen Stämme längs der Elbe heute nennt, aus diesem Land davongezogen. Slawische Stämme drangen in den leeren Raum ein und siedelten längs der Elbe und Saale. Tief im Fränkischen saßen einmal die Tschechen. Erst die deutschen Kaiser begannen damit, ihre Herrschaftsgebiete auszudehnen und die slawischen Stämme zu verdrängen, wenn sie sich nicht vereinnahmen ließen.

Drüben also, am anderen Ufer, Mecklenburg. Eine gut ausgebaute Straßenbrücke führte hoch über die Elbe hinweg nach Dömitz. Man kann sie noch heute begehen – bis zur Hälfte. Ich habe es getan. Ich bin auf dieser Brücke entlanggegangen, als der Abend nicht mehr allzu fern war. Außer meinem eigenen Schritt waren nur Vogelrufe zu hören tief unter mir in den eichenbestandenen Wiesen. Um mich war Einsamkeit, dreidimensional. Ich blieb stehen und spürte, wie mir die Wirklichkeit entglitt. Ich sah das fließende Wasser unter mir und hatte plötzlich keinen Halt mehr unter den Füßen. Ich war drüben am anderen Ufer, kein Zaun, keine Zeit hinderten mich . . .

In der Abenddämmerung sah ich jetzt den stolzen wendischen Fürsten Niklot vor mir, der die Geschichte seines Volkes genau kannte, in der es heißt: *Etliche des Volkes, die zogen bis hin gegen Dänemark und an das Meer gegen Mitternacht und bebauten die Lande bei dem Meere.*

Ja, diese slawischen Völkerstämme waren westwärts gezogen und hatten ein leeres Land vorgefunden. Völkerwanderung. Was mag es sein, was Menschen ohne Zwang in Unruhe versetzt, so sehr, daß sie alles, was Vätern und Vorvätern selbstverständliches Eigentum gewesen ist, verlassen, daß sie fortziehen ins Ungewisse. Es hat sich wiederholt in den Zeitläufen, sonst wäre Amerika nicht besiedelt worden. Was hat die slawischen Stämme bewogen, aufzubrechen aus dem Osten, in dem sie daheim waren, um westwärts zu ziehen *bis hin gegen Dänemark?* Diese slawischen Stämme fanden ein verlassenes Land vor. Ein schönes Land, ein ebenes Land, ein Land, in dem es keine Wassernot gab, ein Land mit Seen und Wäldern. Vielleicht verhieß ihnen beides ein gutes Leben. Ein Land, in dem die Saat in jedem Jahr aufgehen und gedeihen würde, in dem Pferde und Schafe genug Nahrung finden würden, um jeden Winter zu überstehen. Also blieben sie hier, und es wurde ihr Land. Aber nichts ist für immer, alles geht wei-

Dömitz, einst Festung, war bis 1945 durch eine wichtige Eisenbahnbrücke bekannt.

ter, so, wie die Elbe immer weiterfließt.

Das Neue kam von Westen, mit Kreuz und Schwert, dicht gefolgt von den Planwagen, neben denen Menschen hergingen, die außer den Wiegen manches Ackergerät aufgeladen hatten. Äxte und Sägen, um die Wälder zu roden und die Erde aufzureißen. Sie kamen aus Flandern und Friesland, aus Westfalen und Ostfalen. Sie brachten Spinnräder mit und Saatgut für Flachs und Roggen. Ein paar Stück Vieh trottete hinter den Wagen her, und ein Hund lief den Gespannen voran. Die Männer sahen nicht aus, als ob sie sich vor dem Neuen fürchteten, in das sie hineinfuhren, und die Frauen auch nicht; obwohl sie manchmal abends, wenn Rast war, zusammenrückten und fragten: *Wie wird es werden mit uns in diesem slawischen Land?*

Es wurde nicht leicht, für keinen. Für die Ansässigen nicht und nicht für die Angekommenen. Es kostete Blut und Tränen, immer wieder. Bis Niklot kam. Niklot begriff, daß es für seine wendischen Untertanen nur den Übertritt zum Christentum gab, wenn sie überleben wollten. Würde sein Volk das begreifen? Er selbst wagte als erster diesen Schritt, er wurde Christ. Wurde er es wirklich?

Ich sehe ihn stehen, wie er, wenn der Abend kommt, an den Palisaden seiner Burg entlanggeht und hinübersieht zum Heiligtum, dort drüben auf der Anhöhe, dort, wo die Waffen unter dem Schutz der Götter verwahrt werden. Niklot sieht gegen den Himmel. Er färbt sich dunkelblau, und kein Mond wird kommen, nur ein paar Sterne werden erglänzen. Aber der Tag ist warm gewesen, vielleicht kommt der Dunst.

Der Dunst legt sich über die Wege, und Niklot lenkt seine Schritte auf das Tor zu. Am Tor zögert er. Er denkt an das Kreuz. Er denkt an diesen Jesus, den sie darangeschlagen haben, der sich ihnen ergeben hat ohne Kampf. Niklot wandert auf und ab. Er sieht immer wieder hinüber, dorthin, wo das Heiligtum ist. Ist nicht ein Licht darüber? Steigt es nicht auf zwischen den Seen? Und der Dunst, geht er nicht hin und her? Hebt er sich nicht, wird er nicht heller, je näher er dem Heiligtum kommt?

Eine Weile sieht Niklot unverwandt hinüber, dann dreht er sich um. Nein, der Dunst ist keine Botschaft der alten Götter, die ihm mitgeteilt werden soll. Niklot ist Realist. Er hat dem Herzog Heinrich, den sie den Löwen nennen, seine Dienste angeboten. Es ist der einzige Weg für die wendischen Stämme, zu überleben, dabei bleibt es. Dieser stolze Herzog Heinrich ist der einzige von allen Deutschen dort drüben, der ihn achtet, der ihn anerkennt. Erkennt er ihn wirklich an?

Als Niklot in der Halle seines Hauses am Feuer sitzt, pocht ein Bote ans Tor. Er wird eingelassen. Atemlos steht er vor Niklot.

Niklot! Herr, die Feinde kommen. Ein ganzes Heer. Sie tragen das Kreuz voran. Viele Ritter reiten vorn im Zug, dahinter Herren und Knechte.

Die ganze Nacht über bleibt Niklot allein, geht mit sich zu Rate, was geschehen soll. Er überdenkt, was in den Jahren vorher geschehen ist. Um mit seinem Volk zu überleben, ist er Christ geworden, und jetzt verrät ihn der Herzog, den sie den Löwen nennen.

Verrat – Verrat. Aber hat er selbst nicht die alten Götter verraten? Wollten sie ihm vielleicht doch eine Botschaft schicken? Ihm, der Christ geworden ist? Was wissen die Götter von Politik und Notwendigkeit?

Nein, Niklot wird nicht am Morgen zu ihnen gehen, um ihnen wieder zu opfern, um sie gnädig zu stimmen. Er weiß, was er zu tun hat. Wenn er vor ihnen bestehen will, muß er kämpfen und mit ihm sein ganzes Volk. Und Niklot weiß, daß er den Kampf verlieren wird.

Das ganze Land mit seinen Wiesen und Honigheiden, mit seinen schimmernden Seen und seinen geheimnisvollen Wäldern wird er verlieren, aber diese Christen sollen ihren Sieg teuer erkaufen. Als der Morgen kommt, ist Niklots Plan fertig. Seine Boten gehen von Stamm zu Stamm, von Siedlung zu Siedlung und rufen alle Männer zum Kampf.

Noch bevor die ersten Kreuzfahrer heran sind, die es sich vorgenommen haben, *die Heiden vor des Reiches Tür* zu bekämpfen und zu bekehren, brennen die Wenden die neugegründete Stadt Lübeck nieder. Dann fallen sie über die Klöster her, die im wendischen Land gegründet worden sind, und dann über die Bauern, die Herzog Heinrich ins Land gerufen hat und die sich *fleißig rodend und pflügend* niedergelassen haben. In diesen Tagen wird Niklot zum Symbol des Widerstandes gegen Herzog, Kirche und gegen alles, was deutsch ist.

Als das Heer der Kreuzfahrer eintrifft, kommt es zum erbitterten Kampf, und Niklot findet im Jahre 1160 den Tod. Jetzt liegt das Land offen da für Heinrich den Löwen, so wie es Niklot hat kommen sehen – so gekommen ist es nicht. Vielleicht waren die alten heidnischen Götter dem tapferen Mann doch besser gesonnen, als er dachte. Sein Sohn fügte sich angesichts der Niederlage in die Verhältnisse. Sein Enkel Borwin aber wurde Herzog Heinrichs Schwiegersohn. Und alle mecklenburgischen Herzöge führten ihre Stammtafel auf Borwin zurück, auf Niklots Enkel, bis in die Neuzeit.

Nicht bis in die neueste Zeit, versteht sich, die setzt ja nun ganz andere Zeichen. VEB = Volkseigener Betrieb, LPG = Landwirtschaftliche Produktionsgenossenschaft. Heute braucht man keine Herzöge mehr; aber jemand, der die Verwaltung in die Hand nimmt, den braucht man heute auch. Und so ist es jetzt der Genosse Direktor, sind es die Genossen im Parteivorstand, bis hinauf in die höchste Spitze.

Solche Gedanken kommen mir auf der zersprengten Elbbrücke, die hoch über dem Wasser bis in die Mitte des Flusses reicht. Am anderen Ufer, nach rechts und nach links, also Mecklenburg. Und Dömitz drüben, der Ort, wo diese Brücke einmal geendet hat und der aus der Entfernung klein und dörflich aussieht, ist gar nicht so ohne. Dömitz lag im Dreiländereck. Hier stießen Mecklenburg, Brandenburg und Hannover zusammen. Grund genug, eine Festung zu bauen. Fritz Reuter aus Stavenhagen saß hier zwei Jahre seiner *Festungstid* ab.

Von Dömitz geht der Eldekanal von der Elbe bis in den Schweriner See, so genannt nach der Hauptstadt des Landes, die an diesem See liegt. Schwerin, Residenz der Herzöge von Mecklenburg-Schwerin. Eine Zeitlang hatten diese Herzöge ihre Residenz Richtung Dömitz nach Ludwigslust verlegt. Heute ist dort der *Rat des Kreises* untergebracht. Wie schon gesagt, jemand muß ja die Sache in die Hand nehmen.

Mir gegenüber also, hinter Dömitz, das *Urmecklenburg*, das ein Heimatdichter das *Land der tönenden Stille* genannt hat. Umschlossen wird es von den Flüßchen Sude, Rögnitz und Elde. Im Mittelpunkt liegt Lübtheen. *Griese Gegend* sagt man auch dazu, weil der Ackerboden gelbgrau gefärbt ist. Hier haben Theodor Körner und seine Eltern ihr Grab gefunden.

Drüben am anderen Ufer, in dem breiten Grünstreifen hinter dem Metallzaun, sehe ich ein paar Rehe stehen. Plötzlich werden sie unruhig, weshalb? Durch das Glas sehe ich zwei Grenzsoldaten mit geschultertem Gewehr auf dem Kontrollgang, sie führen Hunde mit sich. Das ist die Wirklichkeit, die Gegenwart dieses geteilten Landes. Und doch wird auch das eines Tages der Vergangenheit angehören und ebenso Geschichte sein wie die Zeit, in der Wallenstein, der General des verschuldeten Kaisers, Herzog von Mecklenburg gewesen ist und drüben im Schloß Güstrow residiert hat.

Die Zeit dieses Herzogs von Mecklenburg – vorüber, vorbei. Die Zeit der mecklenburgischen Herzöge, die danach aus ihrer Emigration zurückkehrten, ebenfalls vorüber, vorbei. Die Zeit, in der Mecklenburg im Deutschen Reich aufging, das Bismarck geschaffen hatte, auch vorüber. Die Zeit des Nationalsozialismus ebenfalls. Die Folge dieser *braunen* zwölf Jahre ist die Grenze, die ein Land und die Menschen in Hüben und Drüben teilt.

Einer, der besonders unter der Hitler-Diktatur gelitten hat, war Ernst Barlach, Bildhauer und Schriftsteller. Die Elbe und ihre Landschaft haben ihn geprägt, seinen Stil, seine Arbeit. Er war in Wedel an der Elbe geboren worden. Als seine Eltern nach Ratzeburg übersiedelten, übten der Dom und der See eine große Anziehungskraft auf ihn aus. Später, als er seinen Weg gefunden hatte, siedelte er sich in Güstrow an, wo die Landschaft mit ihren Kuppen, Wäldern und Seen der Ratzeburger Landschaft so ähnlich ist. Vor Güstrow aber und der Werkstatt am Inselsee lag ein Weg, der ihn immer wieder an die Elbe zurückgeführt hat, so 1891 zum Studium an der Kunstakademie in Dresden. Im Jahre 1901 ging Barlach nach Wedel. In der Kuhstraße 4 mietete er sich ein.

Mein Leben in Wedel, schreibt er, *war immer noch übervoll von Schwächen, Irren, Maßlosigkeit und Verlorengehen, und alles Durchsichtige, Ungestaltbare voll Ungegorenheit ... Auf der breiten Elbe fand ich die weiteste Lust und die beseligendste Selbsttäuschung.*

Immer wieder treibt es ihn in die satte Landschaft der Marsch, in den Dunst über der Elbe. Immer wieder sieht er den Wolken zu, die der Wind vor sich hertreibt. Immer wieder zieht es ihn zu den Kuttern hinunter, an den kleinen Elbhafen, an dem in der Ferne auf dem Strom die großen Schiffe vorüberziehen. Vier Jahre bleibt er in Wedel, dann beginnen die Reisen wieder. Rußland und die Toskana vor allem nehmen ihn gefangen. Dann kehrt er für immer heim, nach Güstrow.

Güstrow, 1910. Jetzt kennt er seinen Weg, und er arbeitet. Was er mit seinen sparsamen Konturen ausdrückt, ist das Leiden und das Mitleiden, das Mitgefühl mit den Schwachen, Stummen, Geschlagenen, mit den Bettlern, den Blinden, den Trauernden.

Der Engel im Dom zu Güstrow ist das Leid selbst. Das Hamburger Ehrenmal für die Gefallenen, das auf Barlachs Wunsch im Jahre 1931 ohne Feier enthüllt wurde, ist das Mitleiden mit allen Müttern, Frauen und Kindern, die um die Toten des Krieges weinen. Dann noch die großen Figuren, der Nachdenkliche, der Mahner, die sich nicht vor dem Wind fürchten, der ihnen ins Gesicht bläst.

Dann kam das Jahr 1933. Obwohl Barlach noch im Februar 1933 zum Ritter des Ordens Pour le mérite ernannt worden war, lehnten ihn die Nationalsozialisten ab. Und bereits im März dieses Jahres beantragte der Kirchenrat die Entfernung seines Ehrenmales aus dem Magdeburger Dom.

Ernst Barlach hat weitergearbeitet. 1937 gehörte er zu denen, deren *entartete Kunst* in staatlichen und öffentlichen Sammlungen beschlagnahmt wurde. Am 24. Oktober 1938 ist Ernst Barlach gestorben. Die Trauerfeier wurde in seiner Güstrower Werkstatt abgehalten, die Beisetzung fand einen Tag später in Ratzeburg statt. Güstrow war für ihn achtundzwanzig Jahre lang Heimat gewesen, Ratzeburg dagegen war die Stadt, in der er die ersten, wichtigen Eindrücke in seiner Kindheit erhalten hatte. Dorthin wollte er zurück, dort wollte er neben seinem Vater begraben sein. Und so ist es geschehen, denn es war damals kein weiter Weg von Güstrow nach Ratzeburg.

Die Güstrower haben ihrem berühmten Bürger in der Gertrudenkapelle eine Gedenkstätte errichtet, und seine Figuren sind an jene Plätze zurückgekehrt, für die sie ihm einmal in Auftrag gegeben wurden und für die er sie geschaffen hat.

Je weiter der Abend hier auf der Elbbrücke vorankommt, je deutlicher der Flügelschlag der Tauben zu hören ist, die in den mächtigen Eichen nisten, je öfter der Ruf des Kauzes, desto einsamer wird alles, desto stimmloser und beeindruckender.

Auf der halbierten Elbbrücke befindet sich eine Tafel, die nicht nur auf diese Brücke hinweist, sondern auch auf die Eisenbahnbrücke, die ein paar hundert Meter entfernt, ebenfalls zerstört, unzugänglich, bis in die Mitte des Flusses ragt: *Diese hier zerstörten Brücken waren eine Hauptverbindung in die Wirtschaftsgebiete Prignitz, Mecklenburg, Brandenburg und Pommern. Sie stellten außerdem eine direkte Verbindung mit Berlin dar . . .*

Die Dörfer, durch die ich fahre, kommen mir wie eine Idylle vor, ein Stück heile Welt, in der es kaum Autos gibt an diesem Nachmittag. Die Frauen haben die Fenster geöffnet und sich bequem auf ein Kissen gelehnt, die Katze neben sich. Im Hintergrund ist ein Vogelbauer zu erkennen, ich höre einen Kanari flöten. Ein Gruß im Vorübergehen. Die Leute, die nicht hierher gehören, will man sich

schon ansehen. Ein buckliger Mann mauert an einem Anbau, vielleicht soll es auch eine Garage werden. Ein alter Eichenbaum, morsch, ausgehöhlt, mit Öffnungen, die von rostigen Türchen verschlossen sind. War es ehemals ein Taubenhaus oder nur eine Vogelbrutstätte? Ein Hahn kräht, ein paar Hennen scharren in seiner Nähe. Mistkratzer nennt man sie heutzutage im Unterschied zu denen, die in Käfigen gefangen sind.

Es gibt viele Mistkratzer in diesen Dörfern, viel Vieh auf den Weiden. Und so ist es in jedem Dorf hinter den Elbdämmen, von Schnackenburg bis Lauenburg. Keine Industrie, keine hochragenden Schornsteine. Dafür gibt es nördlich von Gatow den Elbwald, in dem vierzig Kranichpaare nisten, die zur Balzzeit und vor dem Abflug ihre wunderbaren Tänze aufführen, bewacht von freiwilligen Vogelschützern.

Impressionen aus dem Naturpark Elbufer-Drawehn (im Landkreis Lüchow-Dannenberg).

Und dann kommt eins dieser kleinen Dörfer, von dem niemand etwas wüßte, wenn es nicht Gorleben hieße. Seit 1977 ist das Dorf immer wieder in aller Munde, als Entsorgungszentrum, als Atommülldeponie, als Wiederaufbereitungsanlage und als Zentrum der norddeutschen Atomkraftgegner.

Im Jahre 1980 haben sie auf dem Gelände der geplanten Tiefbohrstelle ein *Wehrdorf* errichtet: die Republik Freies Wendland. Dreiunddreißig Tage hat es existiert, dann wurde es von der Polizei geräumt. Viele Bauern, nicht nur aus Gorleben, haben sich in all den Jahren mit diesen Atomkraftgegnern solidarisch erklärt. Sie sind mit ihren Treckern protestierend zuerst in das Städtchen Lüchow gefahren und schließlich bis nach Hannover, um der Landesregierung zu zeigen, wie ernst es ihnen mit ihrem Protest ist. Und alle diese Atomkraftgegner haben erreicht, daß die Pläne seit sieben Jahren noch nicht in die Tat umgesetzt worden sind. Dennoch sind die Meinungen geteilt. Viele Menschen sehen neue Arbeitsplätze entstehen und die Möglichkeit eines Aufschwungs in diesem letzten Winkel des geteilten Landes.

Weiter elbabwärts liegt der Naturpark Elbufer-Drawehn. Hier wird geschützt, was noch erhalten geblieben ist in freier Wildbahn, Tiere und Pflanzen. Die Störche sind hier in den Dörfern zu Hause. Und große Trauer herrscht, wenn im Frühling auf ein Storchenpaar vergebens gewartet wird.

An Bächen und Tümpeln stehen Fischreiher, die Rohrdommel brütet im Schilf und wird zum unbeweglichen Pfeil, wenn Gefahr droht. Immer wieder ist ihr *ong-ong* zu hören und der meckernde Ruf der Bekassinen, der ihnen den Namen Himmelsziegen eingebracht hat. Sogar der scheue schöne Eisvogel nistet in Drawehn, und daß zu diesem Naturpark Fuchs und Dachs gehören, Marder, Wiesel und Iltis, versteht sich von selbst. Und auch die Wildkatze geht des Nachts durch das Revier.

Am linken Elbufer dann Hitzacker mit seiner schönen Lage um den Hafen, hinter dem Hafen und vor allem über dem Hafen, hoch oben auf dem Steilufer der Elbe. Hitzacker mit seinen Kuriositäten.

Die dreihundertfünfzigjährige Riesenkastanie erscheint mir auf den ersten Blick nicht gar so kurios. Ich habe schon eine tausendjährige Eibe gesehen. Diese Kastanie aber ist ein Tanzbaum gewesen, nicht etwa in irgendwelchen grauen Vorzeiten. Nein, bis um die Jahrhundertwende haben die Bürger von Hitzacker die untere Etage des Baumes Brett an Brett zu einem Tanzboden ausgelegt. In der oberen Etage, ebenfalls Brett an Brett, saßen die Musikanten und spielten den Hitzackerern zum Tanz auf. Und wenn man sich das in einer blütenduftenden Mainacht vorstellt, in der alles prall voll Leben war, beschienen von Kerzen, Fackeln und Laternen, dann muß es ein ungeheurer Zauber gewesen sein, sich mitten in diesem Baum zum Tanz zu drehen, umgeben vom Grün und den steil

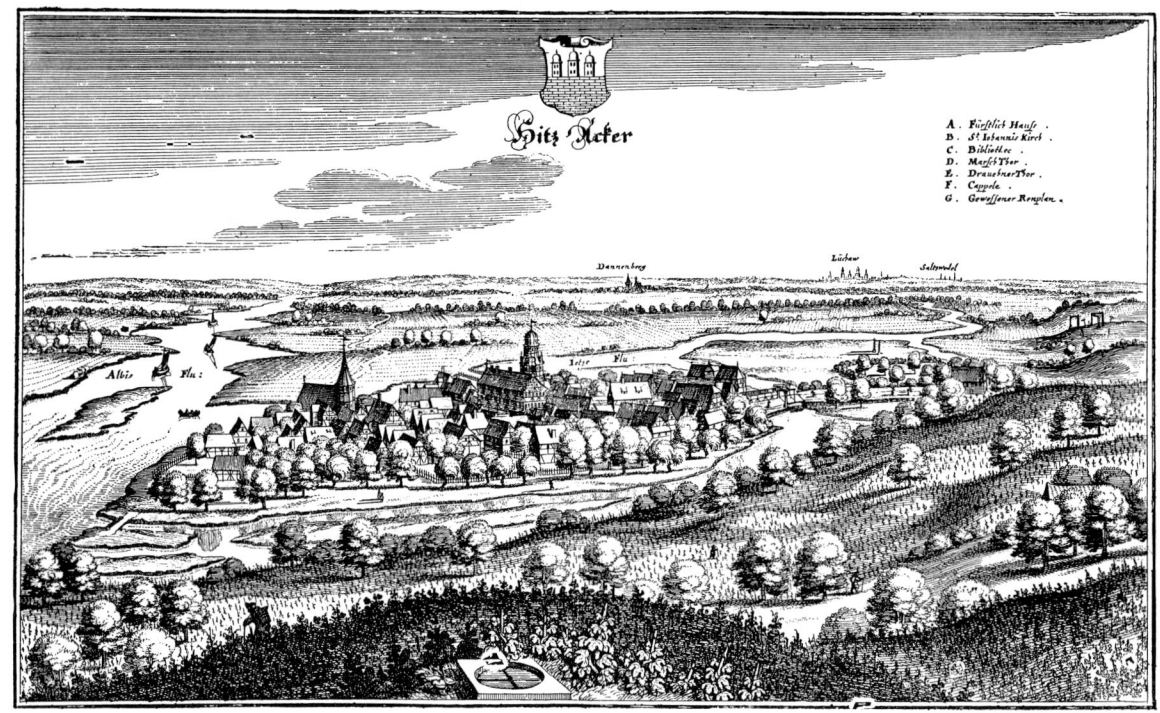

So hat Merian im 17. Jahrhundert Hitzacker gesehen ...

aufgereckten Kastanienblüten. Wieviel zärtliches Flüstern mag diese Kastanie gehört haben, wieviel atemloses Atmen, wieviel Freude, wieviel Trunkenheit, wieviel seufzendes Glück!

Die Sage geht, daß diese Kastanie entstanden ist, als eine verzweifelte Bürgerin, die als Hexe verbrannt werden sollte, auf ihrem Weg zum Scheiterhaufen ein junges Kastanienbäumchen aus der Erde gerissen hat. Sie hat es herausgerissen und mit den Wurzeln himmelwärts wieder in die Erde gesteckt. Das Kuriosum dieser Kastanie ist nämlich auch, daß sie kaum aus der Erde herausgewachsen, sich in fünf Stämme verzweigt hat, worauf man später den besagten Tanzboden errichten konnte, so daß keine Leitern notwendig waren, um hinaufzusteigen. Sollte es so gewesen sein, dann ist über das Tun dieser verzweifelten Frau einmal nicht Gras, sondern ein Baum gewachsen, ein Baum, der sich heute, gehegt und gepflegt, im Ruhestand befindet.

Hitzacker hat einen *Weinberg*, auf dem nur wenige Rebstöcke zu finden sind,

. . . und so präsentiert es sich heute dem Fotografen.

der aber ehemals voll mit Wein bewachsen war. Der alte Herr Merian hat ihn verkostet und ihn einen *ziemlichen Wein* genannt. Womit er ihn gewiß als einen trinkbaren Wein hat bezeichnen wollen und nicht als einen ziemlich saueren. Das wird der Hitzackerer Wein zwar gewesen sein, aber die Umgangsformen waren schicklich, schicklicher als heute.

Dann wäre noch Herzog August von Braunschweig-Wolfenbüttel der Jüngere zu nennen. Er hat in Hitzacker gelebt und war einer der gelehrtesten Fürsten seiner Zeit, die in den Jahren 1579 bis 1666 lag. Er war zeitweilig Rektor der Universitäten Rostock und Tübingen, was der Diagonale wegen erwähnt werden soll und der Verbundenheit innerhalb des damaligen Reiches. Er hat die hochberühmte Wolfenbütteler Bibliothek gegründet, in Hitzacker, das er *Nova Ithaka* nannte. Er muß dieses Hitzacker sehr geliebt haben, so sehr, daß er es mit der griechischen Insel Ithaka verglich, auf der Odysseus geboren sein soll.

Des Herzogs liebster Aufenthalt war

die Bibliothek, zu der er von Jugend auf gesammelt hatte und die bei seinem Tod bereits einhundertachtzigtausend Bände nebst einem Schatz der wertvollsten Handschriften enthielt und den Ruhm hatte, eine der bekanntesten Büchersammlungen der Welt zu sein. Alle Arbeiten auf der Bibliothek, Korrespondenz, Ankauf der Bücher, Anordnungen und Aufstellung derselben besorgte er selbst, so berichtete es sein Biograph Spehr. *Mit eigener Hand verfaßte er den Katalog... sauber und gleichmäßig, wie aus einem Guß geschrieben.* 1645 wurde die Bibliothek nach Wolfenbüttel verlegt.

Jener Herzog August der Jüngere, dessen Leben unter dem Wahlspruch stand *Alles mit Bedacht,* ließ unter den vielen Hexen auch jene Frau verbrennen, deren Tod mit der Tanzkastanie verbunden ist.

Sein Sohn, Herzog Anton Ulrich von Braunschweig, ist uns vertrauter, denn einige seiner Lieder finden wir noch heute in unseren Gesangbüchern – in den evangelischen wie in den katholischen, denn er wechselte die Religion, um seine Tochter mit Kaiser Karl VI. verheiraten zu können. Er wurde in Hitzacker geboren und war genauso gelehrt und prachtliebend wie sein Vater.

Vom hohen Elbufer geht der Blick zu dem langsam fließenden Wasser hinunter, zu den Schwänen, zu den Buhnen. Auf einer Buhne stehen Kinder, Jungen. Sie lassen eifrig Steine übers Wasser springen, eins, zwei – schlupp, eins, zwei, drei, vier – schlupp! Ein paar Ringe im Wasser, und schon fliegt der nächste Stein. Die Zollbeamten in Schnackenburg haben gesagt: »Es ist nicht so einfach, durch die Elbe zu schwimmen, selbst wenn jemand heil durch die Zäune drüben kommt. Die Elbe ist nicht nur das langsam dahinfließende Wasser. Vor den Buhnen gibt es Strudel, die sind lebensgefährlich.«

Plötzlich schreien die Jungen, winken zum Elbdamm herauf.

»Der Kaiser kommt! Der Kaiser kommt! Der Kaiser kommt!«

Was sie sagen, stimmt. Es ist *Kaiser Wilhelm,* der in jedem Sommer einige Male auf Elbreise geht zwischen Lauenburg und Hitzacker, zwischen Lauenburg und Schnackenburg.

Dieser *Kaiser Wilhelm* ist einer der letzten Schaufelraddampfer der Bundesrepublik, und seine Dampfmaschine wird wirklich und wahrhaftig noch mit Kohle befeuert, mit sehr viel Kohle. Schon am Tag vor der Reise muß der Kessel mächtig angeheizt werden; es geschieht ehrenamtlich, aus leidenschaftlicher Freude an der Sache.

So wie der *Kaiser Wilhelm,* der vor der niedrigen Elbbrücke in Lauenburg seinen Schornstein umlegen muß, so haben sie alle ausgesehen, die Schiffe der Weißen Flotte, die um 1900 in – wie könnte es anders sein – Dresden gebaut worden sind. Dieser hier war nicht für die Elbschiffahrt bestimmt. Er schaufelte sich mit den Eichenholzblättern seiner Antriebsräder zuerst die Elbe abwärts, dann über die Nordsee in die Weser hinein. Dort tat er Dienst zwischen Hameln und

Hannoversch-Münden, zum letztenmal am 26. September 1970. Vier Wochen später kehrte er in jenes Gewässer heim, auf dem er seine Jungfernfahrt gemacht hatte: Über den Mittellandkanal schaufelte er sich in die Elbe zurück.

Dreihundertfünfzig Fahrgäste kann die alte, schmucke Majestät befördern, dreihundertfünfzig, wenn die Elbe genügend Wasser hat, *bei günstigen Stromverhältnissen,* wie die Elbschiffer sagen. Dann aber, wenn der Himmel dazu noch Kaiserwetter beschert, ist eine Fahrt mit diesem Raddampfer freilich etwas Besonderes.

Lauenburg also. Diese kleine heimelige Stadt mit ihren Fachwerkhäusern in der Elbstraße, die sich vom Elbufer weg den steilen Geestrücken hinaufzieht, auf dem sich ehemals eine Burganlage erhob, später ein Schloß, als Lauenburg noch Residenzstadt war. Wer weiß noch etwas davon außer den Historikern, wer erinnert sich noch daran? Wichtiger für uns Heutige ist der Grenzübergang, hüben Lauenburg, drüben Boitzenburg.

Was Menschen einander antun können mit Krieg und Nachkriegsentscheidungen, wird einem an diesem Grenzübergang vor Augen geführt. Die Grenzbeamten hüben, die Grenzsoldaten drüben sprechen dieselbe Sprache. Ihre Väter, ihre Großväter haben weder einen Ausweis, ein Visum oder einen Transitschein gebraucht, um über Lauenburg ostwärts und westwärts zu fahren; von Lüneburg her oder Hamburg nach Rostock, nach Wismar, nach Berlin. Obwohl die Chronisten der Stadt Lauenburg wahrhaftig ein Lied von Kriegen und wechselvoller Nachkriegszeit singen können. So unerbittlich, so trennend ist keine Grenze gewesen.

Lauenburg hat viele Herren gehabt. Ohne noch einmal auf die Slawen einzugehen und auf die darauffolgende Herrschaft Heinrichs des Löwen oder auf die Askanier – es waren trotzdem noch genug:

1705 kam das Herzogtum Lauenburg an das Königreich Hannover. 1815 wurde es an Preußen abgetreten. 1815/16 kam es im Tausch an Dänemark. Etwa fünfzig Jahre später wurde Lauenburg zusammen mit Holstein an Österreich und Preußen abgetreten. Und wieder ein paar Jahre später, 1870, kam es zum Deutschen Reich.

Und noch einmal Bismarck. Wegen seiner Verdienste um dieses Deutsche Reich erhielt er die Domäne Lauenburg mit Friedrichsruh im Sachsenwald. Als ihn Kaiser Wilhelm II. entließ und ihm als Trostpflaster den Titel Herzog von Lauenburg verlieh, lehnte Bismarck es ab, diesen Titel zu führen.

Bei Lauenburg mündet der Elbe-Lübeck-Kanal in den Strom. Von hier aus beginnen die Verbindungen nach Norden und in die Ostsee, nach Dänemark, Norwegen, Schweden und Finnland. Bornholm kommt ins Spiel, Gotland und in der Erinnerung die Hanse und ihre große Zeit, ihre Städte und ihre Schiffe und die Männer, die diese Schiffe ausrüsteten

Boizenburg, Grenzort der DDR auf der rechten Elbseite.

und auf Fahrt schickten. Jene Männer, die Karl IV., der Luxemburger, der Prag zur Hauptstadt des Heiligen Römischen Reiches gemacht hat, mit Domini anredete, Herren.

Solche Herren waren, wenn ihre Stadt auch nicht unmittelbar am Elbverlauf lag, in Lüneburg zu finden.

Die Natur hatte es auf eine zweifache Weise gut mit dieser Stadt gemeint. Es gab Kalk, den man abbauen konnte, und es gab Salz. Salz ist noch zu allen Zeiten lebenswichtig für die menschliche Exi-

stenz gewesen. Man konnte damit Fische haltbar machen und Fleisch pökeln, Felle gerben und das Kraut säuern. Salz und noch einmal Salz. Und die Lüneburger hatten es. Sie lieferten es nicht nur in die nahe Umgebung, sie lieferten es in alle Länder der Ostsee. Sie konnten die Preise bestimmen und brachten es nicht nur zu Schiff über die Ilmenau in die Elbe. Sie lieferten es auch auf dem Landweg aus, in Planwagenzügen, die von schwerbewaffneten Reisigen begleitet wurden.

Ach, diese Lüneburger! Das müssen zu damaliger Zeit unerhörte Leute gewesen

Das von einem Schloß gekrönte Lauenburg ist der Grenzort der Bundesrepublik auf der rechten Elbseite.

sein. Denn immerhin lag die Stadt Bardowick den Lüneburgern vor der Nase. Und immer, wenn ich den Dom von Bardowick sehe, kommt es mir in den Sinn, daß eigentlich Bardowick die ganz große Stadt gewesen ist. Eine Stadt, die es sich glaubte leisten zu können, gegen Herzog Heinrich anzugehen. Er hat sie im Jahre 1189 bis auf den Grund zerstört. Die Lüneburger sollen an seinem Zorn nicht unbeteiligt gewesen sein.

Lüneburg zahlte seine Steuern freiwillig als *Bede*, was, wie gefügig, Bitte heißt. Die Lüneburger wußten, warum sie das

taten. Sie wollten Ruhe haben. Sie wollten dem Landesherrn sogar Waffendienste leisten, wenn es nicht zu umgehen war. Vor allem aber wollten sie das einträgliche Salzgeschäft machen, und der Landesherr sollte es ihnen absegnen. Er tat es bis zum Jahre 1371.

Dem Kirchenkalender und seinen Heiligen zugeordnet, hatte Lüneburg am 21. Oktober dieses Jahres seine Ursulanacht. In dieser Nacht unternahm der amtierende Herzog einen plötzlichen Einfall in die Stadt, rücksichtslos, fürchterlich. Die Lüneburger, obwohl vollkommen überrascht, setzten sich zur Wehr. Sie kämpften und verteidigten ihr Recht und – waren siegreich. Und so konnte das erfolgreiche, wirtschaftliche Leben wieder seinen Gang nehmen.

In der nachfolgenden Zeit wurde das prächtige Lüneburger Rathaus gebaut, die Kirchen, die Bürgerhäuser am Sand, und der Ratssilberschatz wurde angeschafft. Und das alles vom Salz, von den Leuten, die das *Solgewerbe* betrieben. Wie mächtig diese Lüneburger Handelsherren gewesen sein müssen, geht daraus hervor, daß sie es fertigbrachten, die Elbschiffahrt oberhalb der Ilmenau stillzulegen.

Das ging so lange gut, bis sich Hamburg die Sache nicht mehr gefallen ließ und Salz aus Frankreich importierte. Die Lüneburger hatten den Bogen überspannt, die Blütezeit der Stadt ging zu Ende.

Heutzutage hat Lüneburg ganz andere Sorgen mit diesem Salz und den Salzstöcken unter der Stadt, mit den schiefen Häusern über den Salzstöcken, die zusammenzufallen drohen. Dennoch ist auf dem Sand, vor dem Rathaus und in den Straßen noch etwas von Lüneburgs Reichtum zu spüren und von seinem Großbürgertum.

Langsam setzt sich der Schleppkahn in Bewegung, obwohl am Ende der Schleusenkammer das grüne Licht noch nicht aufleuchtet. Er scheint es eilig zu haben. Doch die Kammer mitsamt ihren Schiffen hat die Stauhöhe von 3,50 m noch nicht erreicht. Die Schleusenkammer zieht immer viele Besucher an.

Geesthacht. Hier wird die Elbe dreieinhalb Meter hoch aufgestaut. Es soll damit verhindert werden, daß der Wasserstand oberhalb Geesthachts zu niedrig wird. Jetzt leuchtet das grüne Licht auf, die Kammer öffnet sich und gibt den Weg in das offene Elbwasser frei.

Ein Stück elbaufwärts liegt Krümmel. Das Wort weckt eine Vorstellung von klein und krümelig. In Krümmel ist aber etwas Großes, Weltveränderndes geschehen. Im Jahre 1867 hat hier der schwedische Chemiker Alfred Nobel das Dynamit erfunden. Es hat seinen Reichtum begründet. Einen so großen Reichtum, daß von dessen Zinsen bis auf den heutigen Tag alljährlich die Nobelpreise verliehen werden können. An Nobels Todestag, dem 10. Dezember. Zu fünf gleichen Teilen sollen, so hat er es in seinem Testament bestimmt, Menschen ausgezeichnet werden, die im verflossenen Jahr der Menschheit den größten Nutzen geleistet haben: auf dem Gebiet der Physik, der Chemie, der Medizin. Auf dem Gebiet der Literatur soll derjenige den Preis erhalten, der am besten für die Verbrüderung der Völker gewirkt hat. Den fünften Teil des Preises aber soll derjenige bekommen, der sich am meisten für die Erhaltung des Friedens eingesetzt hat.

Gerade der Friedenspreis ist es, über den ich immer wieder nachdenken muß. Hat Alfred Nobel wirklich nicht geahnt und befürchtet, daß die Erfindung des Dynamits vor allem zur Vernichtung von

Menschen eingesetzt werden könnte? Daß sich die Militärs und die Politiker auf die Möglichkeit stürzen würden, in einem künftigen Krieg Waffen zu gebrauchen, die eine unvorhersehbare Vernichtungskraft haben? Hat dieser kluge Mann wirklich gemeint, daß man seine Erfindung nur für friedliche Zwecke nutzen würde?

Erik Bergengren, sein Biograph, schreibt: *Die Erfindung des Dynamits löste eine Revolution aus. Unternehmungen von höchster Wichtigkeit für Bergbau, Industrie und Verkehrswesen, die vorher unmöglich gewesen wären, konnten plötzlich in Angriff genommen werden. Als Beispiele für solche Riesenunternehmungen, die noch zu Nobels Lebzeiten durchgeführt wurden, seien hier genannt: die Tunnels für die St. Gotthard-Bahn, die durch Sprengung unter Wasser vorgenommene Entfernung der gefährlichen Felsen von Hellgate im East-River von New York und die Schiffbarmachung der Donau durch das Eiserne Tor. So darf man wohl behaupten, daß die Ära des Fortschritts, die mit der Einführung der Dampfkraft begonnen hatte, einen ungeheuren Aufschwung durch die Sprengstoffe Alfred Nobels erhielt.*

Schon zu Lebzeiten haben es nicht alle so gesehen. Eine von ihnen, Bertha von Suttner, die ihr Leben der Erhaltung des Friedens gewidmet hatte und Alfred Nobel für ihre Friedensbewegung gewinnen wollte, erhielt von ihm diese Antwort: *Meine Fabriken können sehr gut eher ein Ende mit den Kriegen machen als Ihre ganzen Kongresse. An dem Tag nämlich, an dem zwei Armeen in der Lage sein werden, sich gegenseitig in Sekundenschnelle zu vernichten, werden alle zivilisierten Völker gewiß vor einem Krieg zurückschrecken und ihre Truppen nach Hause schicken.*

Nobel wußte also gut, was seine Erfindung anrichten konnte, und es will mir einfach nicht in den Kopf, daß dieser Mann wirklich überzeugt davon gewesen ist, mit seiner Erfindung wären Kriege unmöglich geworden.

Wie dem auch sei, seinen Irrtum hat er nicht erlebt. Im Jahre 1896 ist er gestorben. Achtzehn Jahre später brach der Erste Weltkrieg aus. Ihm folgte, noch furchtbarer in seiner Menschenvernichtung, der Zweite Weltkrieg. An seinem Ende wurde auch Nobels Fabrik in Krümmel zerstört.

Die Erinnerung an das zwiespältige Erbe von Alfred Nobel wäre jedoch unvollständig, ohne einen Mann zu erwähnen, der in Hamburg geboren wurde und im Jahre 1935 den Friedensnobelpreis erhielt: Carl von Ossietzky. Er war wohl der kämpferischste Pazifist, den Deutschland je hatte. Seine *Weltbühne* war eine gefürchtete Zeitschrift. Die Nationalsozialisten sperrten ihn sofort in ein KZ. Er starb 1938. Ihm, einem KZ-Häftling, den Nobelpreis zu verleihen, das war für Hitler ein Affront ohnegleichen. Er verbot damals allen Deutschen, einen Nobelpreis anzunehmen.

Inzwischen gibt es in Krümmel ein

Kernkraftwerk, und ich denke, auch die Atomwissenschaftler, die Männer, die die Kernspaltung erfunden haben, sind überzeugt davon, der Menschheit etwas Gutes zu tun. Aber darauf können sie sich nicht berufen, nachdem sie miterlebt haben, welche fürchterlichen Folgen Nobels Erfindung in der ganzen Welt anrichtete. Werden Wissenschaftler von einem Zwang getrieben, von einem Ehrgeiz, wie ihn Faust empfunden hat, damals in Wittenberg, als ihm der Teufel gegenüberstand?

In ganz Europa werden heute Blumen und Gemüse unter Glasdächern gezogen. Ich habe das auf Kreta gesehen, wo Nelken in Hunderte von Metern langen Gewächshäusern heranblühten, ich habe es an der Côte d'Azur gesehen. Und jetzt, nachdem die Elbe das Steilufer mit seinen alten Buchen-und Eichenbeständen verlassen hat und das fruchtbare Schwemmland erreicht, ist es auch hier so. Gemüse und Blumen unter Glasdächern lang hingestreckt: die Vierlande, wie dieses Stück Ufer hinter dem hohen Elbdeich heißt. Marschland, in dem der Boden üppig hergibt, was man ihm anvertraut. Hier ist schon Ebbe und Flut zu spüren, noch nicht bedrohlich zuzeiten, aber es scheint doch geraten, den Elbdeich hoch und gut instand zu halten.

Hinter dem Elbdeich ist auf den ersten Blick die Welt noch in Ordnung. Ich denke an Altengamme. Da ist um seine Kirche inmitten des Friedhofs, inmitten der Grabsteine und der Hügel noch Frieden in Christo. Diese Feldsteinkirche St. Nicolai mit ihrem hölzernen Turm, die äußerlich ganz und gar in den Norden paßt, ist in ihrem Innern eine einzige Freude, ein einziges harmonisches Farbspiel mit der Bemalung ihres Holzes, den schmiedeeisernen Hutständern aus Blumen und Blättern, ihrem Himmel mit Sternen geschmückt. Solche barocke Verspieltheit ist hier in Norddeutschland und am Lauf der Elbe selten zu finden, wenngleich der Fluß die Musikalität der Farben und Formen aus Böhmen und Sachsen mit sich bringt.

Doch die Welt ist niemals und zu keiner Zeit heil gewesen. Allein bei dem Gedanken an den Nachbarort Neuengamme und das Konzentrationslager während der Hitlerzeit weiß jeder, wie voller Unheil die Zeiten sind.

Aber hier ist etwas von Tradition zu spüren, von Bewahrtem und Überliefertem, und das muß nicht von vornherein negativ sein.

Wie weit das Land rechts und links des Elbufers geworden ist! Kühe grasen darauf, vor allem schwarzbunte. Grün und fett sind diese Marschen. Man sieht es, auch wenn man kein Bauer ist. Hier hat der berühmteste Sekretär der Weltliteratur, Johann Peter Eckermann, seine Jugend verbracht – als Hirtenjunge. Goethes Gehilfe im letzten Lebensjahrzehnt kam aus Winsen an der Luhe, was den Gründer des Insel-Verlages, Anton Kippenberg, zu einem absolut respektlosen Schüttelreim herausforderte:

*Auf Winsen sich die Ruhe legt,
kein Windeshauch die Luhe regt.
Da hebt Gemuh, Gemecker an:
Die Herde heim treibt Eckermann.*

Jetzt in der Elbniederung verläuft sich das Wasser in immer mehr Gräben und immer weiter in das Land hinein. Norderelbe, Süderelbe, Kanäle, Wasserstraßen: Hamburg ist erreicht.

Hamburg, die Stadt, die der Elbe ihre Bedeutung verdankt, diesem Fluß, der in seinem Verlauf zum immer breiteren Strom geworden ist, zur immer lebhafteren Wasserstraße, deren Ursprung fernab im Riesengebirge liegt, hoch oben auf den Elbwiesen.

Wer von den einhundertfünfzigtausend Menschen, denen das Elbwasser im Hamburger Hafen das Brot gibt, weiß davon? Und wer macht sich Gedanken darüber, wie sehr die Elbe, wenn sie die Grenze bei Schnackenburg erreicht hat, bereits zu einem Strom voller Gifte geworden ist? Fest steht, daß sie in jeder Stunde, bei Tag und Nacht, Hunderte von Kilogramm giftiger Schwermetalle mit sich führt, die in ihren Lauf eingeleitet worden sind: Zink und Arsen, Chrom und Blei, Kupfer, Kadmium und Quecksilber – und das alles bis Schnackenburg. Jetzt aber steht ihr noch Hamburg mit seiner Industrie bevor und das Unterelbegebiet. Unvorstellbar, daß noch vor Jahren in der Elbe gebadet worden ist. Heute wagt das niemand mehr.

Im Hafen ist man der Elbe am nächsten. Überall ist sie gegenwärtig, in Kanälen, an Uferstraßen und Kaimauern, an Docks und Lagerhäusern, zwischen denen, verwirrend und wohlgeordnet, Barkassen und Schuten, Schlepper und Ausflugsdampfer hin und her schippern. Und wo ihr Wasser nicht zu sehen ist, bei den hoch aufgerichteten Kränen, bei den Schiffen, die auf den Hellingen liegen, dort riecht man es. Oder man hört es noch über die Schiffssirenen, über die Rufe der Schauerleute, die keiner versteht, der nicht *platt snacken* kann.

Sieh! Das ist der Hafen, schreibt Siegfried Lenz. *Wähl dir einen Platz und sieh. Geh hinab auf den schlüpfrigen, schwankenden, schnalzenden Landungsponton ... tritt unter den gellenden Sturz der Möwen und erwarte die alte Fähre ... Oder geh auf die erdbraune Böschung hinauf ... da liegt er dir zu Füßen ... stell dich neben die Bank und sieh ... Geh auf die Pier, geh die saubere Rampe der Schuppen entlang, unter baumelnden, quietschenden elektrischen Birnen ... Geh vorbei an dem herrlich besoffenen finnischen Hilfsmaschinisten ... er träumt sich quallenschlüpfrig hinab, tätowiert mit Segeln und mit Meerjungfern ... Geh durch seinen Traum und weiter zur einsamen Spitze, die sie Kehrwieder nennen ... Geh durch alle Panoramen dieses Hafens, durch seine Labyrinthe und Wünsche ... Sieh seine Farben und Verzweiflungen, seine meermuschelige Erinnerung und seinen schwimmenden Traum. Wähl dir einen Platz und sieh ...*

Wähle die Helling oder das rostige,

rührende, meersalzerblindete Bulleye des längst pensionierten Leichters ... Wähle den rumorenden, tuckernden Tag, den sirenenzerrissenen Mittag ... Oder geh nachts in den Hafen ... unter dem matten, margarinefarbenen Mond ... Geh und sieh und du wirst eine Menge sehen ... tipp-toppe Kapitäne, die mit Wärmflasche schlafen, Ewerführer, Heizer, Stauer, Elektriker, zweite Offiziere und erste Offiziere ... Eine Fähre wird das athletische, aktentaschentragende Volk der Stauer von der Schicht bringen ... und alle Völker und Vergangenheiten werden dir begegnen ... Männer, Mädchen, Zöllner, Schweißer und Schlosser, Segelmacher, kleine und große Flittchen, Schaluppen und Schieber – du wirst sehen, was du nie gesehen hast ... Vieles wird in dein Auge stürzen – unwillkürlich und unerwartet ... das Gewicht und die Größe dieses Hafens wird spürbar werden, seine Preise und seine Poesie, seine Magie und seine Maßlosigkeit. Wähl dir einen Platz und sieh. Wähle viele Plätze, und du wirst vieles sehen. Aber je mehr du siehst, desto entschiedener wirst du gewahr, was dir vorenthalten wird ... was der Hafen verschweigt und bemäntelt: der Hafen ist voller Geheimnisse. Es ist viel, was da geschieht, es ist eine Welt, die sich da ereignet ... Du magst alles sehen ... Aber du wirst nicht alles begreifen ... Und selbst, wenn du es begreifst, wirst du merken, daß ein Rest bleibt, klein wie ein Maiskorn vielleicht, vielleicht auch groß wie die ganze Welt.

Wähl dir einen Platz und sieh. Sieh auf die Geschichten da unten, auf die sonderbaren, seewindumzausten Geschichten, die sich gestern begaben, die sich da heute begeben und die sich immer wieder begeben werden: Geschichten unter dem Hafenmond, unter dem Mond des Herings und des Heizers und der landlüsternen Lords ... Geh auf den schwankenden, schnalzenden Landungsponton, weiter noch ... so. Sieh den Strom hinab, den trägen, bibelschwarzen, glucksenden Strom, der voller Geheimnisse steckt ... «

Was ist das für ein Schiff, das mit dem Hafenlotsen an Bord von den Schleppern in den Hafen gezogen wird? Wo kommt es her? Noch ist es zu weit weg, noch kann man weder die Buchstaben lesen, noch

Im Hamburger Hafen

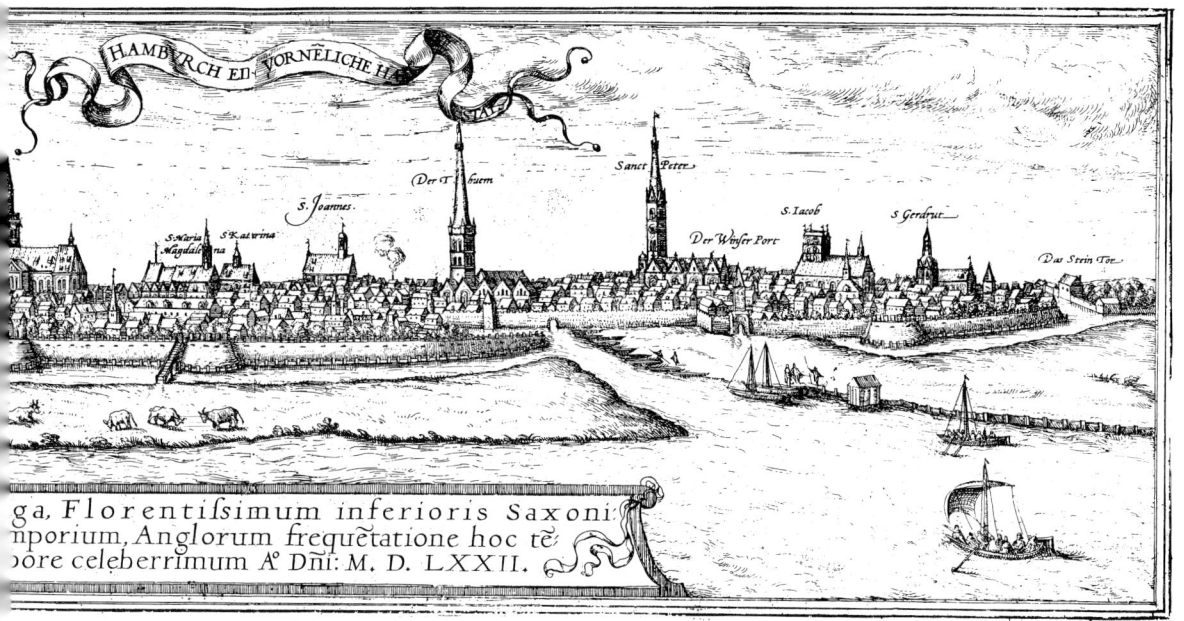

die Flagge erkennen, die es als Brasilianer ausweist, als Türke oder Tunesier.

Hier im Hafen ist die Welt nahe – und der andere Teil Deutschlands ebenfalls. Es gibt immer noch einen Spreehafen mit einem Potsdamer Ufer und einem Berliner Ufer, einen Saalehafen mit einem Dessauer Ufer und einem Hallischen Ufer. Es gibt einen Oderhafen und ein Spandauer Ufer, und für die böhmischen Elbanlieger gibt es den Moldauhafen mit dem Melniker Ufer. Wozu noch zu sagen ist, daß nach dem verlorenen Ersten Weltkrieg 1918 im Versailler Vertrag der Tschechoslowakei ein Ufer von einhunderttausend Quadratmetern als Eigentum zugesprochen worden ist. So wichtig war dem neugegründeten Staat die Sicherung seines Außenhandels über die Elbe.

Das Neue daran war die Eigentumsübertragung; alle anderen Anlieger müssen ihr Stück Hafengelände von der Stadt Hamburg pachten.

Eine Reihe von Jahren ist auch meine Familie vom Hafen abhängig gewesen. Aus dieser Zeit weiß ich, daß der Hamburger Hafen hundert Quadratkilometer groß ist. Aber wichtig war mir das nicht. Für mich war wichtig, die Möwen zu füttern, die sich an Wintertagen vor unserem Küchenfenster auf dem Dach niederließen und darauf warteten, gefüttert zu werden. Für mich war auch wichtig, in den Wintermonaten den Nebelhörnern nach-

Oben:
Hamburger Ansicht aus dem Jahre 1572.

zuhorchen, nachts vor allem, wenn ich nachdenkend oder schreibend am Tisch saß oder mir das Federbett über die Schultern zog. Schiffe im Nebel, die auf ein Signal warten, um den Weg zu finden. Damals ist mir oft der Gedanke gekommen, daß auch der Mensch zuzeiten ein Schiff im Nebel ist.

Wir wohnten in Altona, und der Hafen ist für mich in der Erinnerung immer wieder das Hand-in-Hand-Gehen mit meinem kleinen Sohn auf dem Weg zum Zahnarzt, der hoch über der Elbe an den Landungsbrücken seine Praxis hatte. Zu diesem und keinem anderen gingen wir, weil sein Freund auch dort hinging. Aus dem Fenster im Wartezimmer waren die Schiffe zu sehen und die Barkassen und die Elbfähren.

Mehr als einmal gingen wir auf dem Rückweg, erlöst von aller Angst, durch die Grünanlagen. Wir begegneten Männern und Frauen, die auf den Bänken saßen und schon am Morgen die Flasche mit billigem Wermut reihumgehen ließen.

»Sie sind krank, nicht wahr, Mutter?«

»Ja, irgend etwas hat sie krank gemacht.«

»Wie können sie wieder gesund werden, Mutter?«

»Ich weiß es nicht.«

Manchmal gingen wir zum Elbtunnel hinunter, zum alten. Wir stiegen in den Fahrstuhl und fuhren in die Tiefe der Erde. Wir waren selten allein. Da waren Hafenarbeiter mit ihren Fahrrädern, die zur Schicht mußten, und Fremde, Touristen, die wie wir auch einmal unterirdisch bis ans andere Elbufer kommen wollten. Unheimlich war das, wenn sich die Tore des alten Fahrstuhls öffneten und wir Hand in Hand auf dem schmalen Fußgängerweg in dem Tunnel dahingingen.

Oben und Mitte: *Der alte Elbtunnel, Längs- und Querschnitt.* Unten: *Der neue Elbtunnel.*

Hamburg wird von vielen Seitenarmen der Elbe, Nebenflüssen und Kanälen durchzogen. Hier der Blick über die Norderelbe auf Binnen- und Außenalster.

Wie oft bin ich inzwischen mit meinem erwachsenen Sohn im Auto durch den neuen Elbtunnel gefahren, der drei doppelspurige Fahrbahnen hat, die achtundzwanzig Meter unter der Wasseroberfläche der Elbe liegen. Er ist knapp drei Kilometer lang und stinkt nach Abgasen, so wie es in meiner Erinnerung in dem alten Elbtunnel nicht gestunken hat. Aber sei's drum, der neue Elbtunnel, 1975 fertig geworden, erleichtert die Verbindung nicht nur von Niedersachsen nach Schleswig-Holstein, er verbindet auch die Bundesrepublik mit Skandinavien in großzügiger Weise.

Und dann St. Pauli. Kein Besuch bei uns, der nicht St. Pauli erlebt haben wollte. St. Pauli bei Nacht, versteht sich, die Reeperbahn, die Große Freiheit und die Kleine Freiheit dazu. Das alles mit den schreiend-farbigen Leuchtreklamen, den uniformierten Anreißern vor den Türen, den hohen Preisen dahinter, mit seinen

Eine Hafenrundfahrt

Zu Hamburgs größten Attraktionen gehört eine Rundfahrt durch den Hafen. Überall im Hintergrund der »Michel«, das Wahrzeichen der Stadt.

freizügigen Damen, drinnen und draußen, mit seinen Geräuschen und seinem Gewühl. St. Pauli voller Verheißung bei Nacht – und am Morgen bleibt davon der Geruch nach kaltem Bratfett übrig, in dem Wurst und Kartoffelpuffer geschmurgelt haben.

*Silbern klingt und springt die Heuer,
heut spiel ick dat feine Oos,
heute ist mir nichts zu teuer,
morgen geht die Reise los.
Langsam bummel ich so alleine
die Reeperbahn nach der Freiheit rauf,
treff ich eine recht Blonde, recht Feine,
die gabel ich mir auf.*

Wer hat es besser ins Ohr gesungen als Hans Albers? Wer kann es besser als er, dieses:

*Auf der Rrrreeperbahn
           nachts um halb eins,
ob du'n Mädel hast oder hast keins,
amüsierst du dich,
           denn das findet sich,
auf der Reeperbahn
           nachts um halb eins . . .*

Und wie das so weitergeht: Hans Albers, der große Volksschauspieler, der blonde Junge aus Hamburg, hat mit diesem Lied mehr Sehnsüchte nach St. Pauli geweckt als alle Journalisten, Schriftsteller und Dichter zusammen. Und ich bin sicher, daß manch blinder Passagier nur deshalb dazu geworden ist, weil er außer der Unruhe im Blut dieses Lied im Kopf hatte:

Hinter einem Gewirr aus Kränen und Masten . . .

*Einmal noch nach Bombay,
einmal nach Shanghai,
einmal noch nach Rio,
einmal nach Hawaii, nach Hawaii . . .*

Hans Albers, ich sehe ihn vor mir. Auf der Reeperbahn wurde ein Film gedreht. Die Menschen standen wie die Mauern, denn Hans stand ja dort, ihr Hans Albers, so wie sie ihn sehen wollten: blond, blauäugig, in Kapitänsuniform. Nach Stell- und Tonproben klappte es dann mit der Beleuchtung nicht. Alles mußte wiederholt werden, Klappe auf, Klappe fiel.

Ungeduldig geworden, sagte Hans Albers schließlich: *So, Jungs, jetzt wollen wir es für heute genug sein lassen.* Er grüßte und drehte sich um, wollte gehen. Plötzlich stand ein Junge vor ihm von elf,

Der Ursprung der Hammaburg

... steht der Hamburger »Michel«.

zwölf Jahren. Bittend hielt er seinen einfachen Fotoapparat hoch.

Na, dann zeig's denen mal, sagte Hans Albers mit einer Handbewegung auf die Filmleute und stellte sich in Positur. Es blitzte. Hans Albers lachte und bahnte sich einen Weg durch die klatschende Menschenmenge.

Nicht weit von jener Stelle, wo diese Aufnahmen stattfanden, steht der Michel, das Wahrzeichen der Stadt, die Michaeliskirche. Es gehört auch zu meinen ersten Erinnerungen an Hamburg, den Turm zu besteigen und über Hamburg hinwegzusehen, vor allem über die Elbe. Immer wieder habe ich drüben im Freihafen die roten Backsteinhäuser bewundert, eine Stadt für sich, die im Schlamm und Schlick der Elbe erbaut worden ist, auf Eichenpfählen. Bei aller Zweckdienlichkeit ist diese Speicherstadt von bewundernswerter Harmonie, schön anzusehen mit ihren Kupferdächern, denen die Zeit eine grüne Patina übergezogen hat. Nicht weit vom Michel entfernt liegt jene Stelle, an der Hamburg seinen Ursprung hat und wo heute die Grundmauern der Hammaburg ausgegraben werden. Wieder muß von Karl dem Großen die Rede sein, diesem ersten Kaiser des deutschen Reiches, des überzeugten Christen, der sein Reich bis an die Elbe vorangetrieben hat.

Seine Gesandten standen eines Tages auf dem hohen Geestufer über der Elbe und fanden, daß dies eine vorzügliche Stelle sei, um eine Befestigung zu errichten und eine kleine Kirche dazu. Denn von diesem hohen Ufer aus war auch zu sehen, daß von Norden her ein Nebenfluß in die Elbe mündet, Alster genannt. Und von Osten her wiederum ein Nebenfluß, den die Leute Bille hießen. Dieses Dreieck versprach nicht nur die besten Verbindungen auf dem Wasserwege, es forderte geradezu eine Befestigung heraus. Und sie wären nicht die Abgesandten Karls des Großen gewesen, wenn sie nicht, was ihnen nützlich erschien, sofort in die Tat umgesetzt hätten.

So kam es zum Ursprung der Hammaburg, und wie zu allen Zeiten, ist es bei der Burg nicht geblieben. In ihrem Schutz siedelten sich Fischer an und Handelsleute, denn Fische und Salz gehören ja zusammen. Zu einer Siedlung gehören

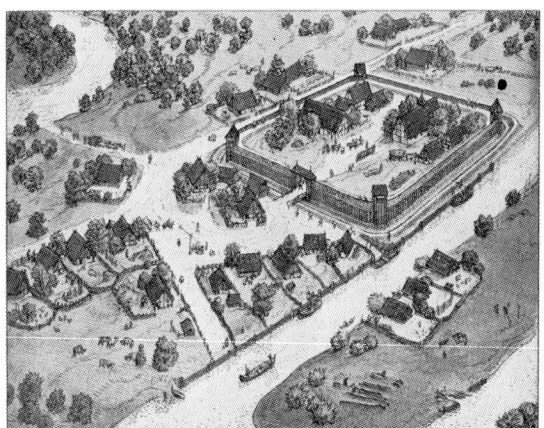
Rekonstruktion der Hammaburg.

Häuser, Höfe und Ställe, in denen ein paar Schafe gehalten werden, Hühner und Gänse. So hat es ja überall angefangen. Es werden Töpfe gebraucht und Feuersteine, Leder für Schuhe und Felldecken, in denen man sich warm hält.

Als das alles nun schon ansehnlich war und in der Hammaburg der Bischof Ansgar residierte und der Silberschatz in der Kirche immer bedeutender wurde – kamen die Wikinger.

Für ihre flach gehenden Boote, die sie mit einer Rah segelten, waren die seichten Elbufer rechts und links geradezu ideal, um anzulegen, wie wildgewordene Teufel herauszuspringen und Dörfer und Siedlungen zu überfallen. Sie kamen in jedem Sommer, diese Nordmänner. Die Frage war nur, wann und auf welche Siedlung sie es abgesehen hatten.

Bischof Ansgar in der Hammaburg hatte schon Tage vorher einen Boten elbabwärts geschickt. Es waren Gerüchte im Umlauf, daß diese rot und weiß gestreiften Segel in der Elbmündung gesehen worden waren. Nicht lange darauf, und von der Burg aus waren in der Ferne auch Feuer auszumachen gewesen. Aber weder der Bote kam zurück, noch tat sich sonst etwas Beunruhigendes. Also begab sich der Bischof an diesem Abend zur Ruhe. Die Dunkelheit kam spät, denn es war Sommer.

Dann waren sie auf einmal da, die Wikinger. Zuerst überfielen sie Häuser und Markt unterhalb der Hammaburg. Dann fielen sie über die Burg selbst her. Sie raubten alles und erschlugen alle, die nicht mehr fliehen konnten. So, wie sie es immer gemacht hatten. Bischof Ansgar blieb nicht einmal Zeit, einen Mantel um sich zu raffen, so schnell ging alles.

Es waren sechshundert Schiffe, schrieb der junge Priester Rimbert, Chronist dieses Überfalls. Aber es waren nicht sechshundert Schiffe, es waren dreiundsechzig, das weiß man heute. Und der Überfall fand statt *in den Tagen des Jahres 845, als die Mistkäfer flogen.* Ihre Flügel wurden zusammen mit den Wikingerschwertern aus dem Elbschlick geborgen, als Hamburg wieder niedergebrannt worden war, im Zweiten Weltkrieg.

Die Zeit war weitergegangen, und die Elbe war weitergeflossen. Und wie immer hat sie denen, die an ihren Ufern siedelten, das Brot gegeben und den Lebensmut dazu.

Aber so richtig *in Gange,* wie die Hamburger sagen, kam die Stadt erst mit den Grafen von Schauenburg. Sie hießen alle drei Adolf, und einer war so tatkräftig wie der nächste. Der dritte Adolf aber scheint der politisch Weitsichtigste gewesen zu sein. Er brachte es fertig, von Kaiser Friedrich Barbarossa am 7. Mai 1189 für Hamburg einen Freibrief zu erwirken. Eine Urkunde, in der festgelegt wurde, daß die Bürger in Hamburg mit Schiffen, Waren und Bemannung von der See bis in die Stadt frei sein sollten von allem Zoll, Ungeld und sonstigen Anforderungen. Von diesem 7. Mai im Jahre 1189 an ist Hamburg eine Freie Stadt und bis auf den heutigen Tag ein Staat im Staate. Und bis auf den heutigen Tag wird an jedem 7. Mai der Geburtstag des Hamburger Hafens gefeiert.

Was noch fehlt auf der Hamburger Visitenkarte, ist neben der Freien Stadt die Hansestadt Hamburg.

Im Jahre 1321 trat Hamburg in den Bund der Hansestädte ein, man muß sagen: erst im Jahre 1321. Diesen Zusammenschluß der handeltreibenden und vor allem seehandeltreibenden Städte gab es schon über zweihundert Jahre vorher. Hanse, das hieß Niederlassung, Kontore und Handelshöfe, das hieß Warenstapel und Schutz dieser Waren und ihrer Kaufleute in fremden Ländern, an fremden Küsten. Hanse hieß aber auch Schiffe auszurüsten, die alle Waren an Bord nahmen, die eine Hansestadt anzubieten hatte, und diese Waren unbeschadet in die fremden Häfen zu bringen.

Federführend für die deutsche Hanse war im 13. Jahrhundert Lübeck geworden. Von Lübeck aus wurde der gesamte Handel in der Ostsee betrieben. Von Lübeck gingen die Verbindungen an der mecklenburgischen Küste entlang nach Pommern, nach Elbing, Danzig, Reval und Riga. Sie reichten bis in das große russische Handelszentrum Nowgorod. Eine der wichtigsten Stationen der Hanse war die Insel Gotland mit der Stadt Visby. In Norwegen war es Bergen, in England London. Der Hanse ging es immer nur um Wirtschaft, Handel und Geld, nicht um Kaiser oder Könige und deren politische Ziele. Für die eigenen wirtschaftlichen Vorrechte aber war die Hanse bereit, zu den Waffen zu greifen und Kriege zu führen.

Das mag es gewesen sein, weshalb Hamburg gezögert hat, dieser Hanse beizutreten. Hamburg hat sich mit der Hanse schwergetan, als es um den Krieg mit Dänemark ging. Um ein Haar wäre die Stadt der *Verhansung anheimgefallen*, was soviel hieß, wie aus der Hanse ausgestoßen zu werden, wenn sie sich nicht bereit erklärt hätte, mit viel Geld auszugleichen, was sie mit Waffen verweigert hatte. Auch später hat sich Hamburg noch manche Extratour geleistet, aber immer wieder ist es das Geld gewesen, mit dem alles bereinigt werden konnte.

Als der Niedergang der Hanse einsetzte, der mit dem Dreißigjährigen Krieg zusammenfiel, ist Hamburg, wie vielen Städten, doch der Titel geblieben: Freie und Hansestadt Hamburg.

Dazwischen liegt eine Zeit, die nicht überschlagen werden soll. Wer im Hamburger Freihafen zum Grasbrook kommt und zum Gebäude der Wasserschutzpolizei, der erreicht kurz dahinter, linker Hand, die Stelle, an der einem Menschen der Kopf abgeschlagen worden ist. Die Hanse mit ihren Privilegien war ihm ein Dorn im Auge gewesen, und die reichen Kaufleute hatten ihm auch nicht gepaßt. Zu allen Zeiten hat es solche Menschen gegeben. Damals wurden sie Freibeuter genannt, und sie sind über Jahrzehnte ein Schrecken der Kaufmannsschiffe gewesen.

Heute steht an dieser Stelle ein Denkmal. Claas Störtebeker ist zu lesen unter der bronzenen Gestalt, die mit gefesselten Händen hochaufgerichtet dasteht. Sieht dieser Mann noch einmal auf die Stadt Hamburg zurück, deren Kaufleute und Schiffer er das Fürchten gelehrt hatte? Oder bietet er voller Todesverachtung dem Scharfrichter seinen Hals dar?

In meinem alten Buch aus dem Jahre 1834 steht: *Besonders waren noch zwei ihrer Hauptleute der Schrecken der Seefahrer, Klaus Störtebeker, aus Barth in Pommern gebürtig, und Gottfried Michael von der Insel Rügen, wo sie in Stubnitz, bei Jasmund, hinter einem Burgwall ihren Raub verborgen hielten. Als nun im Jahre 1403 den Hamburgern hinterbracht wurde, daß eine Schar, von dem Störtebeker und einem anderen Hauptmanne, Wichmann genannt, angeführt, bei Helgoland auf die Englandfahrer lauere, ging eine Flotte unter den Befehlen des Rathsmannes Nicolaus Schocke die Elbe hinab, traf auf die Seeräuber und überwand sie nach hartnäckigem Widerstand, so daß deren mehrere erschlagen, die Anführer aber mit siebzig Gesellen gefangengenommen wurden. Unmittelbar darauf stießen die Hamburger Schiffe auch auf den übrigen Schwarm, unter den Hauptleuten Gottfried Michael und Wigbald, einem Magister der Weltweisheit von der Rostocker Universität, besiegten auch diese und nahmen die Anführer nebst achtzig Gesellen gefangen.*

Ohne bürgerliches Gericht, das man Seeräubern nicht zugestehen wollte, ließ man ihnen insgesamt auf dem Grasbrook die Köpfe abschlagen und mit denselben das Ufer der Elbe zum Schrecken aller zieren.

Der Scharfrichter hat bei Vollziehung des Urteils vier Schwerter gebraucht, welche noch bis auf den heutigen Tag auf dem Bauhofe verwahrt und gezeigt werden.

Im Dreißigjährigen Krieg galt Hamburg als die am besten befestigte Stadt des Reiches. Was die Stadtväter nicht davon abhielt, die Neutralität zu wahren. Das aber konnte sich Hamburg nur deshalb leisten, weil es so sehr befestigt war.

Das war auch der Grund, weshalb der dänische König Christian IV. diese selbstbewußte Stadt nicht einfach über den Schnabel nahm, was er gern getan hätte. Immerhin war Hamburg von seinen holsteinisch-dänischen Landen umgeben.

Der Merian-Stich aus dem 17. Jahrhundert zeigt Hamburg noch mit barocken Wallanlagen.

Um die Hamburger in die Knie zu zwingen, gründete er 1616 am rechten Elbufer, Hamburg weit vorgelagert, Glückstadt. Damit wollte er den Handel von Hamburg abziehen und allen Schiffsverkehr auf Glückstadt verlegen. Er schickte Kriegsschiffe die Elbe aufwärts mit dem Befehl, alle Hamburger Schiffe anzuhalten und zu durchsuchen. Beschwerden aus der Hansestadt beantwortete er damit, daß die Unterelbe *sein Strom* sei, daß er Hamburg als *seine Stadt* betrachte und die Hamburger als *seine Untertanen*.

Das müssen die Hamburger ernster genommen haben, als es sich heute liest, denn sie gaben klein bei. Sie waren bereit, die dänische Oberhoheit so lange anzuerkennen, bis ein Reichsgericht geklärt hatte, wie die Dinge wirklich lagen. Immerhin war der kaiserliche Freibrief aus dem Jahre 1189 in ihrer Hand.

Inzwischen hatte der Dreißigjährige Krieg angefangen mit seinem wechselvollen Kriegsglück auf beiden Seiten. Jetzt mögen sich die Hamburger mehr als einmal dazu gratuliert haben, daß sie die teuren Befestigungsanlagen hatten errichten lassen. Die kaiserlichen Feldherren Wallenstein und Tilly verwüsteten zwar das Land ringsum und sie schlugen auch den Dänenkönig, aber an Hamburg trauten sie sich nicht heran. Oder hatten die Hamburger nur einfach Glück, als im Jahre 1630 der schwedische König Gustav Adolf mit seiner Flotte vor Stralsund landete und Hamburg seinen Schutz versprach?

Es mag gewesen sein, wie es will, jedenfalls brachte der Dreißigjährige Krieg der Stadt keine Verluste. Im Gegenteil, die Stadt profitierte davon. Das ist einfach daran abzulesen, daß sich die Höhe der Vermögenssteuer in Hamburg in diesen dreißig Kriegsjahren verdoppelte. Darüber hinaus hatte das neutrale Hamburg seinen intakten Hafen, und den brauchten alle, die am Krieg beteiligt waren. Wie anders als durch Handel sollte Geld in die Kassen kommen, die der Krieg leer geplündert hatte?

Weniger Glück hatte Hamburg während der Franzosenzeit. Im Jahre 1810 schlug Napoleon das gesamte norddeutsche Küstengebiet seinem Machtbereich zu, und die Handelsstädte Hamburg, Lübeck und Bremen kamen ihm besonders gelegen. Doch mit den Besatzungssoldaten waren die Hamburger gut dran. Es waren Spanier, die in der französischen Armee dienen mußten, nachdem Spanien von Napoleon besiegt worden war. Wie kein anderes Volk hatten die selbstbewußten Spanier unter der Niederlage ihres Vaterlandes gelitten. Diese Besatzungssoldaten lebten in Hamburg *bescheiden, freundlich, lebhaft und voller Musik.* Als sie Hamburg verließen, um gegen die Dänen zu kämpfen, sahen ihnen viele Hamburger mit Bedauern nach, denn wie würden die Nachfolger sein?

Vorerst hatten die Hamburger andere Sorgen. Napoleon hatte über Europa die Kontinentalsperre verhängt. Sie wirkte sich gerade in der Hafenstadt Hamburg voll aus. Soviel wie damals zwischen Altona und Hamburg ist kaum an einer Grenze geschmuggelt worden. Helgoland, vor der Mündung der Elbe, war englisch, und über Helgoland versuchten die Engländer immer wieder die Kontinentalsperre zu durchbrechen und alle begehrten Waren die Elbe aufwärts zu schmuggeln, in das dänische Altona. Erfolgreich. Von Altona aus wurde unter Hüten und Jacken, unter doppelbödigen Eierkörben, zwischen Getreidekörnern und Mehl alles nach Hamburg gebracht, was die Hamburger wollten: Tee, Kaffee, Tabak.

Als Napoleon geschlagen aus Rußland

zurückkehrte, kam es zwischen den Leuten, die schmuggelnd nach Hamburg hinein wollten, und den französischen Kontrolleuren zu tätlichen Auseinandersetzungen. Und als sich die Lage immer mehr zuspitzte, schickte er einen seiner fähigsten Generale nach Hamburg, den Marschall Davout. Napoleon wußte, daß er sich auf Davout verlassen konnte.

Alle Befehle korrekt erfüllend, baute der Marschall Hamburg zu einer Festung aus, die der befestigten Stadt des Dreißigjährigen Krieges ähnlich war. Hamburg sollte auch jetzt wieder uneinnehmbar werden, die Stadt mit ihrem Hafen, mit diesem Tor zur Welt. Eile war nötig.

Davout preßte nicht nur alle arbeitsfähigen Hamburger zu den Schanzarbeiten, er preßte auch die Bauern aus der Umgebung dazu. Und er verlangte Geld von der Stadt. Es waren nicht weniger als achtundvierzig Millionen Franc. Aber die Kassen der Stadt waren leer, und so beschlagnahmte Davout die Silberbarren der Hamburger Bank und baute weiter.

Mitte Oktober 1813 fand die Völkerschlacht bei Leipzig statt. Napoleon wurde besiegt, aber Davout baute weiter. Noch war der Befehl seines Kaisers für ihn nicht aufgehoben. So stand der Winter 1813/14 vor der Tür. Daß es ein besonders strenger Winter werden würde, konnte niemand ahnen, aber Davout beugte vor. Er gab Befehl, daß sich alle Hamburger für die nächsten sechs Monate mit Lebensmitteln zu verproviantieren hätten. Wer dazu nicht in der Lage sei, müsse die Stadt verlassen.

So kam es, daß am 24. und 25. Dezember des Jahres 1813 die Ärmsten der Armen, Frauen, Kinder und Alte unter Bewachung aus der Stadt getrieben wurden. Ich habe in keiner Chronik den Hinweis darauf gefunden, daß es der Weihnachtsabend dieses Jahres gewesen ist. Es gibt keine Entschuldigung für diesen unmenschlichen Befehl. Die meisten Davongetriebenen starben an Hunger und Kälte.

Der Dichter Friedrich Rückert hat diesen Ärmsten ein Gedicht geschrieben. Einige Verse daraus sollen nicht fehlen.

Zu Ottensen auf der Wiese
Ist eine gemeinsame Gruft;
So traurig ist keine wie diese
Wohl unter des Himmels Luft.

»Wir haben gewohnt in Frieden
Zu Hamburg in der Stadt
Bis uns daraus vertrieben
Ein fremder Wütrich hat.

Er hat uns ausgestoßen
Im Winter zur Stadt hinaus,
Die Hungernden, Nackenden, Bloßen;
Wo finden wir Dach und Haus?«

Heutzutage wüßte niemand mehr etwas von diesem traurigen Ereignis, wenn es nicht die Chronisten gäbe, die Historiker und die Bücherschreiber, die immer wieder einmal daran erinnern.

Wer wüßte auch noch, daß vor dem Marschall Davout Kosaken in Hamburg eingezogen waren? Sie wurden von den

Nach den Zerstörungen im 2. Weltkrieg sind einige alte Häuser restauriert worden. Blick auf das Nikolaifleet.

Hamburgern mit Blumen und Kränzen begrüßt, als Befreier umarmt und gefeiert – für ein kurzes Zwischenspiel.

Unter Davouts Kommando wurden die Hamburger Kirchen in Pferdeställe verwandelt oder als Magazine benutzt, ausgenommen blieb allein die Michaeliskirche. Dem Schicksal der anderen entging auch die Klosterkirche St. Johannis nicht. In dieser Kirche befand sich jedoch eine Orgel, die im Jahre 1680 ein junger Orgelbauer aus Stade an der Elbe gebaut hatte. Er hieß Arp Schnitger. Schon zu seiner Zeit ein angesehener Meister, hätte weder er selbst noch einer seiner Zunftgenossen ahnen können, welcher Ruhm seinen Orgeln eines Tages zuteil werden würde.

Noch aber ist Franzosenzeit. Die Kirche ist Magazin, und der Kirchenvorsteher beschließt, die Orgel ausbauen zu lassen, damit nicht Ratten und Mäuse sie als feudales Quartier beziehen, Moder und Staub und Rost sie nicht zu Grunde richten. Ausgebaut, wird die Orgel in einem Speicher der Kirche untergebracht und bleibt unbeachtet. Nur die Orgelbauer in der Umgebung wissen von ihr. Zu ihnen gehört auch der Stader Orgelbauer Georg Wilhelm.

Sein verstorbener Vater hatte seinerzeit für die Kirche der Gemeinde Cappel bei Cuxhaven eine Orgel gebaut, die den Gesang der Cappeler keine zehn Jahre lang lenkte und leitete. Ein Brand zerstörte sie mitsamt der Kirche, und die Gemeinde, die sich die Orgel eintausenddreihundert Taler hatte kosten lassen, war wieder darauf angewiesen, ihre Stimme zum Lobe Gottes allein zu erheben. Das war mit dem besten Willen kein wohltönender Lobgesang. Also mußte wieder eine Orgel her. Wenn nur die Zeiten nicht so schlecht und die Kassen nicht so leer gewesen wären!

Rat wußte der Sohn des verstorbenen Orgelbauers, Georg Wilhelm in Stade, an den sich die Cappeler wandten. Ja, in Hamburg, da wüßte er eine Orgel, gebraucht natürlich, aber noch gut erhalten. Für die Cappeler Kirche vielleicht etwas hoch, aber das würde schon zu machen sein. Diese Orgel sei ein wirklich gutes Stück und gewiß für einen wohlfeilen Preis zu haben, was den verehrten Herren Kirchenvorständen nun ganz gewiß entgegenkäme.

Also machte sich die kirchliche Abordnung aus Cappel unter Orgelbauer Wilhelm aus Stade zu Schiff auf den Weg nach Hamburg, und es war gewiß Wilhelms Verdienst, daß der Hamburger Kirchenvorsteher seine Forderung von zweitausend Reichstalern nicht aufrechterhielt, sondern in ganze sechshundert Taler einwilligte. Was die Cappeler außerordentlich zufriedenstellte.

Mit Kontrakt und Quittung ging die Orgel in den Besitz der Cappeler über und trat, in Kisten verpackt, ihre Reise auf der Elbe von Hamburg nach Cuxhaven an. Dann wurden die Kisten auf Wagen umgeladen, und am 29. Juni im Jahre 1816 erreichte die Orgel Cappel. Georg Wilhelm aus Stade baute sie in der Kirche ein und kam auch mit der Höhe zurecht. Und weil sie gar so günstig an eine gute

Die Peterstraße in der Hamburger Neustadt.

Orgel gekommen waren, leisteten sich die Cappeler auch noch für fünfzehn Taler einen Zimbelstern dazu.

So steht diese Arp-Schnitger-Orgel in dem kleinen Dorf Cappel bei Cuxhaven, und Ruf und Ruhm ihres meisterlichen Klanges geht weit über den norddeutschen Raum hinaus.

Damit ist erwiesen, daß die Franzosenzeit in Hamburg auch ein Gutes gehabt hat. Hätten nämlich die Cappeler nicht zugegriffen, wer weiß, ob die Orgel nicht dem großen Brand in Hamburg im Jahre 1842 zum Opfer gefallen wäre, durch den ein Teil der Hamburger Altstadt vernichtet wurde.

Es gibt ein Foto von Hamburg, das ich nicht ohne Erschütterung ansehen kann. Es zeigt den Blick vom Turm der Michaeliskirche im Mai 1945. Zwischen den Turmpfeilern steht ein Mann. Er trägt einen langen Mantel, der ihm von seiner Volkssturmzeit geblieben sein könnte, und eine Elbseglermütze. Er stützt sich auf das Geländer und sieht auf den zerstörten Hafen und das zerstörte St. Pauli hinunter. Ruinen, sonst nichts. Auf der linken Seite Rauchschwaden, als wäre der letzte Brand noch nicht gelöscht.

Das also war übriggeblieben von diesem betriebsamen Hafen am rechten und linken Elbufer, von diesem Tor zur Welt. Wer begriff die Zerstörung, wer konnte sie fassen? Von Turmpfeiler zu Turmpfeiler war er gegangen, und immer hatte sich ihm das gleiche Bild geboten: Ruinen, Trümmer, stehengebliebene Häuserwände mit schwarzen Fensterhöhlen, straßenzügeweit – stadtteilweit – das Skelett einer Millionenstadt.

Der Mann auf dem Turm der Michaeliskirche, deren Schiff zerstört ist, erinnert sich an die Luftangriffe der ersten Kriegsjahre. Schlimm waren sie, aber zu dieser Zeit traf es andere Städte schlimmer. Doch dann kamen die Julitage, die Julinächte des Jahres 1943. Bomben, Bomben und nochmals Bomben fielen auf die Stadt. Der erste Angriff traf Hamburg in der Nacht vom 24. zum 25. Juli. Und die Natur begünstigte die Katastrophe mit einer Gewitterfront über der Stadt. Als die Flächenbrände um sich griffen, entwickelte sich ein Sog, der wie ein riesiger Trichter wirkte und der alle Flammen, die gierig waren nach Sauerstoff, in sich hineinriß. Feuersturm haben sie es genannt, dachte der Mann auf dem Turm, aber es war ein Orkan aus Feuer. Wieviel Todesnot und Angst ist mit den Flammen hoch hinauf in den Himmel gerissen worden, wieviel?

Es gab kein Erbarmen für dreißigtausend Menschen. So viel waren es nach sechs Bombenangriffen bis zum 30. Juli dieses furchtbaren Jahres 1943. Und es waren noch längst nicht alle Toten, noch lange nicht. Mehr als achtzehntausend sind noch dazugekommen.

Wenn sie die Rüstungsindustrie hätten treffen wollen und den Hafen – aber mitten hinein in die Wohngebiete . . . Der Mann sieht die Qualmsäule vor sich, die hoch über der Stadt gestanden hat. Er riecht sie noch einmal, er schmeckt den

Rauch im Mund. Den Hafen haben sie erst ein Jahr später in Trümmer gelegt: die Tanklager, die Raffinerien, die Werften, die Industrieanlagen. Bis zum Sommer 44 lief noch alles auf Hochtouren. Ja, und dann war auch das alles nur noch Schutt und Asche. Und so sieht es jetzt aus: zu Ende, vorüber, vorbei. So sieht es aus, wenn ein Krieg verloren ist, total verloren. Der Mann kann sich nicht abwenden. Plötzlich bleibt sein Blick am Wasser hängen, an der Elbe. Ist sie nicht vor dem Krieg schon dagewesen, dahingeflossen? Wird sie nicht auch jetzt weiterfließen? Ist diese Elbe nicht mehr als nur ein Fluß? Ist sie nicht ein Element, gerade hier im Hafen? Wasser, das kommt und geht, immer wieder, ohne Ende?

Die Flußschiffahrt auf der Elbe, von der so oft die Rede gewesen ist, endet im Hamburger Hafen. Jetzt beginnt die Seeschiffahrt. Jetzt ist es auf einmal ein anderer Schnack mit der Elbe und den Schiffen, die auf ihr schwimmen. Heutigentags ist ihre Fahrrinne so ausgebaggert, daß auch Containerschiffe jederzeit bis nach Hamburg hineingelotst werden können, und den Containerschiffen, heißt es, gehört die Zukunft.

Hundert Kilometer hat die Elbe noch vor sich bis nach Cuxhaven, hundert Kilometer, dann hört sie auf, die Elbe zu sein. Aber sie verändert sich schon hier, wo sie mit Ebbe und Flut, mit den Tiden zurechtkommen muß, mit dem Salzwasser aus dem Meer, das ihr zweimal am Tag entgegenfließt. Richard Linde schreibt in seinem Buch über die Niederelbe:

Der eine ist der Süßstrom, der von oben kommt, der andere der Salzstrom von unten. Der untere läuft dem oberen entgegen und staut ihn schon vor dem eigentlichen Wechsel der Strömung auf; dann läuft er fünf Stunden lang aufwärts und sieben Stunden mit dem Oberwasser vereint abwärts. Je weniger Oberwasser herabkommt, um so mehr Unterwasser steigt mit der Flut stromaufwärts, je mehr herabkommt, um so weniger steigt empor.

Dieses ständige Auf und Ab der gegensätzlichen Strömungen hat eine großartige Fruchtbarkeit der Elbufer zur Folge. Vor Hamburg waren es die Vierlande, hinter Hamburg ist es das Obstanbaugebiet des Alten Landes.

Zuvor aber, das darf nicht übersprungen werden, liegt die Elbchaussee auf dem rechten Elbufer, die bis Blankenese reicht. Hier haben sich hoch über dem breiten Strom wohlhabende Kaufleute und Bankiers ihre Villen in weitläufigen Parks erbauen lassen. Sie sind schön anzusehen, und man könnte fast auf den Gedanken kommen, daß dieser Stadt die Villen in den Elbvororten wichtiger gewesen sind als eine Universität, zum Beispiel. Denn die Hamburger Universität besteht erst seit dem Jahre 1919, und es kommt mir gerade so in den Sinn, um wieviel früher die Universität in Leipzig gegründet wurde, im Jahre 1409.

Aber jede Stadt hat ihr eigenes Gepräge, und in Hamburg ist es stets der Kommerz gewesen. Siegfried Lenz sieht es so: *Geh hinab in den Hafen und schau auf deine Stadt. Über Meere und Ströme segelt großer, geheimnisvoller Gewinn heran. Er ist auf Karavellen in die Häfen gekommen, auf Koggen und Kaperschiffen, auf Schonern und Leichtern und Briggs, er kam auf Fregatten, Korvetten und Trawlern, und heute zieht legendärer Gewinn mit gigantischen Tankern herein, mit vielfassenden Frachtern und schneeweißen Fruchtdampfern . . . Und wenn du entlangstreifst an ihnen in deinem kleinen Boot, dann erstaunst du und erschrickst du angesichts der Größe, und du glaubst, da triebe ein Kontinent vorbei, ein ganzer fahrbarer Erdteil mit Schätzen. Und du denkst und träumst dich vielleicht hinein in ihr Inneres, und du steigst über Berge goldenen Tabaks aus Virginia, du steigst über Stapel voll Holz aus den Wäldern Finnlands, über schwedisches Erz und ein Gebirge aus dänischem Schweinespeck – oh, und du siehst Jute und Juchten, Kaffee und Konserven, hochgetürmt und gestapelt von einem Kumpel an ferner Küste . . .*

Und trotzdem, in Hamburg hat sich Georg Philipp Telemann niedergelassen als städtischer Musikdirektor, nachdem er seine Studienjahre in Leipzig, seine Wanderjahre in Eisenach und Frankfurt am Main hinter sich hatte. Sein Nachfolger wurde Carl Philipp Emanuel Bach, der Hamburger Bach, der Sohn des Thomaskantors in Leipzig.

Und Hamburg hatte Friedrich Gottlieb Klopstock zum Bürger, dreiunddreißig Jahre lang. Hochangesehen in der gesamten literarischen Welt, bereitete ihm die Stadt Hamburg nach seinem Tode am 14. März 1803 ein großes Leichenbegräbnis, *das größte, das je einem deutschen Dichter zuteil wurde*, schreibt Eckart Klessmann. *Dem Sarg folgten der gesamte Rat, das Hamburger diplomatische Korps, das Geistliche Ministerium und zahlreiche Verehrer des Dichters . . .* Es gab drei weißgekleidete Ehrenjungfrauen und an der Grenze zum dänischen Altona Husaren und *Marschälle*. Klopstock ist am 22. März in Ottensen beerdigt worden.

Gotthold Ephraim Lessing, einstiger Musterschüler der Fürstenschule in Meißen, war 1769 und 1770 Dramaturg am Deutschen Nationaltheater in Hamburg. Im September seines ersten Hamburger Jahres wurde sein Lustspiel *Minna von Barnhelm* hier aufgeführt. Einige Jahre später kehrte er jedoch noch einmal zurück, um in Jork im Alten Land Eva von König zu heiraten.

Außerdem hatte Hamburg von 1768 bis 1815 einen Matthias Claudius. Mit ihm ist erwiesen, daß in der Kaufmannstadt Hamburg durchaus auch jemand leben konnte, der zwar studiert, aber weder einen richtigen Beruf noch eine feste Einnahmequelle hatte. In Wandsbek, wo Claudius anfangs wohnte, gab er die Zeitung *Der Wandsbecker Bote* heraus. Dieser Bote war er selbst, und wenn alles, was er in dieser Zeitung geschrieben, erzählt, berichtet und betrachtet hat, eines Tages vergessen sein sollte, so bin ich doch sicher, daß es ein Gedicht, ein Lied von ihm nicht sein wird:

Der Mond ist aufgegangen,
Die goldnen Sternlein prangen
Am Himmel hell und klar;
Der Wald steht schwarz und
*   schweiget,*
Und aus den Wiesen steiget
Der weiße Nebel wunderbar ...

Im Jahre 1816 kam Heinrich Heine nach Hamburg, um in der Bank seines Onkels Salomon Heine eine kaufmännische Lehre zu machen. Der Onkel richtete ihm sogar in der Kleinen Bäckerstraße eine eigene Firma für englische Tuche ein: Harry Heine & Co. Aber das Geschäft mußte gleich wieder geschlossen werden, weil der Neffe nicht mitspielte. Heine verließ Hamburg und machte nur noch ab und zu Besuch.

Auch ein berühmter Maler hat in dieser Zeit hier gelebt und gearbeitet, Philipp Otto Runge, den sein Bruder Daniel in sein Geschäft holte. In Zukunft unterstützte Daniel den Maler materiell, umgekehrt half Philipp ab und zu im Geschäft aus. Diese Zusammenarbeit erlaubte es dem Künstler, ohne Rücksicht auf den Publikumsgeschmack zu malen, und so entstanden einige der bedeutendsten Werke der deutschen Romantik.

Sie wurden allerdings vergessen, genauso wie die Bilder der anderen Romantiker, bis ein anderer Hamburger sie der breiten Öffentlichkeit bekannt machte. Das war Alfred Lichtwark, der im Jahre 1886 die Hamburger Kunsthalle übernahm. Sie besitzt dadurch heute die vielleicht schönste und größte Sammlung romantischer Kunst.

Hamburg war bereits im 18. Jahrhundert für kluge, unruhige Köpfe attraktiv geworden. Hier gab es schon keine Zensur mehr, als sie in allen anderen deutschen Städten noch selbstverständlich war. In Hamburg gab es nicht nur früh gute Zeitungen, sondern auch rege Bürgervereine, die sich um Arme und Kranke kümmerten, aber auch der Kunst einen guten Boden bereiteten. Davon haben noch in unserem Jahrhundert zwei Dramatiker gezehrt, der Expressionist Hans Henny Jahnn und der Dichter der Heimkehrer aus dem Zweiten Weltkrieg, Wolfgang Borchert.

Am linken Elbufer liegt Finkenwerder. Ein Fischerdorf, ehemals eine Insel, auf der man sich, es ist schon eine Weile her, zu vorwinters, winters und nachwinters Zeiten nur auf Stelzen fortbewegen konnte, weil die Wege vom Wetter grundlos waren. Im Jahre 1902 hat Hamburg vor dem Norderdeich Sand aufspülen lassen und Industrie angesiedelt. Von Stund an war es, als ob sich die niedrigen, reetgedeckten Häuser noch kleiner machten und als ob sie sich jetzt nicht mehr nur von der Flut, sondern auch vor den großen, hohen Schornsteinen in acht nehmen wollten.

Aus Finkenwerder stammte Gorch Fock, der eigentlich Hans Kinau hieß, und der sich mit dem Roman *Seefahrt ist not* einen großen Namen machte. Er hat den Erfolg des Buches, das 1913 erschien, nicht lange überlebt.

Von der Elbhöhe oberhalb der Landungsbrücken hatte man auch früher schon einen besonders schönen Blick.

Er ist als Matrose in der Seeschlacht bei Skagerrak gefallen, 1916.

Seinen Bruder Rudolf habe ich noch erlebt, Rudel Kinau. Auch er ein Dichter, auch er schrieb Geschichten, aber andere als sein Bruder Gorch Fock. Er ebnete die Unebenheiten des Lebens mit Humor und linderte damit, was weh tat. Wenn Rudel Kinau seine Geschichten vorlas, vergaßen die Zuhörer in den vollen Sälen für einen Abend lang, wie hart der nächste Tag wieder drücken würde.

Inzwischen ist Finkenwerder ein Ort mit festen Straßen und Backsteinsiedlungen, und dort, wo in Fleeten und Gräben noch Kähne liegen, in denen Jungen herumklettern, dort ist auch noch von dem alten Finkenwerder ein Hauch zu ahnen.

Ehemals war Finkenwerder nichts weiter als ein Fischerort. Es gab Fischer, die mit ihren Fahrzeugen in der Nordsee fischten, und es gab die Lüttfischer, denen die Elbe das Brot gab. Man muß sich das klarmachen: Jeden Tag waren Fischer auf der Elbe, die Netze voller Fische heimbrachten. Von diesen Fängen konnten sie mit ihren Familien leben. Wie groß der Fischreichtum der Elbe gewesen ist, davon berichtet ein Buch, das ein Hamburger Pastor namens Hessel geschrieben hat. Unter dem Kapitel *Ein segensreiches und nützliches Wasser* zählt er die Fische auf, die in der Elbe gefangen wurden. Das waren Lachs und Kabeljau, Barsch und Brasse, Aale und Karpfen, es waren der Butt und die Heringe, und sogar der Wels ist in der Elbe gefangen worden. Und bis zum heutigen Tag hat sich auch immer wieder einmal ein seltener Gast in die Elbe verirrt. Vor nicht langer Zeit war es ein weißer Wal, über den alle Zeitungen berichtet haben. Zu Pastor Hessels Zeiten war es ein Seeungetüm, das alle Fischer und Schiffer in Aufregung versetzte und das sich als nichts anderes entpuppte als ein verirrter Delphin.

Wo aber sind sie hin, die vielen Fische, von denen die Fischerfamilien lebten und die als wohlfeile Mahlzeit auf den Tischen von Armen und Reichen standen? Vor zweihundert Jahren empfahl eine Dienstbotenverordnung, dem Gesinde nicht mehr als *zweyen Mahlen* in der Woche Lachs vorzusetzen. Lachs!

Hinter Finkenwerder beginnt am linken Elbufer das Alte Land, uraltes Schwemmland der Elbe, die gräbendurchzogenen Marschen. Holländer sind es gewesen, die, erfahren im Eindeichen, sich hier angesiedelt und das Land trockengelegt haben. Hier stehen die Höfe mit den aufwendigen Eingangspforten, hier tragen die Hausgiebel gekreuzte Pferdehäupter oder Schwanenköpfe, aus Holz geschnitzt, versteht sich. Hier sind die Fachwerkhäuser kunstvoll mit Backsteinen ausgemauert, hier tragen die Bewohner silbernen Filigranschmuck: Ketten, Broschen, Knöpfe. Nicht nur zum Schmücken, auch um die Wohlhabenheit zu zeigen.

Estebrügge, Königreich, Jork, Borstel, Ladekop, Mittelnkirchen und Steinkirchen, das sind die Dörfer der großen Obstbauern, und es sind noch eine Reihe mehr. Hier blühen im Frühling Wälder von Kirschbäumen, und die Apfelblüte folgt auf dem Fuße. Busladungen voller Besucher kommen, gehen oben auf den Deichen spazieren und staunen über das weite, blühende Obstland.

Später kommen sie dann noch einmal wieder, wenn die Kirschen reif sind, zuerst *de seuten* und dann *de suren*. In dieser Zeit bekommt das Alte Land einen militanten Zug. Um die Stare zu vertreiben, die hier Sprehen heißen und scharenweise in die Obsthöfe einfallen, werden von früh bis spät automatisch Böllerschüsse gezündet, wochenlang. In früheren, weniger begüterten Zeiten wurde dieses Geschäft von Hand betrieben, mit Sprehenklappern aus Holz, vor allem von den Altenteilern. *Grotvadder* und *Grotmudder* besorgten es und *de Kinners*, alle anderen mußten ja Kirschen pflükken.

Ausgangspunkt der Fahrten ins Alte Land ist Buxtehude, eine passable Stadt, deren Existenz in der deutschsprachigen Welt immer wieder angezweifelt wird. *Buxtehude? Das hört sich doch an wie ein Witz!* Bei Buxtehude hat immerhin

Die Baumblüte im Alten Land zieht jährlich Tausende von Touristen an.

der Wettlauf zwischen Hase und Igel stattgefunden, den der Igel für sich entscheiden konnte, mit einer List.

In Buxtehude sollen aber auch die Hunde mit dem Schwanz bellen. Es hat nämlich vor Jahrhunderten eine Klosterkirche gegeben mit einer Glocke im Turm, die große *Hunte* genannt. Sie wurde mit einem langen, ausgefransten Seil *gebellt*, was nichts anderes als *läuten* heißt. Das aufgedrüselte Seil, die Hunte und bellen – der Weg zu den Hunden, die mit dem Schwanz bellen, war gewiesen. Erst recht, als es weder die Klosterkirche, noch die Glocke und erst recht das Läuteseil mehr gab. Und es hängt der Stadt Buxtehude an bis zum heutigen Tage.

Drüben, am rechten Elbufer, Buxtehude und Stade gegenüber, liegt Wedel. Die Fachleute sagen, daß dieses Wort Furt bedeutet, was man sich angesichts der breiten Elbe gar nicht vorstellen kann. An dieser Stelle soll eine alte Heerstraße von Nord nach Süd geführt haben oder umgekehrt, und nebenbei war es eine Ochsendrift. Noch vor zweihundert Jahren wurden in jedem Frühling von Jütland her dreißigtausend Magerochsen in das westliche Deutschland getrieben. Von diesem Viehtrieb ist Wedel bis zum heutigen Tag der Ochsenmarkt geblieben. Ein Markt, auf dem Kauf und Verkauf noch mit Handschlag besiegelt werden, unter dem starren Blick des steinernen Rolands. Ist er es, Sinnbild für Marktfreiheit und Marktgerechtigkeit, der dafür sorgt, daß es so bleibt wie in alten Zeiten?

In Schulau, Wedel an der Elbe vorgelagert, liegt vor dem Fährhaus der Willkomm-Höft. Hier werden seit 1952 alle Schiffe mit ihrer Nationalhymne begrüßt. Die Idee zu dieser völkerverbindenden Geste hatte ein ehemaliger Pächter des Fährhauses, Otto Friedrich Behnke. Es hätte aber auch geradesogut eine Idee der Kaufmannsstadt Hamburg sein können, gedacht als verbindliche Reverenz. Wenn man im Schulauer Fährhaus sitzt oder unten am Wasser steht und guckt, bekommt man über den Lautsprecher etwas von dem Schiff erzählt, das gerade begrüßt worden ist: wie groß, woher, wohin. Und auf einmal weiß man, daß die Elbe anders geworden ist. Jetzt ist sie nicht mehr nur der Fluß, der aus Böhmen kommt und mitten durch Deutschland fließt, jetzt weht schon der Wind von den Weltmeeren über sie hinweg, gleich hier hinter Hamburg.

Am linken Elbufer liegt die Stadt Stade. Sie hat seit einigen Jahren ein Atomkraftwerk und neue, hauptsächlich chemische Industriewerke. Ihnen ist es zu verdanken, daß Stade es sich leisten konnte und leisten kann, ganze Teile seiner Altstadt zu restaurieren, zum Bewundern schön. Dennoch, es ist eine bedrängende Frage, ob der Schaden, der dem Elbwasser durch diese Industrie zugefügt wird, auszugleichen ist mit den wiederhergestellten Fachwerkhäusern in der Stadt.

Die Chroniken belegen, daß Stade die größte Hafenstadt an der Elbe war, Hamburg weit voraus, nicht nur die Entfernung betreffend. Es ist allerdings achthundert Jahre her, und damals, das werden die Stader heute am meisten bedauern, mußten alle Schiffe ihre Waren so lange Zeit in der Stadt anbieten, wie *Ebbe*

Altes Bauernhaus in Steinkirchen im Alten Land.

und Flut dreimal dauerte. Nachdem sie dann auch noch tüchtig Elbzoll gezahlt hatten, konnten die Schiffe weiterfahren. Beste Zeiten für Stade. Aber die Elbe, der die Stadt diese Zeiten verdankte, brachte der Stadt auch den Niedergang. Die Elbe spülte Sand in den Hafen, stetig und mit jeder Flut. So verlor Stade seine Bedeutung an Hamburg. Die Hamburger hatten ja lange genug auf der Lauer gelegen.

Im 16. Jahrhundert kamen Holländer nach Stade, geflohene, die ihre Heimat um des Glaubens willen verlassen mußten. Diese Holländer haben sich weit die Elbe hinauf angesiedelt, Gräben gezogen und aus den Marschen Kulturland gemacht.

Dann kam der Dreißigjährige Krieg. Als er zu Ende ging, war Stade auf einmal schwedisch und gehörte Hans Christopher von Königsmarck. Der Feldmarschall stammte aus der Altmark, aus dem Brandenburgischen also. Er war ein Haudegen, wie der Dreißigjährige Krieg viele hervorgebracht hat. 1630 verließ er die kaiserlichen Dienste und wechselte in das schwedische Lager über. Damals war das so, und es war durchaus nicht unehrenhaft, solange man sich auf der Seite, auf der man stand, ordentlich schlug. Daran fehlte es nun bei Hans Christopher von Königsmarck überhaupt nicht. Mit dem späteren schwedischen König Karl X. Gustav zusammen haute er im letzten Jahre des Dreißigjährigen Krieges ordentlich drauf und eroberte am 15. Juli die Kleinseite in Prag. Aus lauter Dankbarkeit beschenkte ihn der Schwedenkönig mit der Stadt Stade und allen Besitzungen, die dazugehörten.

Graf Königsmarcks Enkeltochter, Maria Aurora, war eine der schönsten Frauen ihrer Zeit. Sie war nicht nur schön, sie war auch musikalisch und dichterisch begabt und wurde zum Mittelpunkt der Adelsgesellschaft. Ihr Bruder Philipp Christoph stand in hannoverschen Diensten. Als er in der Nacht des 11. Juli 1694 im Schloß zu Hannover spurlos verschwand, wurde Aurora die Geliebte Georg Ludwigs, der in einer Person Kurfürst von Hannover und König (Georg I.) von England war. Sie wollte das Schicksal ihres Bruders aufklären. Gelungen ist es ihr nicht. Sie erfuhr nur, was sie selbst und alle Welt wußte: Ihr Bruder und die Prinzessin Sophie Dorothea, die Frau des hannoverschen Kurfürsten, hatten einander nicht nur geliebt, sie hatten auch miteinander fliehen wollen. Das mußte höchst tragisch enden.

Das Schicksal des jungen Grafen Königsmarck ist nie aufgeklärt worden. Sophie Dorothea wurde geschieden und auf Lebenszeit nach Schloß Ahlden in der Lüneburger Heide verbannt. Sie hatte ihre Ehe aus politischen Gründen schließen müssen und war die Mutter Georgs II. von England und die Großmutter Friedrichs des Großen von Preußen.

Aurora von Königsmarck, die Gräfin, wie sie im allgemeinen genannt wurde, war später die Geliebte Augusts des Starken von Sachsen. Ihr gemeinsamer Sohn, Graf Moritz, trat in französische Dienste und kam dort zu höchsten Ehren. Dem

Maréchal de Saxe, wie ihn die Franzosen nannten, wurde in der Thomaskirche zu Straßburg ein vielbewundertes Grabmal errichtet, in dem sich alle Verehrung, die er zu Lebzeiten genoß, widerspiegelt. Dieses Grabmal kann es an künstlerischer Bedeutung durchaus mit dem goldenen Reiterstandbild seines Vaters August aufnehmen, das vor der Elbbrücke in Dresden steht, die heute Dimitroffbrücke heißt und vom rechten Elbufer auf das linke hinüberführt.

Die Schweden sind in Stade so wohlgelitten gewesen, daß noch alljährlich zu ihren Ehren eine Schwedenwoche in Stade veranstaltet wird. Auch gibt es noch den Schwedenspeicher, aber die Festung, die der alte Hans Christopher von Königsmarck hat errichten lassen, gibt es nicht mehr. Die haben die Dänen zerschossen. Das mag der Grund sein, warum die Dänen in Stade nicht im gleichen Maße gelitten sind, und eine dänische Woche gibt es in Stade schon gar nicht.

Hinter Stade am linken und hinter Wedel am rechten Elbufer wird das Land an der Elbe breiter und flacher. Ein hohes Elbufer wie noch in Blankenese, das in dem sechsundachtzig Meter hohen Süllberg gipfelt oder gegenüber in jenem Achthundert-Seelen-Ort, in dem ich hoch oben auf dem Geestrücken meine Zelte aufgeschlagen habe, gibt es nicht mehr. Es gibt weit überschaubare Weiden, auf denen Kühe mit üppigen Eutern grasen, es gibt ausgedehnte Pferdekoppeln, auf denen die hochgewachsenen Hannoveraner stehen, Braune vor allem, mit Blessen in den Gesichtern.

Der Blick geht über das weite, platte Land, über Getreidefelder, Weizen, Roggen, Gerste und Mais, Kartoffeln in langen Reihen und Rüben dazu. Es gibt keine Wälder in diesen Marschen an der Unterelbe. Es gibt Knicks aus Weißdorn- und Haselbüschen, die den Wind aufhalten sollen. Es gibt ein paar mächtige Eichen um diesen Bauernhof, um jenes Dorf, es gibt alte Linden an der Straße, einige Buchen vor der Mühle. Es gibt eine helle Birkengruppe, die eine Kirche halb verdeckt. Die Laubwälder hinter der Elbe sind dünn, durchsichtig. Dennoch ist hier immer Schiffsbau und Bootsbau betrieben worden. Solange Holz für diese Fahrzeuge verwendet wurde, kam es aus dem Binnenland oder über die Ostsee aus Norwegen und Schweden oder aus Übersee.

Die Schiffsnägel waren aus Akazienholz. Das kam nun wieder hauptsächlich aus Brandenburg, wo im Park von Sanssouci die erste Akazie gepflanzt worden war. Friedrich der Große also.

Theodor Fontane schreibt: *Alle Akazien im Spree- und Havelland rühren unmittelbar von Sanssouci her, wo der Ur-Akazienbaum, der Stammvater vieler tausend Enkel und Urenkel an der Bornstädter Straße, gegenüber dem Triumphbogen steht ... Zu bestimmten Zeiten kommen Händler aus den Nordseehäfen, aus Hamburg, Stade, Bremerhaven, auch von der Jade her, bereisen die Akaziengegenden, kaufen an und markieren die Bäume, die zuerst gefällt werden sollen. Ein Hauptpunkt für diese Händler ist Petzow. Einige Wochen später erscheint ein Elbkahn von Hamburg oder den anderen genannten Plätzen und hat eine kleine Armee von Holzfällern und Holzspaltern an Bord. Es sind Geschwisterkinder der Schindelmacher. Wie diese haben sie es zu einer Virtuosität gebracht; sie fällen, zersägen, spalten; während der Schindler aber ein Flachholz herstellt, stellt dieser nordische Holzspalter ein zylinderförmiges Langstück her, das später als beste Sorte Schiffsnägel auf den Werften der Seestädte eine Rolle spielt. Wenn der Kahn mit diesen Schiffsnägeln gefüllt ist, wird die Rückfahrt angetreten und die Petzower Akazien schwimmen ein Jahr später auf allen Meeren und halten die Planken der deutschen Flotte zusammen.*

Die Unterelbe wird an ihren beiden Ufern von hohen Deichen im Zaum gehalten. Das ist dringend erforderlich, denn niemand kann sagen, wann sie wieder einmal jedes Maß verliert und außer sich gerät.

Unten am Wasser, vor diesen grasbewachsenen Deichen, sind in Schilf und Ufergesträuch nicht nur Enten und Schwäne zu Hause und im Herbst die Bleßhühner, nein, bis auf den heutigen Tag gibt es auch Kampfläufer darin und Fischreiher, und vor allem und zum großen Glück staken ab und zu auch noch Störche durch das Watt.

Im Winter, wenn das Süßwasserwatt zufriert, kommen die Männer über das Eis, um Reet zu schneiden, oder sie waten in hohen Gummistiefeln durch das kalte Wasser. Denn noch immer gibt es auf beiden Seiten der Elbe viele Häuser, die in kunstvoller Handwerksarbeit mit Reet gedeckt sind. Und es gibt Stühle und Bänke, deren Sitzflächen aus Binsen geflochten sind, die eigentlich Simsen heißen. Aber hier werden sie Binsen genannt.

In Elmshorn, am jenseitigen Elbufer, liegt – wer weiß es schon außer den Elmshornern – die zentrale Sendefunkstelle der Deutschen Bundespost. Von hier aus wird der gesamte Fernsprechverkehr der Bundesrepublik nach Übersee vermittelt.

Nach Elmshorn liegt am rechten Elbufer Glückstadt, bewußte Gründung Christians IV. von Dänemark. In sieben Monaten ließ er zweitausend Untertanen mit Hacken, Schaufeln und Schiebkarren einen sieben Kilometer langen Deich bauen. Im Jahr darauf kamen in dem trockengelegten Land die Wege und Straßen an die Reihe. Schließlich baute ihm Johann Rist *der Städte Meisterstück* – Glückstadt. Trotz des verliehenen Sinnbildes der Fortuna erfüllten sich die Hoffnungen des Königs nicht, *aus Hamburg ein Dorf zu machen.*

Bis in das neunzehnte Jahrhundert hinein ging von Glückstadt die Grönlandschiffahrt aus. Was der Hafen heute für die Logger der Heringsfischer ist, war er damals für die Schiffe der Walfänger. Jahr für Jahr segelten sie hoch hinauf in

Glückstadt wurde zu Beginn des 17. Jahrhunderts von den Dänen als Konkurrenz zu Hamburg gegründet.

den Norden, um vor der Küste Grönlandwale zu jagen.

Von einem der Grönlandfahrer aus Glückstadt wird diese Geschichte erzählt:

Jan Olsen war den Sommer über, wie alljährlich, unterwegs gewesen, Woche für Woche mit seinen drei Leuten, die immer mit ihm fuhren. In diesem Sommer war auch Meta mit an Bord, Olsens Frau. Meta wollte wenigstens einmal im Leben Grönland sehen, nachdem die Kinder aus dem Haus gegangen waren; und Meta hatte sich nicht nur nützlich gemacht, sie hatte zugepackt wie ein Mann.

Die Fahrt hatte sich gelohnt, und dennoch war Jan Olsen froh, als sie es nicht mehr weit bis zur Einfahrt in die Elbe hatten. Er freute sich auf sein Haus, seinen Garten und sein breites Bett. Plötzlich aber, als er so am Ruder stand, wurde die See aus heiterem Himmel aufgewühlt. Die Wellen gingen hoch, weißer Gischt flog über das Schiff hinweg, und bevor sich der Schiffer besinnen konnte, hörte er, daß jemand seinen Namen rief: »Jan Olsen! – Jan Olsen!«

Es ist einer in Seenot, dachte der Schiffer und suchte die Wellen ab. Nichts, er konnte nichts erkennen. Dann aber tauchte neben dem Schiff der struppige Kopf eines Wassermannes auf.

»Schiffer Jan Olsen!« rief er. »Schick mir deine Frau auf den Meeresgrund. Es eilt, Schiffer, es eilt!«

»Warum eilt es denn?«

»Weil mein Weib in Not ist. Das Kind will nicht kommen. Jan Olsen, schick ihr deine Frau zu Hilfe.«

Wie nicht anders zu erwarten, wollte Jan Olsen davon nichts wissen, denn wie hätte das gehen sollen? Indessen klagte der Wassermann immer lauter.

Das hörte die Schiffersfrau, und sie war bereit, dem Wassermann zu folgen. Sosehr Jan Olsen die Hände rang, so heftig er sie zurückhalten wollte, sie nahm sich ein Herz und sprang in die hohen Wellen.

Jan Olsen dachte nichts anderes, als daß er seine Frau niemals wiedersehen würde, und je mehr Zeit verging, desto weniger Hoffnung hatte er. Als aber ein heller Vollmond am Himmel emporstieg und die See mit Silber übergoß, stand sie auf einmal wieder neben ihm. Sie wußte selbst nicht, wie es zugegangen war, und da sie keinen einzigen nassen Faden am Leib hatte, dachte Jan Olsen, alles wäre nur ein Spuk gewesen. Seine Frau aber sagte: »Nein, nein. Der Wassermann und sein Weib haben jetzt einen Sohn.« Sie langte in die Tasche ihres Rockes und holte eine Handvoll Steine hervor, Edelsteine. Und es waren auch am anderen Tag noch Edelsteine, und sie waren mehr wert als alle Fahrten zusammen, die Jan Olsen in seinem Leben nach Grönland gemacht hatte.

Heute pendelt zwischen Glückstadt und Wischhafen, am linken Elbufer gelegen, die Autofähre zwischen Schleswig-Holstein und Niedersachsen. Sie pendelt das ganze Jahr, es sei denn, das Wetter ließe es nicht zu. Und Wetter, das heißt immer schwerer Sturm oder, noch schlimmer, Sturmflut.

Wenn der Wind tagelang aus West- oder Nordwest weht, wenn er immer mehr Nordseewasser in die Elbe hineinpreßt und so stark bläst, daß bei Ebbe das Seewasser nicht abfließen kann, dann droht Gefahr, Sturmflut. Das wissen alle, die an der Elbe wohnen, und sie wissen auch, daß Deiche brechen können. Diese Deiche, auf deren Kronen Spazierwege angelegt sind, von denen aus der Blick weit über die Elbe bis ans andere Ufer hinübergeht. Auf diesen Deichen weiden vom zeitigen Frühjahr an bis zum späten Herbst Hunderte von Schafen, bewacht von ihrem Schäfer und seinen Hunden. Es ist ein Bild friedlichster Dorfidylle.

In meiner alten Chronik gibt es keine vier oder fünf aufeinanderfolgenden Jahre, in denen nicht Elbdeiche gebrochen sind, in denen der *Blanke Hans* nicht Herr über sie geworden wäre. Von Ende Oktober bis Ende Februar muß auch heute noch mit Sturmfluten gerechnet werden. Die schlimmsten der Vergangenheit haben ihren Namen nach dem Kalendertag: Die Julianenflut am 17. Februar des Jahres 1164, die sich am 17. Februar 1962 wiederholt hat. Sie hat die Menschen 1962 ebenso überrascht wie die Flut achthundert Jahre vorher.

Ich habe sie miterlebt und weiß seitdem, was es heißt, wenn die Deiche brechen und das Wasser über das Land

Oben: *Noch im 19. Jahrhundert segelten die Glückstädter zum Walfang nach Grönland.* Rechts: *»Der kleine Heinrich«, Modell eines Glückstädter Walfangschiffes.*

kommt. Kein Mensch kann sich vorstellen, von welcher Gewalt dieses Wasser ist, das, rasend geworden, Schiffe aus dem Strom an Land setzt und Häuser zusammenfallen läßt.

Es gab eine Allerkindleinsflut am 28. Dezember 1248, und es gab die Grode Mandränke am 16. Januar 1362. Damals ging die Hafenstadt Rungholt vor der nordfriesischen Küste unter, und es sollen an hunderttausend Menschen ertrunken sein. Durch die Cäcilienflut am 21. November 1412 wurde Hahnöfersand in der Elbe vom Festland abgerissen. Es gab eine Allerheiligenflut im Jahre 1570 und die Flut vom Fastelabend am 14. Februar 1602. Immer sind viele Hunderte Menschen und Tausende Stück Vieh dabei umgekommen.

Und dann gab es die furchtbare Weihnachtssturmflut des Jahres 1717. Mitten in der Nacht drückte das Wasser die Türen und die Tore ein und stand gurgelnd vor den Betten, in Ställen und Scheunen und stieg und stieg. Dann riß es die ersten Häuser mit sich.

Aus der Weihnachtssturmflut von 1717 ist eine Begebenheit überliefert, die mich auf das urchristliche Schicksal stößt: die Herbergssuche.

Als in den frühen Morgenstunden des 25. Dezember den entsetzten Leuten klar wurde, daß es nicht mehr der Sturm war, der die Nacht über um die Häuser getobt hatte, sondern das Wasser, daß eine furchtbare Flut sie heimsuchte, war es für viele schon zu spät, auch wenn sie sich auf Dachböden und Hausdächern zu retten versuchten. In dieser furchtbaren Flut, die Arme und Reiche gleichermaßen traf, trieb auf die höhergelegene Kate eines Tagelöhners im gurgelnden Wasser etwas zu, das die Frau als eine Truhe deutete, eine Truhe, nichts anderes.

So hoch das Wasser auch stand, sie brachte den Mann soweit, daß er in den Schuppen watete und eine Harke holte, eine eiserne, um die Truhe heranzuziehen. Eine Truhe konnte nichts anderes bedeuten als Reichtum, Geld auf der hohen Kante, Leinen, Pelze, darüber waren sich die beiden einig. Was sie aber unter Aufbietung aller Kräfte und bis über die Knie im Wasser stehend heranzogen, war keine Truhe, war kein Reichtum. Es war eine Wiege.

Im heller gewordenen Licht des neuen Tages sahen die beiden, daß in der Wiege ein Kind lag, vier oder fünf Monate alt, schlafend, die kleinen Fäuste an den Kopf gedrückt. Dieser 25. Dezember war der erste Weihnachtstag, aber weder der Tagelöhner noch seine Frau erinnerten sich an das Kind in der Krippe, obwohl der Engel damals in Bethlehem zuerst zu den Ärmsten gegangen war, zu den Hirten, und ihnen Friede auf Erden und den Menschen ein Wohlgefallen verkündet hatte. Nein, diese Leute hatten Reichtum gewollt, sie gaben dem Kind keine Herberge. Sie gaben der Wiege einen Stoß, die Flut faßte danach und trug Wiege und Kind davon.

Es ist überliefert, daß die Frau auf dem Sterbebett ihr Gewissen erleichtert hat, sonst hätte niemand etwas von diesem Ereignis erfahren, von der Wiege und von dem Kind in Windeln gewickelt.

Sind sie so hart gewesen, die Menschen vor zweihundertfünfzig Jahren, daß nicht einmal die Armen ein Herz für die Allerärmsten hatten? Oder haben sie so hart sein müssen, diese Menschen, denen die Sturmflut immer wieder alles nahm: den Nächsten, Haus, Hof und Vieh, und die alle paar Jahre von vorne anfangen mußten?

Wat brüllt de Storm?
De Minsch is'n Worm.
Wat bruust de See?
'n Dreck is he!

Von diesem Land Kehdingen heißt es, daß es mitsamt seinen Bauern herber und verhaltener ist als das Alte Land und seine Bewohner.
Und der Umstand, daß sich kein Kloster in Kehdingen befindet, macht die späte Kultur deutlich, heißt es in einem alten Bericht. Ferner ist in diesem Bericht verzeichnet, daß elf Räuber aus Kehdingen lange Zeit die Kauffahrer auf der Elbe ungemein hart ausgeplündert haben, und Hamburg habe es sich viel kosten lassen, diese elf zu ergreifen.

Von unserer Freundin Elisabeth, deren Großvater in Kehdingen zu Hause war, weiß ich, daß die Bauern in diesen Dörfern nach der Pflaumen-, Birnen- und Apfelernte mit ihren kleinen Schiffen und dem Obst an Bord die Elbe abwärts gefahren sind, durch den Ärmelkanal bis nach England hinüber, wo sie ihre Ernten gut absetzen konnten, zum Schnapsbrennen. Von diesen Englandfahrern und ihren Schiffen blieben viele auf See, wenn sie in ungünstiges Wetter gerieten. Kein leichtes Leben Jahr für Jahr, auch ohne Sturmflut.

Ist es verwunderlich, daß hier heftig gefeiert wurde, sobald es etwas zu feiern gab?

Wer unsere Hochzeit am 10. Mai im Gasthof »Zur Einkehr« mitfeiern möchte, ist herzlich eingeladen.
Katharina Ropers   Hinrich Pickenpack

Solche Anzeigen stehen auch heute oft in der Zeitung. Sie gelten nicht den Verwandten, die kommen sowieso. Sie gelten den Nachbarn, den Nächsten und Übernächsten von rechts und links, Freunden und Bekannten. Es gibt Hochzeiten mit zweihundert Gästen und mehr, und es sind Gäste darunter, die haben das Brautpaar noch nie gesehen. Jeder hat sich rechtzeitig angemeldet und seine *Gabe* bezahlt. Die Höhe wird vorher festgesetzt. Dann kann jeder soviel essen und trinken, wie auf den Tisch kommt.

Die Grundlage für eine solche Tafelei ist die weithin berühmte Hochzeitssuppe. Sie wird zu allen Festlichkeiten mit Hingabe gekocht.

Und hier also das Rezept für die Original Kehdinger Hochzeitssuppe:

Pro Person werden 375 g Ochsenfleisch gebraucht, Hochrippe eignet sich am besten, dazu 1 l Salzwasser. Außerdem ein Gemüsebund aus Lauch, Möhren, Selle-

rie und Petersilienwurzeln, das später in die Brühe gehängt wird. Mit einem Gewürzbeutel, in dem sich Ingwer, Nelken, Lorbeerblätter und Muskatnuß befinden, wird ebenso verfahren. Vergessen werden dürfen nicht weiße und schwarze Pfefferkörner. Behutsam geröstet auf der heißen Herdplatte werden einige große Zwiebeln, die ungeschält halbiert werden. Sie werden der klaren Hochzeitssuppe die Farbe geben.

Zuerst wird nun das Fleisch im kochenden Salzwasser 4 Minuten abgewellt, danach in frischem Salzwasser wieder zum Kochen gebracht und zweieinhalb Stunden gekocht. Nach der ersten halben Stunde kommen der Gewürzbeutel, das Gemüsebund und die gerösteten Zwiebeln hinein.

Jetzt ist es Zeit, Sellerie und Möhren zu schälen, zu schneiden und separat zu kochen. Außerdem müssen Fleischklößchen aus gemischtem Hack, mindestens 200 g pro Person, eingeweichten Brötchen, Salz, Pfeffer, feingehackten Zwiebeln und rohen Eiern hergestellt werden. Nachdem die Masse gut durchgeknetet ist, werden die Klößchen mit nassen Händen geformt und in einen Topf mit kochendem Salzwasser gelegt. Sie müssen zehn Minuten bei schwacher Hitze ziehen.

Nach zwei Stunden werden das Suppenbund, der Gewürzbeutel und die Zwiebeln herausgefischt, dafür kommen Sellerie, Möhren und Fleischklößchen hinein. Zuletzt wird das Ochsenfleisch aus der Brühe genommen und in Würfel geschnitten. Es kommt in Schüsseln ebenso separat auf den Tisch wie gekochter Langkornreis, kurz überwellte Rosinen und Salzkartoffeln.

Dem Kehdinger Land gegenüber liegt Brunsbüttel. Von Osten kommend, ist hier die letzte Fähre zu passieren, um die Stadt zu erreichen. Es ist die Fähre über den Nordostseekanal. Er verbindet die Elbe mit der Ostsee und endet bei Holtenau, nicht weit von Kiel entfernt. Dieser Kanal ist eine wichtige Verbindungsstraße, die es den Schiffen erspart, den Umweg um das dänische Jütland zu machen.

In Brunsbüttel, wegen seines Atomkraftwerkes Brokdorf ein Sammelpunkt für alle Atomkraftgegner, gibt es zweierlei Lotsen. Der eine ist der Seelotse. Er löst den Elblotsen ab, der das Schiff von Hamburg durch die Fahrrinne der Elbe bis auf die Höhe von Brunsbüttel gebracht hat. Von diesem Punkt an muß sich der Kapitän nach den Anordnungen des Seelotsen richten. Nur der Seelotse weiß, weit über Cuxhaven hinaus, wo Sandbänke, Riffe und Watten liegen, die den Schiffen gefährlich werden können. Nicht weit entfernt von Feuerschiff Elbe 1 geht der Seelotse von Bord. Jetzt hat das Schiff das tiefe Wasser der Nordsee erreicht. Auf dem Lotsendampfer wartet der Seelotse auf das nächste Schiff, das er bis nach Brunsbüttel hineinlotsen wird.

Die anderen Lotsen, die in Brunsbüttel zu Hause sind, sind die Kanallotsen. Sie führen alle Schiffe, die in die Ostsee wollen, bis in die Schleuse. Dort wartet ein Streckenlotse, der das Schiff dann sicher durch den engen Nordostseekanal bringt.

Hinter Brunsbüttel beginnt Süderdithmarschen. Die Bauern dieses Landes scheinen denen von Kehdingen verwandt zu sein. Hart im Nehmen, wie sie waren, behaupteten sie sich bis zum Jahre 1559 als selbständige Bauernrepublik. Für ihre Freiheit waren sie zu allem bereit. Sie unterstanden den Grafen von Stade, die ihres Lebens mit diesen Dithmarscher Eisenschädeln nicht froh wurden und ihres Lebens nicht sicher waren. Als den Dithmarschern alle Widersetzlichkeit nichts nützte und sie den Grafen nicht loswurden, erschlugen sie ihn kurzerhand und zerstörten seine Burg bis auf die Grundmauern.

Drei Jahre Freiheit hatten sie damit erkauft. Dann kam Heinrich der Löwe. Er zähmte die Dithmarscher – für eine Zeit wenigstens.

Im Februar 1500 erkämpften sich diese Bauern einen Sieg über den Dänenkönig und hatten damit ihre Freiheit für ein weiteres halbes Jahrhundert gewonnen. Dann kamen die Dänen wieder, mit ihnen zog der Herzog von Gottorf, und nach der Schlacht vor der Stadt Heide waren die stolzen Bauern endgültig unterworfen.

Von diesen wehrhaften Leuten stammt der Dichter Friedrich Hebbel ab, der strenge, unbestechliche Dramatiker, der 1813 in Wesselburen geboren wurde und dort die ersten zweiundzwanzig Jahre seines Lebens als Laufjunge und Schreiber unter dürftigsten Umständen verbrachte, sowie der liebenswürdige Klaus Groth, der 1819 in Heide zur Welt kam. Eins seiner Gedichte kennen alle Kinder, die an der Unterelbe zu Hause sind.

Lütt Matten de Has
de mak sik en Spaß
he weer bi't Studeern
dat Danzen to lehrn
un danz ganz alleen
op de achtersten Been.

Auf die Südseite der Elbe zurückgekehrt, auf *meine* Seite, stehe ich auf der Alten Liebe in Cuxhaven und suche mit dem Fernglas das andere Elbufer. Weit, weit drüben ist es in schwachen Umrissen zu erkennen an diesem Sommerabend. Er ist gewittrig, diesig. Wüßte ich nicht, daß in nordöstlicher Richtung noch Land ist, ich wäre überzeugt davon, bereits die Nordsee vor mir zu haben.

Ich stehe hoch oben über dem Wasser, am Geländer dieses *Bollwerkes* gegen Flut und Sand, das Alte Liebe genannt wird, und versuche noch einmal das Gespräch aufzunehmen mit dem Wasser, das hier immer noch die Elbe ist. Es fällt mir schwer. Was ich vor mir sehe, scheint nicht mehr der Fluß zu sein, dem ich gefolgt bin. Aber er ist es. Es ist immer noch die Elbe aus dem Riesengebirge, die Elbe, die durch Böhmen fließt, wo sie auf tschechisch Labe heißt. Es ist die Elbe der Sächsischen Schweiz, die Elbe von Dresden, Meißen und Torgau, von Dessau und Magdeburg. Und es ist die Elbe, die bei Schnackenburg zur deutsch-deutschen Grenze wird auf einer Länge von neunzig Kilometern, weshalb sich viele angewöhnt haben, diesseits und jenseits der Elbe zu sagen, wenn sie von der Grenze zwischen der Bundesrepublik Deutschland und der DDR sprechen. Ich habe die Elbe bei Hitzacker gesehen und bis Lauenburg begleitet. Selbst hinter Altona, die Elbchaussee entlang, über Blankenese und Finkenwerder hinaus, in den Marschen des Alten Landes und in Kehdingen ist sie mir nicht fremd gewesen. Ich habe ihre Breite bewundert, die Emsigkeit des Schiffsverkehrs und habe gedacht: Was ist aus dir geworden, Elbe!

Das möchte ich jetzt auch sagen. Sie hat sich die Nebenflüsse rechts und links in ihren Lauf einverleibt. Bei Dresden ist sie eine Schönheit gewesen, um Magdeburg ein selbstbewußtes Bauernweib. Wenn die Schneeschmelze kam, hat sie die Leute an ihren Ufern das Fürchten gelehrt. Und dann hat sie einer Stadt, die den Namen Hamburg trägt, zu Weltruhm verholfen, zu Weltgeltung. Der kleine Fluß, der dort oben von den Elbwiesen kommt.

Ich stehe auf der Alten Liebe, ich sehe die Elbe, ich höre sie, ich rieche sie. An mir vorüber ziehen die Containerschiffe und die Trawler. Am Heck des einen steht *Singapur*, am Heck des anderen *Antje*, und darunter *Finkenwerder*. Und schon wieder kommt einer von Hamburg her, und aus dem Dunst tauchen zwei, drei Schiffe auf, die nach Hamburg hinein wollen. Nebenan liegen die Fährschiffe nach Helgoland und Harwich, und in der Ferne sehe ich die Kugelbake, und ich denke an die Lotsen, die notwendig sind, um die Schiffe sicher hinaus ins offene Meer zu bringen und hinein in die Fahrrinne.

Wenn nun auf diesem breit- und
*   prächtigen Gewässer*
Oft hoch bemastete, beladene
*   Schlösser,*
Bald weiß' bald rote Segel,
*   schwimmen,*
Die durch den dunklen Grund, sich
*   desto mehr erhöhn,*
Und sanft vor uns vorübergehn;
So sieht man auf der Welt fast nichts
*   so schön . . .*

Derjenige, der dieses Lob auf die Elbe bei Cuxhaven schrieb, war der Hamburger Senator Barthold Heinrich Brockes. Er residierte im Schloß Ritzebüttel als Vertreter, Abgesandter, Hoheitsperson der Stadt Hamburg in den Jahren 1735 bis 1741.

Die Hamburger hatten die ehemalige Wasserburg, die eigentlich nichts anderes als ein Burgturm war, siegreich berannt. Ein Jahr später kauften sie die Befestigung den besiegten Rittern von Lappe ab. Sie wußten, warum. Hamburg, hundert Kilometer von der Elbmündung entfernt, im Binnenland gelegen,

Die Elbe bei Cuxhaven

Bei der Alten Liebe in Cuxhaven ist die Reise der Elbe beendet.

brauchte einen Stützpunkt. Zu diesem Stützpunkt bauten sie die ehemalige Burg Ritzebüttel aus. Da sie aber im Jahre 1394 auch das ganze Umland gleich mitgekauft hatten, gehörte ihnen die Siedlung ebenfalls, die sich im Laufe der Jahrhunderte immer mehr entwickelte und sich Cuxhaven nannte.

Die Alte Liebe, Anlegestelle auch für die Schiffe aus Cuxhaven, wurde 1732 gebaut, und ich denke, daß der Hamburger Senator Brockes in seiner Amtszeit oft hier gestanden hat, um über die Elbeinfahrt hinwegzusehen, um die Schiffe zu beobachten, die von der Nordsee kamen. Was würde er sagen, welche Worte würde er finden, poetisch, wie er veranlagt war, für die Ozeanriesen, die Passagierschiffe, die Frachter der heutigen Zeit? Vielleicht würde er die einen, die abends im Glanz ihrer Lichter vorüberziehen, Wasserschlösser nennen. Und die schwerbeladenen, langgestreckten Schiffe vielleicht Karawanentiere der Meere, vielleicht.

Auf die Segelschiffe muß er auch in unserer Zeit nicht verzichten. Denn in jedem Jahr, sobald die Frühlingssonne es zum ersten Male gut meint, sind alle Elbsegler auf dem Wasser, deren Boote am Nord- und Südufer, in den geschützten Buchten der Jachthäfen, vor Anker liegen. Von den ersten Märztagen an haben sie ihre Blicke immer öfter auf das Thermometer und in den Himmel gehen lassen, ihre Nasen in den Wind gereckt, über die Öljacken gestrichen und die dunkelblauen Mützen zurechtgelegt. Segelwetter? – Segelwetter!

Dann ist die Elbe von Hamburg bis Cuxhaven wie eine festliche Tafel, auf der kunstvoll gefaltete Servietten stehen, weiß und wie glänzender Damast. An den großen Festtagen aber finden sie sich alle vor Cuxhaven ein: die weißen Segel, die roten Spinnaker, die blau- und gelbgestreiften, die grün-weißen und die rot-weißen. Ja, das ist schon etwas, mit der Ebbe bis vor Cuxhaven zu segeln und mit der Flut wieder zurück. Und außerdem gibt es die großen Törns, die bis nach Helgoland gehen, die aber alle in Cuxhaven an der Alten Liebe vorbei müssen und an der Kugelbake.

Es gibt Leute, die sagen, bei der Kugelbake ist es aus mit der Elbe. Von hier an führt die Nordsee das Regiment. Aber so schnell gibt die Elbe nicht auf. Da ist zuerst die Insel Neuwerk. Sie war schon lange in Hamburger Besitz, bevor Burg Ritzebüttel und das Umland hamburgisch wurden. Die Hamburger hatten sich die Insel Neuwerk etwas kosten lassen. Sie haben einen Leuchtturm darauf gebaut, der durch Jahrhunderte für alle Seeleute in der Nordsee das erste Zeichen dafür war, daß bald Land in Sicht käme. Die Insel Neuwerk liegt dreizehn Kilometer von Cuxhaven entfernt. Man kann sie bei Ebbe laufend oder im Kutschwagen fahrend erreichen und ungefährdet wieder nach Cuxhaven zurückkommen.

Neuwerk gegenüber liegt das Feuerschiff Elbe 3. Es markiert die Fahrrinne. Rechts und links Sandbänke und Watt, danach kommt Scharhörn.

Auf der Insel Scharhörn gab es ein achtundzwanzig Meter hohes Holzgerüst mit einer Schutzhütte obendrauf, in der Wolldecken lagen, Wasser, Brot und Wein als Erste Hilfe für Schiffbrüchige. Das blieb bis 1929 so. Dann dachte sich ein Lehrer, daß ja nicht immer Sturmflut wäre und daß man auf dieser Sandinsel vielleicht etwas aussäen könnte, um sie festzumachen. Also sammelte er den Samen von Sandgräsern und Hecken, fuhr damit nach Scharhörn und säte ihn aus. Und so ist eine Düneninsel entstanden, auf der die Seevögel eine gute Brut- und Nistgelegenheit haben.

Scharhörn gegenüber lag bis 1975 das Feuerschiff Elbe 2. Es wurde von einem dänischen Frachter im Nebel gerammt und durch den Leuchtturm Großer Vogelsand ersetzt.

Und hier ist die Elbe zu Ende. Zehn

Kilometer weiter gibt es noch das Feuerschiff Elbe 1, aber es trägt nur noch ihren Namen. Die Nordsee hat die Elbe aufgenommen.

Die Wolken über Cuxhaven sind dunkler geworden. Das Gewitter bringt den Abend schneller heran. Die ersten Tropfen fallen. Das Elbwasser vor mir ist grau. Ich rieche es, ich horche wieder und sehe ihm nach. Abschied von der Elbe hier in Cuxhaven. Kann es das geben? Abschied zu nehmen von einem Fluß, dessen Wasser in jeder Sekunde neu aus der Erde hervorquillt? Habe ich diesen Fluß nicht Wasser des Lebens genannt?

Plötzlich fährt der erste Donner zwischen meine Gedanken. Er schreckt mich hoch. Ich sehe über das grau gewordene Wasser der Elbe hin, ich sehe Schiffe kommen, sich begegnen und davonfahren und denke: Wasser des Lebens.

Wer besinnt sich noch darauf?

Die Insel Neuwerk liegt bereits dreizehn Kilometer vor Cuxhaven in der Deutschen Bucht.

Benutzte Literatur

Albershardt, Adi: Als Finkenwerder noch Insel war. Hamburg 1981
Barlach, Ernst: Zwischen Erde und Himmel. München 1953
de Beaulieu, Franz Charles: Der klassische Sport. Ein Beitrag zur Geschichte des Rennsports und der Vollblutzucht. Berlin 1943
Bergengren, Erik: Alfred Nobel. Eine Biographie. München und Esslingen 1965
Böhmen. Merian-Heft im Hoffmann & Campe Verlag, Hamburg o. J.
Boster, G. Die Passagier- und Schleppdampfschiffahrt auf der Elbe. Hamburg 1892
Brunswig, Hans: Feuersturm über Hamburg. Stuttgart 1979
Buchheister, M.: Die Elbe und der Hafen von Hamburg. Hamburg 1899
Cropp, J. Albrecht: Die Elbe. Von der Quelle bis zur Mündung. Luzern 1979
Dietrich, Dr. E. V.: Das Elbethal oder: Panorama der Elbe und ihrer Ufer von Obřistwy bei Melnik in Böhmen bis Meissen in Sachsen. Prag, Leitmeritz und Teplitz 1846
Eggerth, Walter: Anhaltisches Mosaik. Frankfurt a. M. 1971
Gernentz, Wilhelm und Erwin Voss (Hrsg.): Güstrow und seine Umgebung. Ohne Ort, ohne Jahr
Güstrow – Das Schloß Güstrow. Hrsg.: Rat des Bezirkes Schwerin. Ohne Ort, ohne Jahr
Hamburg – Des Hamburgischen Dampf-Boots Gefährte bei Lustfahrten auf der Niederelbe. Hamburg 1834
Hessel, M. Peter: Hertzfließende Betrachtungen von dem Elbe-Strom. Altona 1675
Hoffmann, Paul Th.: Die Elbe. Hamburg 1939
Huch, Ricarda: Im Alten Reich. Lebensbilder deutscher Städte. Leipzig 1927
Johannsen, Christa: Lutherstadt Wittenberg zwischen gestern und morgen. Berlin 1967
Kraft, Adam und Franz Höller: Die Elbe. Vom Riesengebirge bis zur Nordsee. Augsburg o. J.
Leippe, Heinrich (Hrsg.): Dresden. Hamburg 1949
Lenz, Siegfried: Die Wracks von Hamburg. Oldenburg und Hamburg 1978
Linde, Richard: Die Niederelbe. Bielefeld, Leipzig, Berlin 1908
Meiche, Alfred: Sagenbuch der Sächsischen Schweiz. Leipzig 1894
Niemz, Günter und Reiner Wachs: Personenschiffahrt auf der Oberelbe. Rostock 1981
Nitsche, Klaus und Hermann Glander: Schwerin. Leipzig 1971
Oberhauser, F. und G. (Hrsg.): Literarischer Führer durch die Bundesrepublik Deutschland. Frankfurt/Main 1974
Pagel, Karl: Die Hanse. Braunschweig 1952
Piltz, Georg: Kunstführer durch die DDR. Leipzig, Jena, Berlin 1976
Reinhardt, Helmut: Magdeburg – einst und jetzt. Hannover 1965
Sabais, Heinz-Winfried (Hrsg.): Deutsche Mitte. 18 Essays. Köln und Berlin 1964
Schurek, Paul: Barlach. Eine Bildbiographie. München 1961
Siebs, Benno Eide: Die Weihnachtsflut von 1717. Bremerhaven 1925
Siersdorfer, Theodor F.: Wächter am Strom. Aus der Vergangenheit und Gegenwart der Lotsenschiffe und Seezeichen unserer Außenelbe. Hamburg 1975
Strache, Wolf: Die Elbe. Stuttgart 1959
Sturmflutkatastrophe Februar 1962. Stade 1962
Vogt, Klaus: Zauber der Elblandschaft. Fahrten und Gedanken in der Sächsischen Schweiz. Dresden 1951
Winter, Otto: Die Elbe. Berlin 1934
Wurst, Werner: Mecklenburger Seen. Leipzig 1974
Zimmerling, Dieter: Die Hanse – Handelsmacht im Zeichen der Kogge. Düsseldorf 1976

Im Buchhandel derzeit erhältliche Reiseführer, Handbücher und ähnliche Literatur zum Buchthema (in Auswahl)

Baier, Gerd, Elmar Faber und Eckard Hollmann: Deutsche Demokratische Republik. Geschichte und Kunst von der Romantik bis zur Gegenwart. Kunst-Reiseführer in der Reihe DuMont Dokumente. DuMont Buchverlag Köln 1977
Berger, Joachim: Wendländisches Wanderbuch. Verträumte Wege zwischen Elbe und Heide. Bussesche Verlagshandlung Herford 1982
Burkhardt, Joachim: Meissen – meine Stadt. Ein sächsischer Bericht. Ullstein Verlag, Frankfurt/M., Berlin, Wien 1983
Deutsche Demokratische Republik. (Aral-Auto-Reisebuch) Kartographischer Verlag Busche, Dortmund 1979/80
Deutsche Demokratische Republik. (Baedeker Reiseführer) Baedekers Autoführer-Verlag, Ostfildern 1980
Deutsche Demokratische Republik. (Grieben-Reiseführer, Nördlicher Teil, Band 301. Südlicher Teil, Band 302) Verlag Karl Thiemig, München 1979
Deutschlands Mitte – gestern und heute (u. a. mit Beiträgen von Gisela Helwig, Helmut Sieber: Sachsen) Verlag Wolfgang Weidlich, Frankfurt a. M. 1983
Dresden. Merian-Heft im Hoffmann & Campe Verlag.
Eckart, Gabriele: So sehe ick die Sache. Protokolle aus der DDR. Leben im Havelländischen Obstanbaugebiet. Köln 1984
Engel, Hans Ulrich: Burgen und Schlösser in Brandenburg und Berlin. Verlag Wolfgang Weidlich, Frankfurt a. M.
Flug über die Elbe. Von Hitzacker bis Cuxhaven. Hans Christians Verlag, Hamburg 1976
Gröger, Helmut und Heimatwerk Sachsen (Hrsg.): Burgen und Schlösser in Sachsen. Verlag Wolfgang Weidlich, Frankfurt a. M.
Hamburg. Merian-Heft im Hoffmann & Campe Verlag, Hamburg
Heinrich, Gerd (Hrsg.): Berlin und Brandenburg. Handbuch der historischen Stätten Deutschlands, Band 10. Alfred Kröner Verlag, Stuttgart 1973
Hudemann, Hildegard und Martin Jank: Die Elbe. Zwischen Finkenwerder und Scharhörn. Hans Christians Verlag, Hamburg 1975
Hudemann, Hildegard, Christel Schultz-Hudemann und Günter Niemeyer: Große Hamburger Hafenrundfahrt. Hans Christians Verlag, Hamburg 1975
Kleßmann, Eckart: Geschichte der Stadt Hamburg. Hamburg 1981
Kloock, Ingeborg und Hans-Georg: Kanu-Wanderbuch für Nordwestdeutschland. Hamburger Kanuverband 1980
Lehndorff, Hans von: Menschen, Pferde, weites Land. München 1980
Menchén, Georg und Wolfgang Leißling: Burgen zwischen Eisenach und Bautzen. Rheda-Wiedenbrück 1983
Oehmig, Alfred: Dampfer auf der Elbe in alten Ansichten. Moers 1981
Schacherl, Lillian: Böhmen. Kulturbild einer Landschaft. Prestel-Verlag, München 1977
Schlesinger, Dr. Walter: Sachsen. Handbuch der historischen Stätten Deutschlands, Band 8. Alfred Kröner Verlag, Stuttgart 1965
Schwineköper, Berent (Hrsg.): Provinz Sachsen-Anhalt. Handbuch der historischen Stätten Deutschlands, Band 11. Alfred Kröner Verlag, Stuttgart 1975
Sieber, Helmut: Schlösser und Herrensitze in Mecklenburg. Wolfgang Weidlich Verlag, Frankfurt/M. 1980
Viedebantt, Klaus (Hrsg.): Reiseland DDR. (Heyne Reisebücher) Wilhelm Heyne Verlag, München 1983
Willsberger, Johann: Traumstraßen durch das andere Deutschland. Molden, Wien, München, Zürich 1974

Personenregister

Abratzky, Sebastian 86 f
Adelheid, deutsche Kaiserin 124, 126
Adolf III. von Schauenburg 223
Albers, Hans 220 f
Albrecht I. der Bär von Brandenburg 153, 174
Andersen, Hans Chr. 82
Anna Luise von Dessau 154
Ansgar, Erzbischof von Hamburg-Bremen 222
Anton Ulrich von Braunschweig 206
Arnold von Westfalen 126 f
August d. J. von Braunschweig-Wolfenbüttel 205 f
August II. der Starke, Kurfürst von Sachsen, König von Polen 84, 91 ff, 94, 98 f, 116, 238 f
August III., Kurfürst von Sachsen, König von Polen 93, 95, 99, **117**

Bach, Friedemann 142
-, Johann S. 141 f, 151, 232
-, Philipp E. 142, 232
Bähr, Georg 104
Barlach, Ernst 200 f
Basedow, J. Bernhard 155
Bebel, August 84, 143
Becher, Johannes R. 159
Behnke, Otto F. 237
Belloto, Bernardo **102**, **104**
Benedek, Ludwig A. v. 31 f
Bergengren, Erik 211
Bismarck, Herbert v. 176
-, Otto v. 30 f, 176 ff, 200, 207
Borchert, Wolfgang 233
Böttger, Johann F. 84, 98, 131 ff, **132**
Bötticher, Hans 138
Brentano, Clemens v. 80
Brockdorf, v., Oberst 91
Brod, Max 38
Brockes, Barthold H. 248 f
Brühl, Graf 108
Buxtehude, Dietrich 142

Campe, Joachim 155
Canaletto II. **102**, **104**
Carus, Carl G. 100
Chamisso, Adalbert v. 80
Chopin, Frédéric 74 f
Christian IV., König von Dänemark 224
Claudius, Matthias 232 f
Cosel, Anna C. v. **91**, 92
Cranach d. Ä., Lucas **147**, **149 f**

Daun, Leopold J. v. 139 f
Davout, Louis N., Herzog von Auerstedt, Fürst von Eggmühl 227 f
Dix, Otto **106**
Dobrzensky, Graf v. 28 f

Dostojewski, Fjodor 54

Eckermann, Johann P. 212 f
Eisenbart, Dr. 168
Eugen von Savoyen, der Edle Ritter 154

Faust, Johann 148 ff, 212
Feininger, Lyonel **158**
Fock, Gorch (Hans Kinau) 233 f
Fontane, Theodor **172**, 176, 239 f
Ferdinand II., deutscher Kaiser 24
Ferdinand von Braunschweig-Bevern 62
Franz I., deutscher Kaiser **37**
Franz II., deutscher Kaiser, Franz I., österreichischer Kaiser 27
Friedrich I. Barbarossa, deutscher Kaiser 159, 223
Friedrich Wilhelm I. Großer Kurfürst, Kurfürst von Brandenburg 163
Friedrich Wilhelm I. Soldatenkönig, König von Preußen 99
Friedrich Wilhelm II., König von Preußen **117**
Friedrich II. der Große, König von Preußen **37**, **37**, 61 f, 139 f, 154, 163, 168, 238 f
Friedrich, Caspar D. 74 f
Frisch, Max 56 f

Gaulle, Charles de 84
Gellert, Christian F. 133, **134**
Gendorf, Christoph v. 19 f
Georg Ludwig, Kurfürst von Hannover, Georg I., König von England 238
Georg August, Kurfürst von Hannover, Georg II., König von England 238
Georg, Kurfürst von Sachsen **151**
Giraud, Henri-H. 84
Goethe, Johann W. v. 141 f, 155, 159
Gottorf, Herzog von 247
Gropius, Walter **157**
Groth, Klaus 247
Guericke, Otto v. 166
Gustav II. Adolf, König von Schweden 143, 176, 226

Hahnemann, Samuel 133
Hamlet, Prinz von Dänemark 148
Händel, Georg F. 99
Hauff, Wilhelm 80
Hauptmann, Georg 115
-, Gerhart 113, 115
-, Karl 115
Hebbel, Friedrich 247
Heine, Heinrich 233
-, Salomon 233
Heinrich Borwin I., Fürst von Mecklenburg, Heinrich III. von Meißen, Frauenlob 124
Heinrich der Löwe, Herzog von Sachsen und Bayern 198 f, 209, 247
Herder, Johann G. 92

Herr, Sophia 154
Hessel, M. Peter 235
Hitler, Adolf 75, 166, 200
Hoffmann, E. T. A. 54, 111
Hoffmann v. Fallersleben, August H. 159
Huch, Ricarda 170
Huber, Ludwig Ferdinand 100
Hus, Johan 40 f

Jean Paul 159
Jahn, Hanns H. 233
Johann von Nepomuk 42 f, 113
Joseph II., deutscher Kaiser 58
Junkers, Hugo 155 f

Kafka, Franz 38
Kandinsky, Wassili **157 f**
Karl I. der Große, deutscher Kaiser 51, 122 f, 160
Karl IV., deutscher Kaiser 44 ff, **45**, 168, 208
Karl V., deutscher Kaiser 143 f, 162
Karl VI., deutscher Kaiser 206
Karl X. Gustav, König von Schweden 238
Karl XII., König von Schweden 93
Kästner, Erich **106 f**, 115 f
Kepler, Johannes 38
Kinau, Rudolf 234
Kind, Friedrich 88
Kinsky, Wilhelm v. 28
Kippenberg, Anton 212
Klee, Paul **157 f**
Kleist, Heinrich v. 175
Klessmann, Eckart 232
Klopstock, Friedrich G. 232
Kohlhaas, Michael 175 f
Kollwitz, Käthe 118
König, Eva v. 232
Königsmarck, K. Christoph v. 129
-, Hans-Chr. v. 238 f
-, Maria Aurora v. 238
-, Philipp v. 238
Kopak, Kapitän 85
Körner, Gottfried 100 f, 110, 200
-, Theodor 101, 110, 200
Kraus, Karl 26
Kubin, Alfred 54 ff
Kugler, Franz 159
Kunert, Günter 80

Lassalle, Ferdinand 143
Lehndorff, Hans v. 135 ff
Lenz, Siegfried 213 f, 231 f
Leopold II., deutscher Kaiser **117**
Leopold I. von Anhalt-Dessau, der Alte Dessauer 153 f
Lessing, Gotthold E. 133, **134**, 232
Lichtwark, Alfred 233
Liebknecht, Karl 143
Linde, Richard 231
Ludmilla, Herzogin von Böhmen 51
Luther, Martin 40, 133, 143 ff, **147**, **150 ff**, 155, 159, 162
Lützow, Adolf v. 110

Maria Theresia, österreichische Kaiserin 36 f, **37**, 62
Mauersperger, Rudolf 114 f
May, Karl 121 f
Melanchthon, Philipp 148
Merian d. Ä., Matthias **204**, 205, **225**
Metternich, Klemens v. 110
Meyer, Karl 192 f
Meyrink, Gustav 38
Michael, Gottfried 224
Minde, Grete 170 ff
-, Hans 170
-, Heinrich 170
-, Peter 172
Moltke, Helmut v. 32
Moritz, Graf von Sachsen, Marschall von Frankreich 238 f
Mozart, Wolfgang A. 100 f
Müller, Wilhelm 155
Müntzer, Thomas 159

Napoleon I., französischer Kaiser 30, 101, 109 f, 166, 176, 226 f
Niklot, Fürst der Abodriten 196 ff
Nobel, Alfred 210 ff

Ossietzky, Carl v. 211
Otto I., deutscher Kaiser **127**, 160

Parler, Peter 38
Permoser, Balthasar **108**
Peter I. der Große, russischer Zar 148
Poe, Edgar A. 54
Pöppelmann, Matthäus D. 84, 93 ff, **108**, 116, 121
Princip, Gawrilo 58 f

Raabe, Wilhelm 162
Raffael 100
Rathenau, Walter 159
Reuter, Ernst 166
-, Fritz 166, 199
Richter, Ludwig 11, **15**, 69, **70 f**, 74, **128**, 133
Rilke, Rainer M. 22, 28, 38
Rimbert, Priester 222
Ringelnatz, Joachim 138
Rückert, Friedrich 227
Runge, Daniel 233
-, Philipp O. 233

Schiller, Friedrich v. 24, 100 f, 159
Schlemmer, Oskar 158
Schnitger, Arp 28 f
Schubert, Franz 155
Semper, Gottfried 105
Smetana, Bedrich 41
Sophie Dorothee, Kurfürstin von Hannover 238 f
Spehr, Biograph 205
Sporck, Franz A. v. 21 f, 26
Steffens, Henrik 100
Stendhal (Henri Beyle) 175
Störtebeker, Claas 224
Suttner, Bertha v. 211

Telemann, Georg Ph. 232
Terzka, Adam E. v. 30
Tetzel, Johannes 148
Thienemann, Marie 115
Thun-Hohenstein, Franz A. v. 74 f
Thurn und Taxis, Marie v. 28
Tieck, Ludwig 80
Tilly, Johann T. v. 143, 155, 162 ff, 166, 226
Tschirnhaus, Ehrenfried W. v. 129 f, 132

Wagner, Richard 73, 88, **89**
Wallenstein, Albrecht v. 20, 23 ff, **24**, 143, 155, 162 ff, 200, 226
Weber, Carl M. v. 87 f, **89**
–, Max v. 88
Wenzel, Herzog von Böhmen 51 f
Wenzel IV., König von Böhmen 38, **45**, 48 f
Werfel, Franz 38
Wigbald, Magister 224
Wildenstein, Paul 129 ff
Wilhelm I., deutscher Kaiser 31 f, 159
Wilhelm II., deutscher Kaiser 207
Wilhelm, Georg 229
Winckelmann, Johann J. 174 f

Zieten, Hans J. v. 140

Ortsregister

Aachen 47
Adler 32 f
Ahlden 238
Aintree 32
Aken 82
Alster **217**, 221
Altengamme 212
Altes Land 231 f, 235 f, **236 f**, 245, 248
Altmark 79, 172
Altona 216, 226, 248
Anhalt 152, 184
Apenburg 170
Ärmelkanal 245
Arnau **23**
Arneburg 175, 180
Aue 132
Auerstedt 101, 166
Aussig 71, 74

Bad Düben 176
Bad Schandau 76, 82 f, 88
Bamberg 124, 160
Barby 156 f
Bardowick 209
Barth 224
Bastei 86 f
Bautzen 90
Bayern 41
Beresina 30
Bergen 223
Berlin 62, 80, 166, 168, 175, 185, 207, 215
Bille 221
Bingen 63, 69
Blankenese 81, 231, 239, 248
Böhmen 7 f, 12, 25, 28 f, 30 f, 34, 38, 40 f, 43 f, 47 f, 51, 61, 74, 76, 82, 90, 162, 180, 184, 188 f, 192, 212, 237, 247
Böhmische Pforte **61**, **63**, **65**
Böhmische Schweiz 76, 80
Boizenburg 7, 207, **208**
Bornholm 207
Borstel 235
Bosnien 58
Brandeis 40, **53**
Brandenburg 8, 25, 47, 64, 166, 169 f, 172, 199, 201
Breitenfelde 176
Bremen 226
Bremerhaven 239
Brokdorf 246
Brunsbüttel 246 f
Brüssel 185
Buxtehude 235 f

Cappel 229 f
Côte d'Azur 212
Cuxhaven 77, 174, 229 f, 246 ff, **249**

Dänemark 30, 124, 184, 196, 207, 223, 224 ff, 239, 247
Danzig 223

Dessau **152**, 152 ff, 215, 248
Deutsche Bucht **251**
Dithmarschen 247
Dömitz 196, **197**, 199
Donau 48, 211
Drawehn 203
Dresden 62, 71, 77 f, 82, 85, 88 f, 92, **93**, 94 ff, **102 ff**, 130, 132 f, 138, 156, 163, 175, 180, 185, 200, 206, 239, 248

Ebenheit 82
Eger, Fluß 25, 159
Eger, Stadt 25, 28, 30
Eisenach 142, 232
Eisenbrod **39**
Eisernes Tor 211
Eisleben 144
Elba 166
Elbe-Lübeck-Kanal 207
Elbing 223
Elbsandsteingebirge **78**, 80, 81, **83**, 94
Elbe-Seitenkanal 186
Elde 199
Elde-Kanal 199
Elmshorn 240
England 174, 223 f, 245
Erfurt 144, 150
Erzgebirge 84, 121, 132, 176
Estebrügge 235

Fehrbellin 153
Fichtelgebirge 159, 184
Finkenwerder 233 f, 248
Finnland 207
Flandern 174, 197
Frankfurt/Main 47, 142, 232
Fränkische Schweiz 80
Frankreich 47, 59, 85, 101, 166
Friedland 25 f
Friedrichsruh 207
Friedrichsthal **19**
Friesland 197

Gatow 202
Geesthacht 7, 210
Geiersberg 30
Gitschin 22 ff, 26 f
Glückstadt 224 f, 240 ff, **241**
Gorleben 203
Gotland 207, 223
Gottesgabe 110
Graditz 135 ff
Grönland 240 ff
Großsedlitz 115
Güstrow 200

Hahnöfersand 244
Halle 139, 150, 215
Hamburg **6**, 41, 133, 163, 177, 180, 184 f, 187 f, 201, 207, 210 f, 213 ff, **214 ff**, **225**, **228 ff**, **234**, 236 f, 239 f, 246, 248, 250
Hameln 206
Hannover 184 f, 199, 203, 207, 238
Hannoversch-Münden 206
Harwich 248
Harz 14

Havel 168, 175, 239
Havelberg 179
Heide 247
Helgoland 159, 224, 248, 250
Helme 159
Hermanitz 23
Herrnskretschen **76**, 76 f
Hirschberg 159
Hitzacker 81, 203, **204 f**, 206, 248
Hof 159
Höflößnitz 121
Hohenelbe 19 ff, **21**, 35
Holstein 184, 207
Holsteinische Schweiz 80
Holtenau 246

Ihle-Kanal 168
Ilmenau 208, 210
Italien 47, 59, 99
Ithaka 205

Jadebusen 239
Jaromirsch **27**
Jasmund 224
Jena 101, 159, 166
Jork 232, 235
Juliusthal **39**
Jütland 236, 246

Karlsbad 21
Karlskrone 28
Kaub 61, 69
Kehdingen 245 f, 248
Kesselsdorf 99, 154
Kiel 246
Kiew 162
Kladrub 32, 34
Koblenz 63
Kolin 27, 32, 34 ff, **35 f**, 36
Köln 161
Königgrätz 10 f, 26 f, 30 ff, **31**, 35 f, 74
Königreich 235
Königstein 82, 83 ff, **86**, 130
Kopenhagen 88
Krombach 39
Krümmel 210 f
Kukus 21 f
Kumlosen 184
Kuttenberg 38
Kyffhäuser 159

Ladekop 235
Lauĉin 28
Lauenburg 184, 192, **194 f**, 202, 206 f, **209**, 248
Lausitz 25
Leipzig 7, 38, 49, 95, 111 f, 139 f, 150 f, 227, 231 f
Leitmeritz 54 ff, **55 f**, 59, 63, **68**, 74, 77, 159
Lilienstein **83**, 86
Liverpool 32
Lobositz 59 ff, **61**
London 88, 138, 143, 181, 184, 223
Loreley 71
Loschwitz 100
Lößnitz 121
Löwenberger Schweiz 80

Lübeck 44, 142, 223, 226
Lübecker Bucht 184
Lübtheen 199
Lüchow 202f, 203
Ludwigslust 199
Lüneburg 142, 207ff
Lüneburger Heide 238
Lützen 143

Magdeburg 54, 77, 101, 155f, 160ff, **161, 164, 167,** 180, 188, 201, 248
Mähren 25
Main 159
Mansfeld 144
Mecklenburg 8, 24, 26, 110, 184, 196, 200f
Meißen 90, 101, 115, 121ff, **123,** 125ff, 180, 232, 248
Melnik 50f, 74, 77, 121, 184f
Merseburg 124
Mittellandkanal 206
Mittelkirchen 235
Moldau 41ff, 48, 50f, 215
Moritzburg **116,** 117, **118**
Mulde 138, 176
Müritzsee 175

Nauenburg 124
Neuengamme 212
Neuschloß **26**
Neuwerk 250, **251**
New York 211
Niedersachsen 196, 217, 242
Norderelbe 213
Nordostsee-Kanal 246f
Nordsee 7f, 48, 159, 174, 179, 206, 234, 249f
Norwegen 207, 223, 239
Nowgorod 223
Nürnberg 169

Oder 51, 95, 215
Opočno 30
Österreich 27, 30, 36, 38, 41, 50, 58, 61f, 101, 109, 185, 207
Ostfalen 197
Ostfriesland 244
Ostpreußen 64
Ostsee 25, 48, 90, 143, 180, 207f, 239, 246f

Paderborn 21
Pardubitz 32, **34,** 135
Paris 133
Petzow 240
Pillnitz 116, **117f**
Pirna 62f, 67, 88, 92
Plaue-Kanal 168
Polen 93ff, 162
Pommern 47, 64, 123, 201, 223f
Pompeji 113
Pottenstein 28
Potsdam 168, 175, 177, 185, 215, 239
Prag 7, 30, 37f, **40ff,** 75, 77, 113, 141, 168, 238
Preußen 27, 30, 32, 36, 38, 62, 98f, 101, 109, 123f, 163, 166, 170, 184f, 207

Prignitz 201
Proschwitz **39**

Radebeul 121f
Ratzeburg 200
Raudnitz 54
Regensburg 166
Reval 223
Rhein 47, 61, 63, 67, 69, 71, 159f, 168
Rheinpfalz 47
Ribbeck 176
Riesa 135
Riesengebirge 8, **9,** 10ff, 27, 247
Riga 223
Ritzebüttel 248ff
Rögnitz 199
Rostock 180f, 205, 207, 224
Rotensee 168
Rügen 224
Rungholt 244
Rußland 27, 59, 95, 109, 200

Saale 144, 156f, 215
Saaleck 158
Sachsen 8, 25, 41, 60ff, 76, 93f, 174, 184f, 212
Sachsenwald 207
Sächsische Schweiz 67, 76, **78,** 79ff, **81f,** 121
Sagan 24, 26
Salzelmen 82
Sandau **178**
Sarajewo 58
Scharhörn 250
Schildau 141
Schlesien 37, 41, 47, 60f, 84, 95
Schleswig-Holstein 217, 242
Schmilka 67, 76
Schnackenburg 181, **182,** 183ff, 202, 206, 213, 248
Schönebeck 82
Schönhausen 177ff
Schreckenstein **69f,** 69ff, **74**
Schulau 236f
Schwarzes Meer 48
Schweden 25, 207, 238f
Schwerin 199
Serbien 58
Skagerrak 234
Slowakei 25
Spandau 215
Spindlermühle 13f, 18f
Spree 90, 175, 215, 239
Spreewald 90
Stade 229, 236ff, 246
St. Gotthard 211
Stavenhagen 199
Steinkirchen 235, **237**
Stendal **174,** 174f
Stockholm 143
Stolpen 90ff
Stralsund 143, 226
Straßburg 239
Stubnitz 224
Sude 199
Süderelbe 213
Süllberg 239
Süptitz 138

Tangermünde 7, 47f, **49,** 82, 168ff, **169, 173f,** 180
Teplitz 74
Tetschen **73,** 74, **75,** 76
Theresienstadt 56ff, **57f**
Thüringen 159
Torgau 31, 135, **137,** 138, **139,** 248
Toskana 200
Tschechoslowakei 25, 32, 34, 75, 215
Tübingen 205
Turin 154

Ungarn 95

Versailles 22, 215
Vierlande 212, 231
Visby 223

Wannsee 175
Warschau 95
Wartburg 147
Wedel 200, 236, 239
Weichsel 51
Weimar 142, 156
Wendland 183, 196, 203
Werder 176
Weser 206
Wesselburen 247
Westerloh 21
Westfalen 197
Wien 20, 24, 75, 110, 153, 185
Winsen 212f
Wipper 159
Wischhafen 242
Wismar 180, 207
Wittenberg 7, 98, 143ff, **145f, 149f,** 155, 212
Wittenberge 156, 180, **181,** 185
Wöbbelin 110
Wolfenbüttel 205f
Wörlitz 153
Worms 143f, 146f
Wurzen 138

Quellennachweis

J. Albrecht Cropp, Eschborn 13, 50, 140, 182
Merian Böhmen/Hoffmann & Campe Verlag, Hamburg 28/29, 72
Prag/Artia Verlag, Prag 41, 42, 43, 44, 46 (2)
Rolf Nobel, Hamburg 49, 51, 57, 152, 167, 173 (2)
VEB Fahrgastschiffahrtges., Weiße Flotte, Dresden 63, 65, 67, 74, 75, 86, 108, 118, 123
Verlag Adam Kraft, Mannheim 68, 81, 83
Fotoarchiv Ullstein, Berlin 93
Verlag Wolfgang Weidlich, Frankfurt 103
Merian Dresden/Hoffmann & Campe Verlag, Hamburg 105, 106, 104
Atrium Verlag, Zürich 106, 107
Historia-Photo, Hamburg 108, 130
Urania-Verlag, Leipzig 119, 174
Verlag Die Kunst VEB, Dresden 125, 126, 127, 128
Bildarchiv H. Jürgens, Köln 145, 149, 150, 151
Broschek-Verlag, Hamburg 174 + Umschlag Rückseite
Dietrich Mozen, Schnega 202 oben links
Werner Hinsch, Lauenburg 189 unten
Horst Borutta, Lauenburg 189 oben, 190, 193 (3), 194, 195 (2)
Archiv der Kurverwaltung, Hitzacker 202, 205
HB Verlags- und Vertriebs-Gesellschaft mbH, Hamburg 202, 236
Hans Meyer-Veden, Hamburg 216
Hamburg Information, Hamburg 217, 218/219, 219, 220, 221, 228, 220, Umschlag
Detleffsen Museum, Glückstadt 243
Wir danken für die freundliche Abdruckgenehmigung. Einige Bildurheber konnten leider nicht ermittelt werden. Sie werden gebeten, sich zu melden.

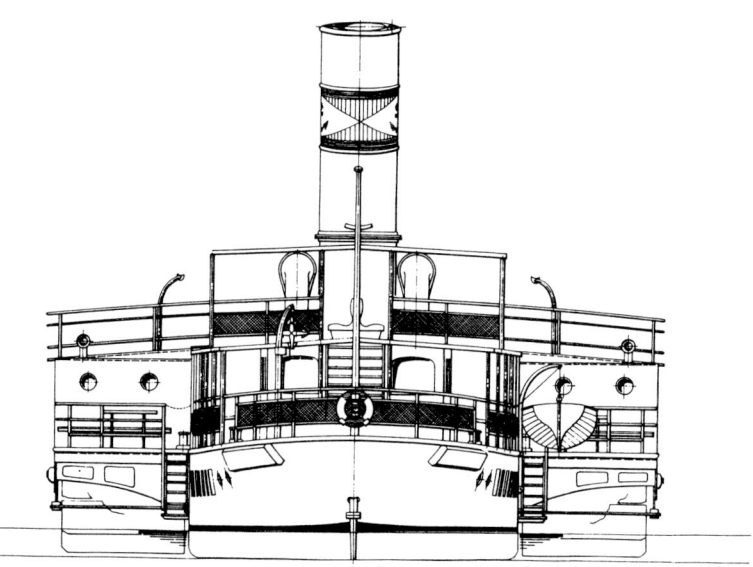

© Verlag Friedrich Oetinger, Hamburg 1985
Alle Rechte vorbehalten
Umschlaggestaltung und Layout: Manfred Limmroth
Vor- und Hintersatz: Renate Knoth-Bernier
Gesamtherstellung:
Mohndruck Graphische Betriebe GmbH, Gütersloh
Printed in Germany 1985
ISBN 3-7891-2260-2

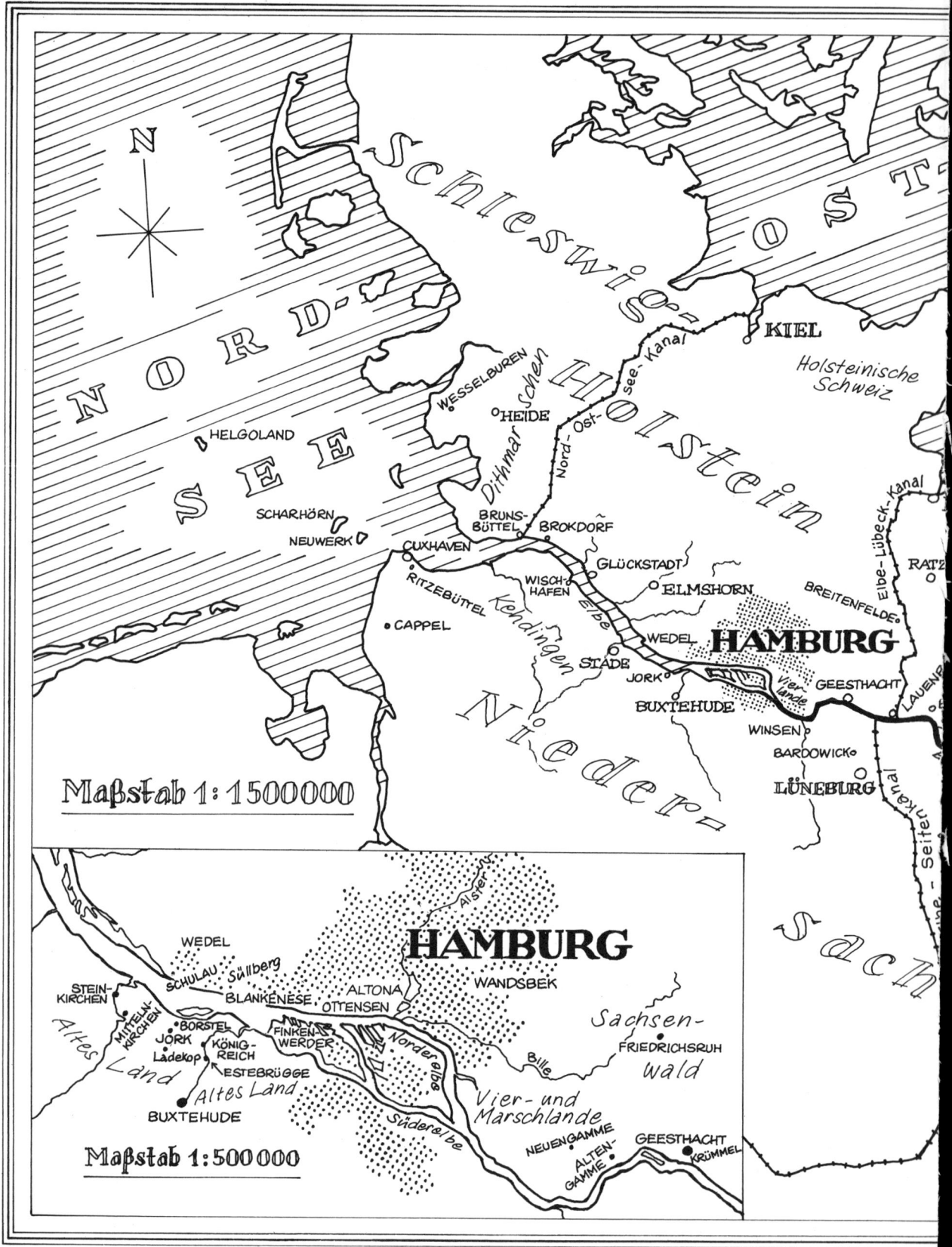